一次就學會多派姓名學

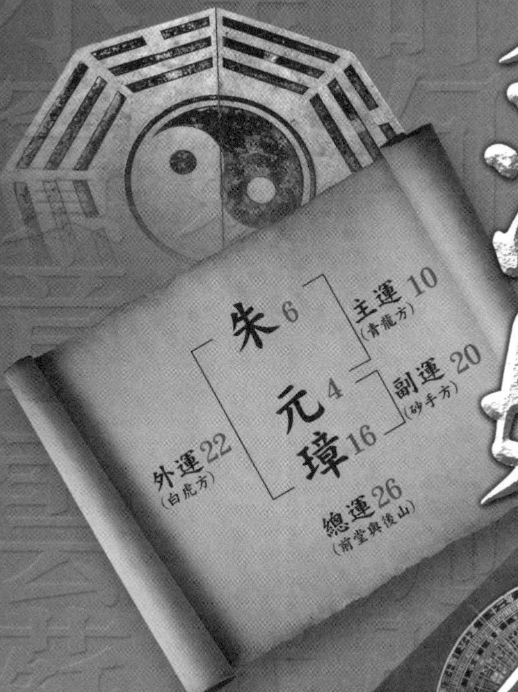

黃恆堉◎著

作者序

黃恆堉老師

近幾年陸續出版命理相關書籍，約略十八本，雖不是本本排行榜，卻也得到大部份讀者的認同及好評，深感欣慰及感恩！

關於姓名學：先前已有出版《學姓名學，這本最好用》，其主要是談論生肖姓名學，及三才五格之學理，已上市多年，頗獲讀者好評，並讚賞本書編排得淺顯易懂，且容易學習。於是來電詢問可有其它學派或相關書籍可供參考，以補強多元化之學習。

個人基於教學相長的理念，便誠心邀請台中市五術教育協會，研究姓名學多年的陳明荷 老師及張凱楠 老師共同出版這本姓名學參考書。

〈此本姓名學參考書，集結三種學派，在坊間較少人應用，但論斷準確度確頗具參考價值，希望藉此能提供讀者更深更廣的參考。〉

◎陳明荷老師負責四柱八字姓名學資料整理，此一學派姓名學，是利用姓名就可以排出個人四柱八字資料，然後根據此四柱來論斷時運，當然也可以用姓氏及出生年的先天欠缺，來命一個最好的名字。藉以彌補先天八字的不足。經過多年的印證，準確度相當高。

◎張凱楠老師負責天運五行學派的資料整理，此一姓名學是以出生年的天運五行作根據，再以姓名五格：〈天格、地格、人格、外格、總格〉做比對，做為論斷姓名的吉、凶，希望藉此達到趨吉避凶，取個安心且滿意的名字。

◎後學負責陽宅形家姓名學資料整理，此一學派是依據陽宅學論斷原理，利用個人的姓名，拆成青龍邊、白虎邊、明堂、及後山等四格。然後依據這四格論斷命運的轉變。經過長時間的印證，確實有其參考價值。特別提出來與讀者探討與分享。

後學因為已有出版經驗，且年歲較長，所以義不容辭，匯整這三派姓名學將其化繁為簡，讓讀者能更輕鬆閱讀，進而有所助益！

看完此書若有不清楚或有其指教，歡迎來電告之！我們將秉著最真誠之心，與大家分享與改進！謝謝！

基於姓名學書籍與學派眾多，要全面瞭解或能廣大應用，確實有困難，為了節省時間與空間，本公司經過長期的收集整理，集結各派大師的精華，研發了一套多種姓名學派系的《綜合論名及命名軟體》，希望能幫助改善在命名時，只用單一學派而顯得美中不足。

本書附贈之軟體操作簡單，資料豐富，內有八種姓名學派之論斷內容，讓各位讀者參考，是很好的學習工具，不怕您不會用，只怕您不用。

學再多都覺得不夠用，當然還有很多疏漏的地方。願各位賢達人士，能夠不吝指教，能夠提供寶貴的意見，讓後學更精進！

感恩！感謝！

最後！恭喜我們找到了彼此……。成為有緣人。

台中市五術教育協會　理事長　黃恆堉

2010年於台中市吉祥坊 0980-258768

推薦序

陳明荷老師

研究四柱姓名學20年，也諮詢過無數個案的經驗，以現在姓名學近15個學派，每派都有其特色，而在書局書架上一本本研究姓名學之精華解讀，可說都有其道理依據，每位作者都想幫助有緣的讀者解惑，本人鄭重推薦黃恆堉老師這本綜合派姓名學！

姓名代表一個人，即然是人，就沒有任何一個人是絕對的相同，畢竟人與人、人與事、人與物間，在不同時間、空間中變化，因此諮詢過程中，總難免有掛一漏萬的心情，所以我本著當年學習姓名學的初衷，希望自助也能助人。

上天有好生之德，讓人在一世世中，演著自己的故事，從出生就與天地之氣交合，配合天地五行，有了先天八字命盤，也開始這一生的劇本。

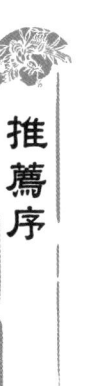

人藉由過去生與父母的因緣來到人間，才有了姓名，凡人稱作後天的運盤（名字），也是這一世的名稱，在父母及六親眷屬互動中成長，無緣何能相識，隨著成長過程而變化，帶來喜怒哀樂，前世的習性加上父母的教育，以及環境的影響，後天的運，成為父母的希望，透過種種方法來助子女一臂之力，這何嘗不是天下父母心啊！

本人感恩黃能洲老師用心的教導，引領我在易經學理中，深入了解四柱八字姓名學，在運用上的演變，並且一次次印證給了我信心。

行善行孝不能等，雙親已不在的我記取父親身體力行的行善佈施之精神，也在母親的宗教信仰中，了解原來宗教是【人生的宗旨、生活的教育】，因而體會四柱姓名學有如佛法中的八萬四千法門，四柱姓名學就如其中一個方法，來引領著有緣人，讓人人心開意解，歡喜迎向開闊的人生。

孩子的教育不能等，在多元學習的世代中，後學在高中的通識課的命理研究課，讓孩子先由臉相到手相再到姓名提早認識自己。了解人生的每個階段性，了解當下的努力就才是規劃人生道路的最佳方法。另外安排戶外教學課程，帶孩子去參訪弱勢團體，讓孩子見苦知福懂得珍惜擁有，會孝順父母的孩子最有福，也藉由影片看到住在垃圾山旁的人家，如何過生活，而懂得感恩父母、師長、同學以及疼惜山河大地，珍惜資源。

後學期望對命理有興趣的每個人可以研究，但不要迷失，畢竟姓名只是人生的一部份，另外還有更多如內修外行（給人的第一印象），你的好臉相是由自己經營而來，希望您每天保持一個愉悅的心情，就能讓自己成為自己的貴人，也成為別人的貴人，那您的命運一定會很好。

最後祝福每個人

時時與人結好緣接迎佛緣、法緣、歡喜緣

因為有福的人天天平安、有慧的人時時心寬

現任

台中市五術教育協會　祕書長

易術禪養生中心　命理諮詢顧問

吉祥坊易經開運中心　學術講師

中國五術風水命理協會　學術顧問

佛光大學教育推廣中心　姓名學老師

宜寧中學命理研究社　命理老師

祥荷坊易經開運中心　負責人

0982-135944　網址　www.kk131.com

第四章 由四柱姓名命盤中斷吉凶

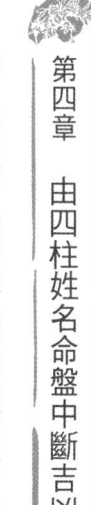

購買本書即可獲贈吉祥坊易經開運中心研發的七套排盤軟件

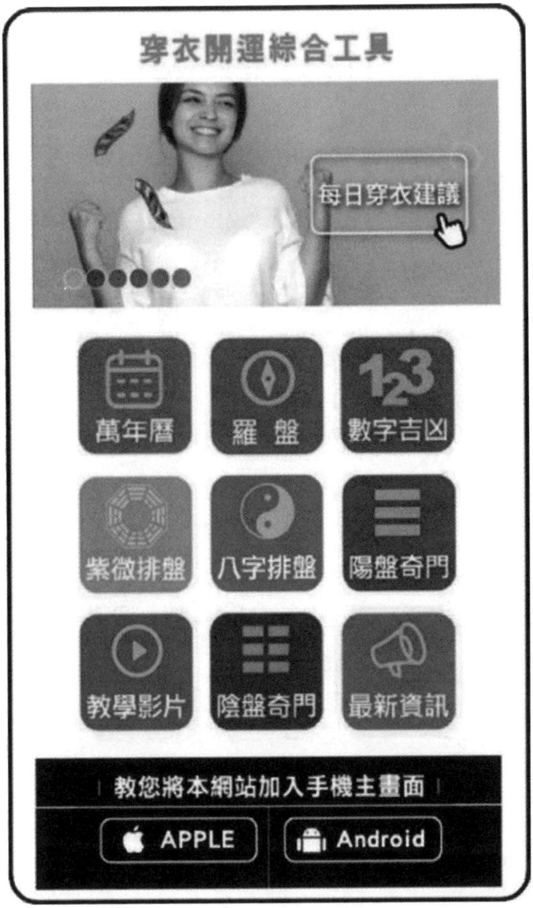

這七套軟件市面價值 5000 元

紫微斗數排盤軟體

紫微斗數排盤軟體　流年盤

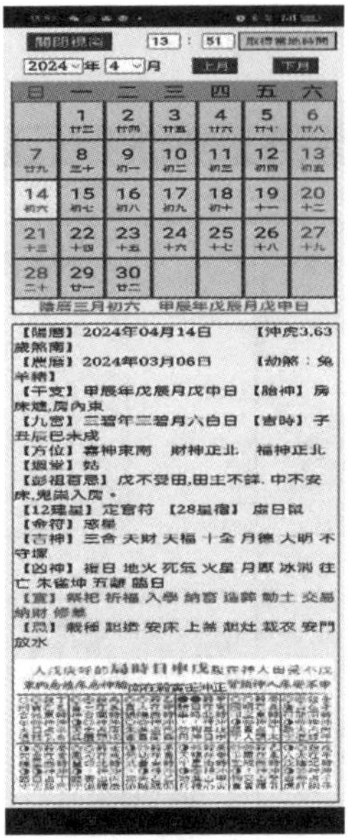

萬年曆擇日排盤軟體

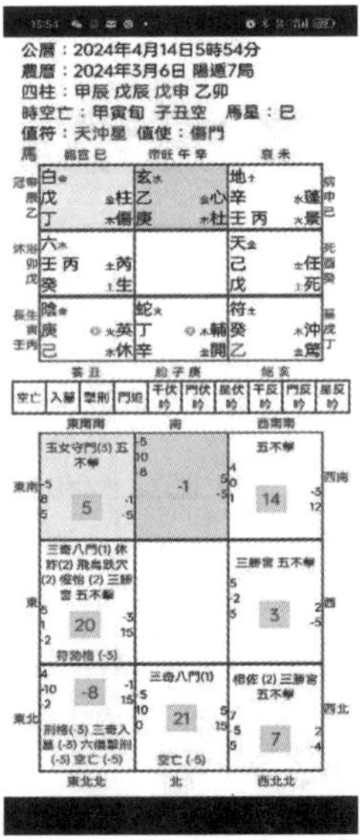

陽盤奇門遁甲排盤軟體

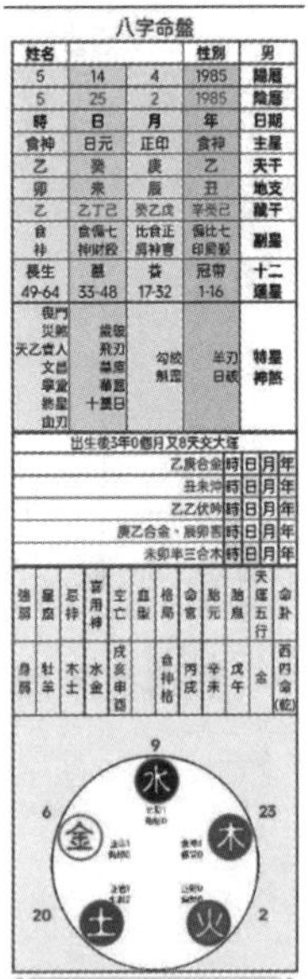

八字論斷排盤軟體

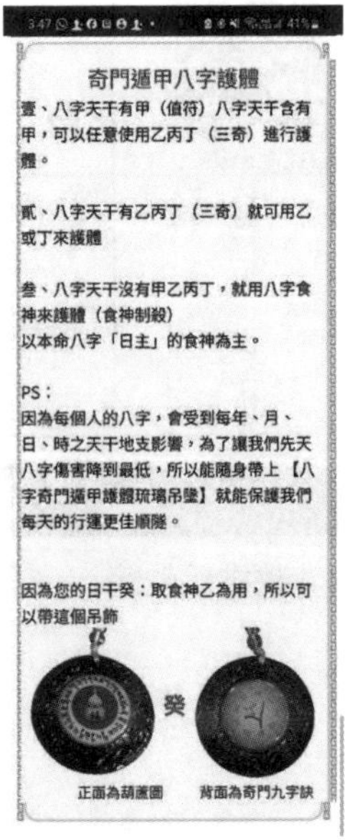

八字論斷排盤軟體解方

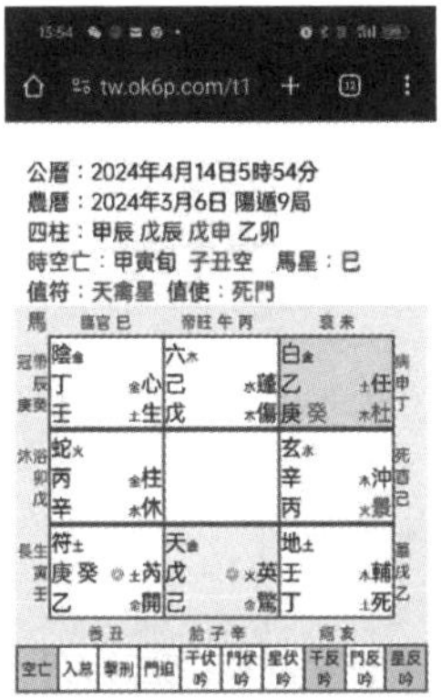

陰盤奇門遁甲排盤軟體

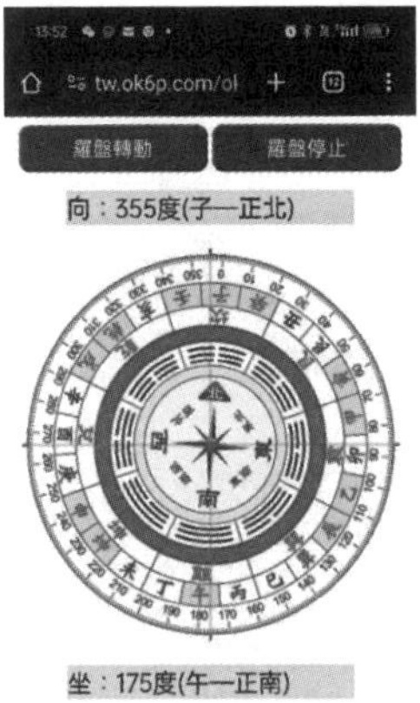

手機用電子羅盤

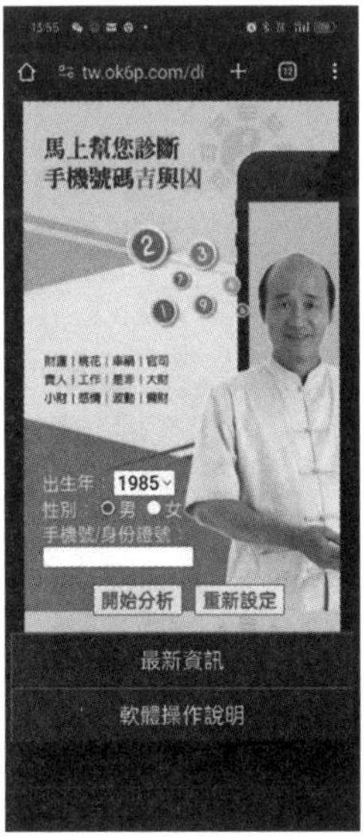

數字能量 DNA 論斷軟體

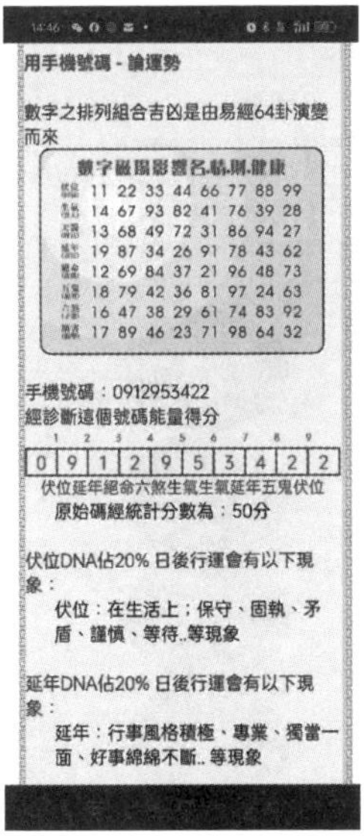

數字吉凶論斷內容一

用手機號碼 - 論運勢

數字之排列組合吉凶是由易經64卦演變而來

數字磁場影響名.財.健康

[illegible]	11	22	33	44	66	77	88	99
[illegible]	14	67	93	82	41	76	39	28
[illegible]	13	68	49	72	31	86	94	27
[illegible]	19	87	34	26	91	78	43	62
[illegible]	12	69	84	37	21	96	48	73
[illegible]	18	79	42	36	81	97	24	63
[illegible]	16	47	38	29	61	74	83	92
[illegible]	17	89	46	23	71	98	64	32

手機號碼：0980263881
經診斷這個號碼能量得分

0	9	8	0	2	6	3	8	8	1

伏位禍害伏位生氣延年五鬼六煞伏位五鬼

原始碼經統計分數為：29分

伏位DNA佔30% 日後行運會有以下現象：

伏位：在生活上：保守、固執、矛盾、謹慎、等待..等現象

五鬼DNA佔20% 日後行運會有以下現象：

五鬼：投資易失敗、漏財快、意外災害多，神經質不服輸、想法善變..等現象

生氣DNA佔10% 日後行運會有以下現象：

生氣：常遇貴人相助、EQ高，有轉機、具公關協調能力..等現象

數字吉凶論斷內容 二

禍害DNA佔10% 日後行運會有以下現象：

禍害：雖然口才佳、但衝動、身體會有病痛所擾、也會有口舌之爭..等現象

六煞DNA佔10% 日後行運會有以下現象：

六煞：人際關係時好時壞、遇事猶豫不決、感情不順利..等現象

延年DNA佔10% 日後行運會有以下現象：

延年：行事風格積極、專業、獨當一面、好事綿綿不斷..等現象

其中有下列不佳之排列序號要特別注意

98

破財、火氣大 經常爭吵 人際上矛盾糾紛 常與人爭論 不如意 開銷大

38

在男女交往中-是一位放電高手喔

PS.因為手機號碼中 五鬼 禍害 六煞 都算是凶數組合，用久了會影響運勢

建議改號，改成一組沒有凶數的手機號碼 或可在手機上貼一組專為您設計的數字能量環扣，這樣就可抵消原手機凶數的現象

數字吉凶論斷內容 三

您可以在手機殼後面貼一個數字能量手機環扣來化解不佳的數字

解決方案

建議使用符合您命卦的數字組合

2	8	6	2	8	6	2	8	7	6	8

生氣 天醫 延年 生氣 天醫 延年 生氣 延年 生氣 天醫

化解碼經統計分數為：98分

在手機背面貼一個為您量身訂做的太極石數字能量環扣

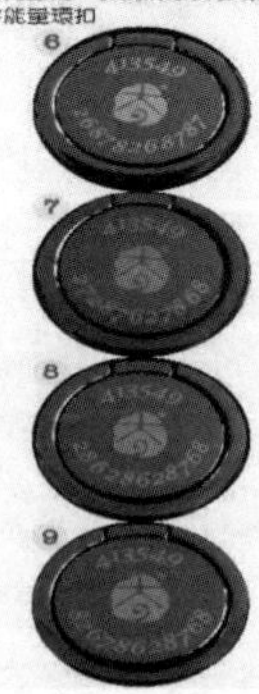

數字吉凶論斷內容 四

以上手機環扣的數字排列都是【生氣、天醫、延年】可化解目前號碼不佳的組合，可選其中的一個組合貼在手機背殼上，經一段時間後定有運勢轉強的能量出現。

如果想了解那一組號碼最適合，請洽老師諮詢

如果您需要這個（數字能量環扣）請洽發這個網址給您的（朋友），會給您優惠價喔

數字吉凶論斷內容 五

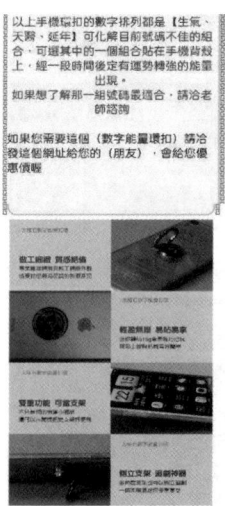

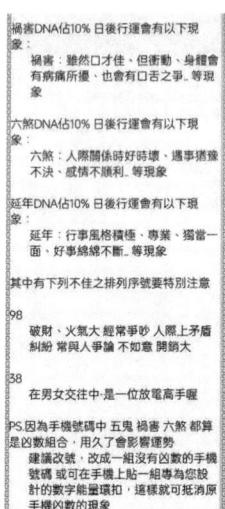

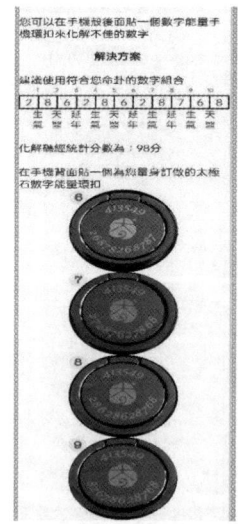

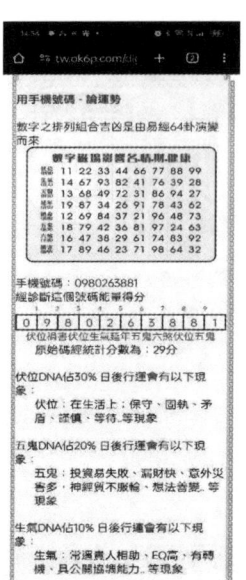

第一章
命名、改名該注意事項

新名字選定後，必須「擇吉日」攜帶供品至當地【廟宇】或到福德正神處，稟明改名事項，並在天公爐將「改名疏表」燒化，祈求上蒼繼續護佑，也要準備供品在祖先面前告知新名字。

第一節 擇日

在市面上有很多老師有出版【通書】，宜避開生年之「相沖」、「三殺」、「回頭貢殺」、「三刑」、「箭刃」之地支。

可選紅課中有【祈福酬神】或與本命三合，歲德、天德月德之吉日與時辰，並避開上述之地支。

找到合適的日子後，再確定該日之吉時，也要避開沖本命生肖之時辰。

第二節　改名疏表（A）

選定新名字後，要到廟中或自家神明廳唸此疏文：

天地萬物本無名，今既有名父母賜，父母恩德天地大，於此感謝父母恩。

今據南贍部洲中華民國台灣省○ ○縣市○ ○路○ ○巷○ ○號

吉宅居住，弟子庶姓庶名，原承父母恩賜，德澤猶如天地，因逢庶名○不雅○與長上同名○行運乖違等，以致命運乖滯，恐懼強侵連年，故決定更改庶名為：○○○，嗣後塵世人間呼名均以新名為主，凡有稟報天地神祇，均以新名稟告。今日擇吉時呈疏表，誠心敬備鮮花果品、香燭茶清焚香禮拜，伏懇上天垂愛庇佑，降吉避禍、諸事亨通，振作運程，從此道業增長、智慧洪開、家和人和、貴人顯助、事業順遂、財運亨通。

請今特造文疏叩稟

懇請福德正神轉呈倉頡先師、文昌帝君、三官大帝、玉皇上帝大天尊

金蓮寶座前

弟子原庶名：○○○銘戢感德，百叩

第三節　改名疏表（B）

改名疏表儀軌

很多人因本名不雅或是不合適，便將名字做了更改，除了依法更改外，亦應稟告法界，可於改名後每月遇到的初一或十五，準備水果、金紙，到當地廟宇或土地公廟稟告眾神聖。疏表如下：

改名疏表

天地萬物本無物，今既有名父母賜，父母恩重如須彌山，於此感謝父母恩。

今為南瞻部洲台灣（地址）人民，庶姓〇名〇　〇，原承父母恩賜，德澤猶如天地，因逢庶名（改名事由），故決定修改庶名為〇〇〇，嗣後塵世人間呼名均以新名為主，凡有稟報天界庶名，亦如新名。

今後當以新名文字意做為修行實踐佛法之依據，並依字意時時行善積德，今擇〇　〇年〇月〇日〇時，誠心準備花果焚香禮拜稟報。

天界眾神聖、大如來轉知虛空法界執事神明眷屬等賜福，今特造文疏叩稟。

玉皇大帝三官大帝三寶佛暨諸大如來共鑒！

弟子原庶名為：○○○：於年月日時出生

今更改庶名為：○○○銘戢感德，百叩

第四節　名字之形、音、義都要好

字義要力求簡單明瞭。讀音要順暢，讓人有親切感。勿用太過俗氣的用字。

須符合姓名之意義及身分，不可犯上。例：父名為「信義」，子女姓名勿用「信」字做為名字末位，如：明信、忠信。

命名當依照排行順序，不可顛倒。例：兄名為「夏生」，弟可名為「秋生」而不可取為「春生」，命名時應當符合實體之緣故。例：牛年生之人，而名為「虎」勿用滑稽式之名及有雙關語之名。例：白賊七、伯熙（白死）、呂四（旅死）。

勿用曖昧之名，即男女不分之名。

姓與名之意義相同則不吉，容易產生凶運。例：姓金之人取名為金山、金庫。勿用難讀之文字為名，應當用易叫之響亮名字。

勿用刻苦吃虧之文字。例：醉、痴、霜、愚、忍。

勿用含有水火之文字相接為名，若隔一字則無妨。例：炎海、炳溪。

第五節　華人姓氏的由來

中國人在距今約五千年以前，也就是三皇五帝時期，就有姓了。因為那時是屬於母系社會，只知道有母，而不知道有父。所以「姓」是「女」和「生」組成，就說明最早的姓，是跟母親的姓。到了夏、商、周的時候，人們開始有姓也有氏。「姓」是從居住的村落或者所屬的部族名稱而來。「氏」是從君主所封的地、所任的官職、所賜的爵位，或者死後按照功績，追加的稱號而來。所以貴族有姓有名也有氏；平民有姓沒有名沒有氏。同「氏」的男女可以通婚，同「姓」的男女卻不可以通婚。這表示中國人很早就發現這項遺傳規律：近親通婚對後代不利。

唐太宗（西元627年）的時候，當時的吏部尚書高士廉，把民間的「姓」記錄下來，寫成一本書《氏族志》，頒佈天下，做為當時推舉賢能作官，或撮合婚姻的依據。中國最早流行的《百家姓》是北宋（公元960年）的時候寫的，裡面一共收集了單姓408個，複姓30個，一共438個。發展到後來，據說有三千到五千個，但是實際應用的，只有一千個左右。

在華人社會之中，「張、王、李、趙」，這四個大姓，歷史悠久，分佈廣泛，而且都是皇帝賜姓。根據最新的統計，單是姓張的，就超過一億人，這應該算是世界上最大的姓了吧；1977年中國史學家李棟明，在《東方雜誌》上發表過一篇有關「姓」的論文，文中指出：

華人最大的十個姓是：張、王、李、趙、陳、楊、吳、劉、黃、周。這十個姓佔華人人口40％，約四億人。

第二大的十個姓是：徐、朱、林、孫、馬、高、胡、鄭、郭、蕭。佔華人人口10％以上。

第三大的十個姓是：謝、何、許、宋、沈、羅、韓、鄧、梁、葉。佔華人人口10％。

接下來的15個大姓是：方、崔、程、潘、曹、馮、汪、蔡、袁、盧、唐、錢、杜、彭、陸。加起來也占總人口的10％。

換句話說，在華人社會二十億人口中，有十四億人姓了以上這四大類的姓。另外的六億多人的姓，都是比較少見的，像是關、廖、毛、江、白、文、池等等。

第六節　姓名學中易算錯之文字

以下為常算錯之筆劃及部首：

1、「氵」為水字旁，以「水」為正體，應以「四畫」計算之，方為正確，例如：「洺」為10畫；「沛」為9畫。

2、「忄」為豎心旁，以「心」為正體，應以「四畫」計算之，方為正確，例如：「惟」為12書；「慚」為15畫。

3、「扌」為提手旁，以「手」為正體，應以「四畫」計算之，方為正確，例如：「拘」為9畫；「捨」為12畫。

4、「王」為玉字旁，以「玉」為正體，應以「五畫」計算之，方為正確，例如：「瑪」為15畫；「琮」為13畫。

5、「犭」為秉犬旁，以「犬」為正體，應以「四畫」計算之，方為正確，例如：「狎」為9畫；「狽」為11畫。

6、「礻」為半禮旁，以「示」為正體，應以「五畫」計算之，方為正確，例如：「祐」為10畫；「禧」為17畫。

7、「艹」為草字頭，以「艸」為正體，應以「六畫」計算之，方為正確，例如：

「萌」為14畫。

8、「月」為肉字旁，以「肉」為正體，應以「六畫」計算之，方為正確，例如：

「脯」為13畫；「脾」為13畫。

9、「衤」為半衣旁，以「衣」為正體，應以「六畫」計算之，方為正確，例如：

「裱」為14畫；「裴」為14畫。

10、「阝」為左耳鉤，以「阜」為正體，應以「八畫」計算之，方為正確，例如：

「陛」為15畫；「阻」為13畫。

11、「阝」為右耳鉤，以「邑」為正體，應以「七畫」計算之，方為正確，例如：

「邵」為12畫；「鄉」為17畫。

12、「辶」為走馬旁，以「辵」為正體，應以「七畫」計算之，方為正確，例如：

「過」為16畫；「逍」為14畫。

13、「毋」為毋字旁，以「毋」為正體，應以「四畫」計算之，方為正確，例如：

「毓」為13畫；「每」為6畫。

14、「⺳」為網字頭，以「网」為正體，應以「六畫」計算之，方為正確，例如：
「罕」寫9畫；「罔」為9畫。

15、「罒」為網字頭：以「网」為正體，應以「六畫」計算之，方為正確，例如：
「署」為15畫；「罷」為16畫。

◎易算錯之文字請特別注意：

二劃　乃

三劃　丸弓

四劃　丙丐丑互匹卞引比牙

五劃　世弗弘永瓦巧

六劃　丞臣夷亥印

七劃　巡成廷初

八劃　函協垂承直臥采門政亞

九劃　泰表染致飛臾風

十劃　乘叟酒育芽馬

十一劃　眾卿斌偉紫胡貫豚

十二劃　勝盛能堯傑黃淵壺博

十三劃　毓彙肅琴裕鼎祿路塚

十四劃　壽夢慈與賓實華碧

十五劃　慕養穎寬興穀賜廣

十六劃　燕龍龜導錫

十七劃　謄賸鴻聯燦隆鄉

十八劃　翼豐爵舊繡

十九劃　贊關蕭繩

二〇劃　贏騰瓊露犧

二一劃　譽

第七節 如何快速記住天干、地支

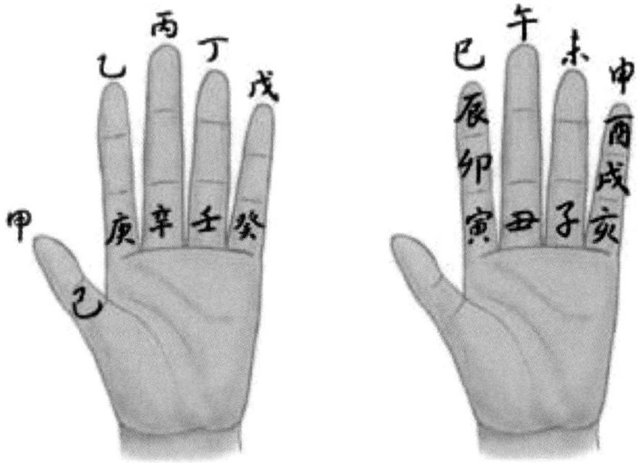

地支	生肖	農曆月份	時刻
寅	虎	正月	3時—5時
卯	兔	二月	5時—7時
辰	龍	三月	7時—9時
巳	蛇	四月	9時—11時
午	馬	五月	11時—13時
未	羊	六月	13時—15時
申	猴	七月	15時—17時
酉	雞	八月	17時—19時
戌	狗	九月	19時—21時
亥	豬	十月	21時—23時
子	鼠	十一月	23時—1時
丑	牛	十二月	1時—3時

◎十二生肖：

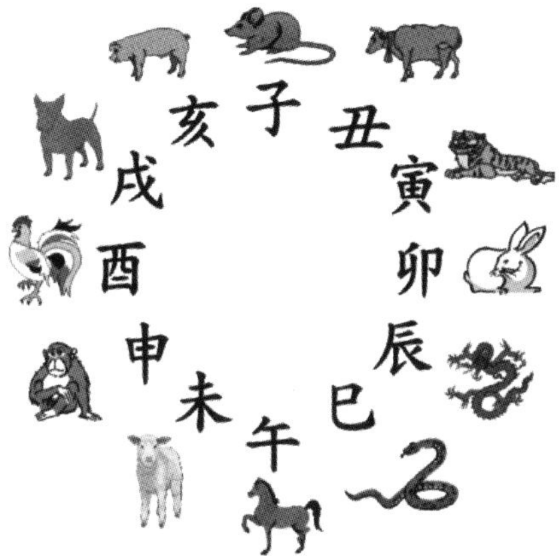

	子	丑	寅	卯	辰	巳
代號：	1	2	3	4	5	6

	午	未	申	酉	戌	亥
代號：	7	8	9	10	11	12

◎六十甲子表：

甲子	1
乙丑	2
丙寅	3
丁卯	4
戊辰	5
己巳	6
庚午	7
辛未	8
壬申	9
癸酉	10
甲戌	11
乙亥	12

丙子	13
丁丑	14
戊寅	15
己卯	16
庚辰	17
辛巳	18
壬午	19
癸未	20
甲申	21
乙酉	22
丙戌	23
丁亥	24

戊子	25
己丑	26
庚寅	27
辛卯	28
壬辰	29
癸巳	30
甲午	31
乙未	32
丙申	33
丁酉	34
戊戌	35
己亥	36

庚子	37
辛丑	38
壬寅	39
癸卯	40
甲辰	41
乙巳	42
丙午	43
丁未	44
戊申	45
己酉	46
庚戌	47
辛亥	48

壬子	49
癸丑	50
甲寅	51
乙卯	52
丙辰	53
丁巳	54
戊午	55
己未	56
庚申	57
辛酉	58
壬戌	59
癸亥	60

第二章 四柱八字姓名學源由

第一節　研究命理的目的

◎緣起：

21世紀是一個以服務為導向的時代，服務的品質已是全面性的，而且多元，並講求快速經濟發展。加上學習的平台，已唾手可得，只在於您的想法，決定你的行動。

有一隻貓每天喵喵為抓不到老鼠而苦惱，透過狗的指點牠學會了狗汪汪叫，結果，當老鼠被抓時，老鼠問貓你何時學會狗汪汪叫，貓很虛心的告訴老鼠，我如果沒有學會第二專長，如何能在現在的環境生存？

從接觸到專注至深研，這過程要感恩所有的助緣，因一通同業好友的電話，在當下接觸與自己本行完全不同領域的命理，運用已知再去學習未知。

從學習姓名學到八字再到陽宅，就如一個學程般的一頭栽入，18年來，因本業接觸的因素，以女性為多，職業婦女尤其美容業沙龍經營者，除了要具專業性，更要有身心靈的素養來幫助消費者，以維持一個店的經營，姓名學諮詢是其中一項方式，可以關心消費者的身心靈以外，也可關心她家庭的成員，因此，在運用過程中扮演心理諮商的角色。

一、社會發展的希望在人才，而人才的希望在教育，五術在千年的歷史中已佔一席之地，由於包含一些玄的神秘色彩，造成人與人間的口耳相傳及迷失。五術教育協會透過互相研究教學相長，它包含有哲學、科學、心理學、宗教學，讓協會的會員對五術更具有信心。四柱八字姓名學也是五術其中的一個學派，隨著時代變遷，一切講求速度，時間就是金錢的E世代中，能用簡單又快速的方式與陌生人或初見面的朋友及親朋好友，有多一項互動的方式。

二、父母為孩子取名不就是希望取一個好名？讓名字帶來好運！好名帶來好的外緣，就如能量磁場，名字雖然只是一個人的稱呼，卻具有吸引力，以一些明星可以為證。

三、讀書修行或修行讀書，但知道道理不如行道理，因為想一丈不如行一尺，所謂讀萬卷書行萬里路。讀書可增加知識的力量，而知識確是智慧的泉源，五術教育協會用經驗分享及共讀方式，讓有心研究的人，有成長的園地。

四、是為自己解開生命的密碼？還是為幫助別人走過生命的低潮。有句話：人生不如意十有八九，不管富有或貧窮。例如：空間，大園華航空難，本是蜜月旅行卻變成死亡之旅。例如：時間，本要搭那班飛機，就因為歡喜分享忘記時間，而耽誤班機，逃過一劫。例如：人與人間，九二一因為口渴離開現場，命運就天人永隔。因此，每個當下如果都用一生只有一會的心情，來面對與把握，相信一次又一次學習，必能如毛毛蟲變成美麗的蝴蝶般。

五、四柱姓名學，以後天的命盤為主。因為，上天給先天命盤，再給每人一個機會透過自己的改變，改變命運。

六、命如果是樹，它蘊藏了無形能量，而運就是花果，才會當一個人很有成就時，會說是因運氣好，其實在運的運作中，乃來自於個性使然，因此，有句話：個性就是命運。是以命來運命，還是以運來運命？

第二節　四柱姓名學研究對運的分析如下

一、自己與自己的關係，人生最大的敵人是自己，當你與人過不去時，也等於跟自己過不去。

二、自己與人際互動關係，你與父母互動關係，你與配偶相處關係，你與兄弟姊妹的關係，你與朋友的關係。因為，人無法離群而獨居。所以懂得用欣賞的眼光看人，人人便是您的貴人。

三、自己與錢財及配偶的關係，兩個不同生長環境，要合作再經營一個家庭，因此，要學會誰比誰更愛誰，不是誰比誰更怕誰。

四、自我在職場上與長官的互動關係：曾經有一個公司需要升遷一位主管，上司給一個企劃案。A：員工將企劃案寫的完美無缺，上司看了很滿意，B：員工將企劃留一點點每人都看得出的缺點，結果上司告訴他這點缺失，員工說不愧是老闆，所以你對上司了解多少？有句話讚美別人就是莊嚴自己。

五、自己與子女的關係：同一個母親生的孩子性格為何不同？透過姓名了解，就可以給予孩子適合學習方向發展個性及大運、流年、五行的狀態給予引導，以及學習方向。

六、貴人：有長上貴人，也有平輩貴人，有男性貴人也有女性貴人，只要先與人結好人緣，貴人就會隨處現。自種福田，自得福緣。

第三節　四柱姓名學來自易經的導引

一物一太極

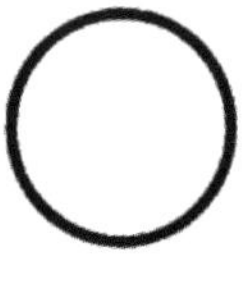

（無極）

太極生兩儀

（太極）

兩儀生四象、四象生八卦

太極圖中可看出大自然的運化陽中帶陰，陰中帶陽，主要也在顯示凡事一體兩面剛中帶柔，柔中帶剛，而一切得講求平衡。

可惜人因自認萬物之靈，往往在慾望無盡中造就人生的喜怒哀樂，憂思悲恐驚、酸甜苦辣，有人在苦中作樂，有人樂極生悲，以孔子學說：十有五志於學，三十而立，四十而不惑，五十而知天命，六十而順耳，七十而從心所欲不越矩。

陰陽有如晚上白天，男人女人、人有雙眼、雙耳、鼻有兩孔、手有左右手、腳有左右腳、包括內臟肝有兩葉、腎有兩個、心有兩室、卵巢有兩個、血管有動脈、靜脈，都在顯示陰陽的自然法則，而人與人的相處也講求感性與理性的平衡。

四柱姓名學講求以追求圓滿人生為目標，追求圓融，每個五行中在不足與過多中，尋求修正的空間，這是四柱姓名學論述時希望達到每個人的期望。

第四節　四柱姓名學由來

乃由河圖洛書的五行相生相剋的原理及十二地支結合十天干、排盤出四柱八字及大運，再配合流年，形成姓名四柱八字八字學，與生辰八字論述大致相同，只差別在先天命盤及後天運盤的不同。也是命與運互相運轉。

四柱八字姓名學，源自易經的「一陰一陽」易之說源於圖，即是太極與八卦。太極圖的圓圈在紙面上是平面，實際上其指是個立體球形，它代表任何物與事，也代表宇宙及大自然。代表兩者劃分，而又互相糾纏結合在一起。而太極圖中的黑中帶白，白中帶黑有如陰中隱藏有陽，以及陽中隱藏有陰。易經說「物極必反」、「否極泰來」以及禍兮福所倚，福兮禍所伏，這都可以用太極圖來做詮釋。

至聖孔子曾言：「不知命，無以為君子」，因此，子曰「五十知天命」之說，所以命運之學，聖人不以為邪道。

姓名在命運中的份量，以運為著重，是在動態運轉中，例如：數由1至10乃全世界不約而同的共同定律。而在抑、揚、頓、挫中，有其輕重，另意的部分，從含意中，可令人起歡喜心，所以，才會有人如其名之說！

隨著時代改變，現在的法令改名容易，使每個人都希望能命個好名或改個好名。尤其在父母對初生兒女之命名更是謹慎與重視。本人因精研姓名學，經長期觀察，人人若能以學一技之長或為學得第二專長的心來研究，可處處與人結好緣，就不必求人，又可為自己及子女撰取良名，一舉數得。

第五節　名字與五行

人的出生年月日時的天干地支，即生辰八字，是與宇宙運轉相合的。五行，也是宇宙運行的一種規律，又是宇宙結構的一種平衡。一個人不僅要陰陽平衡，還要五行平衡。如果不平衡，不管生理、心理都會有影響。

語言本身有攝受力，言語是隨思維進行，而好名，當自己使用時，加上千萬人呼喚時，無形中不斷將你與自然界的五行，木，火，土，金，水，聯繫在一起。若取名時能讓木、火、土、水、金俱足，便是兩全其美。

第六節　四柱八字姓名學的排盤原理是依據易經之河圖洛書而來

「河圖、八卦，伏羲王天下，龍馬出河，遂則其文畫八卦，謂之河圖，後人附會演出成易經之河圖」。「河出圖，洛出書，聖人則之」，孔安國以為「河圖」即「八卦」，洛書則「九疇」。以下以圖來示之。

河圖

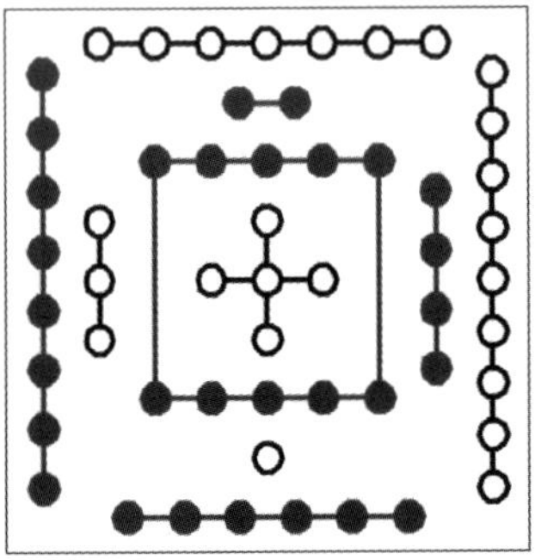

洛書

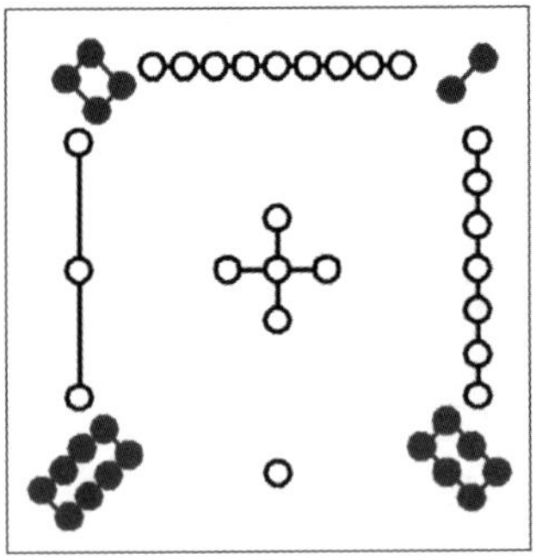

一六共宗水　二七同道火　三八為朋木　四九為友金　五十同途土

一三五七九為陽　二四六八十為陰

當然在四柱八字姓名學中的四柱八字中也必須考慮天干地支中的刑、沖、合、害等現象。可推論出一個人的吉凶禍福。

第三章
如何排出四柱八字姓名學

第一節 四柱八字姓名學命盤表

（圖一）

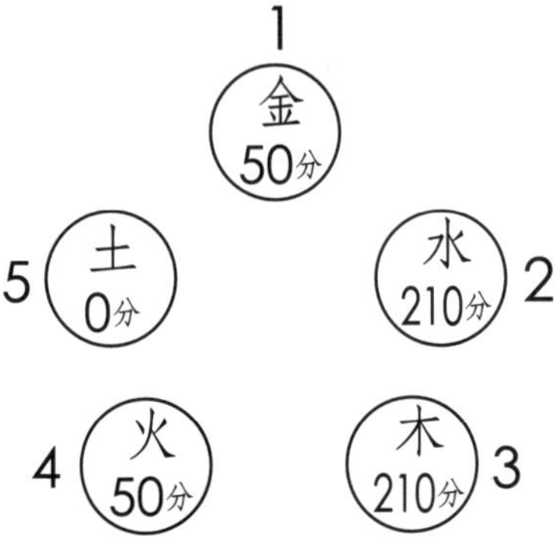

楊 13
襄 17
妤 07

37

姓名：楊襄妤

性別 女

生日 □農曆 □國曆 64年次 屬兔

數劃	64	13	24	37	38
用神	年次	姓氏	名字	總格	外格
分數	50	50	50	50	
天干	乙	甲	辛	丙	乙
地支	卯	子	亥	子	丑
藏干	乙	癸	甲 壬	癸	
分數	80	80	30 50	80	

大運干支	乙丑	丙寅	丁卯	戊辰	己巳	庚午	辛未	壬申	癸酉	甲戌
大運歲數	8	18	28	38	48	58	68	78	88	98

西元年	2007	2008	2009	2010	2011
流年	丁亥	戊子	己丑	庚寅	辛卯

第二節　在四柱八字姓名學中年柱排法

八字「命造」，乃是將人的出生年、月、日、時查萬年曆而成，當然手上需備有一本萬年曆。

排出來的八字共有四柱，第一柱為年柱干支、第二柱為月柱干支、第三柱為日柱干支、第四柱為時柱干支，一般都是先排年柱，其次月柱、日柱，再排時柱。

《年柱之交界是以「立春」【節】為分界》

在「**立春**」之後者，算今年當年的干支。

在「**立春**」之前者，算去年的干支。

要排四柱八字一定要有一本萬年曆，來查閱每年，每月，交節氣正確的日期時辰分秒。

例如民國五十四年交「**立春**」的時間是：

陽曆二月四日辰時8時47分；即陰曆正月初三日辰時8時47分。

在立春前（即陰曆正月初三日辰時8時47分之前）出生的人，要算是去年民國五十三年「**甲辰**」為其年柱。

在立春後（即陰曆正月初三日辰時8時47分之後）出生的人，要算是今年民國五十四年「**乙巳**」為其年柱。

為什麼會這樣請查萬年曆就知道。

也有一種簡單的年干支換算法如下：

天干算法：將民國出生年之個位數減去2，「餘數」就是年天干請對照表格。

地支算法：將民國出生年除以12的「餘數」就是年地支請對照表格。

年干：由年次依下列的表找出：

天干	
1	甲
2	乙
3	丙
4	丁
5	戊
6	己
7	庚
8	辛
9	壬
10	癸

因天干只10支，因此以個位數的數字做為找出天干的依據。

47年次將7-2=5，而戊在天干排在第5，所以是戊。

地支	
1	子
2	丑
3	寅
4	卯
5	辰
6	巳
7	午
8	未
9	申
10	酉
11	戌
12	亥

因地支是12支，所以47年次的地支以47÷12的倍數，餘數是11，地支的第11支是戌。

例：民國54年出生的人

4-2=2→年天干=乙　54÷12=4、餘數=6　6→年地支=巳

所以54年為乙巳年

例：民國47年生人

7-2=5→年天干=戊　47÷12=3、餘數=11　11→年地支=戌

所以47年為戊戌年

例：（圖一）命例為民國64年生人

4-2=2→年天干=乙　64÷12=5、餘數=4　4→年地支=卯

所以64年為乙卯年（圖一）命例中的年柱

此種方法有缺點，因為出生在國曆一、二月的人並不知道交節氣了沒（立春）。

所以在諮詢姓名時最好算出年干，順便問其生肖屬什麼。

第三節　在四柱八字姓名學中孤辰、寡宿排法

◎命名時盡量不要出現有孤辰、寡宿的名字

孤寡查尋表，以年柱為主												
年柱	子	丑	寅	卯	辰	巳	午	未	申	酉	戌	亥
孤辰	寅	寅	巳	巳	巳	申	申	申	亥	亥	亥	寅
寡宿	戌	戌	丑	丑	丑	辰	辰	辰	未	未	未	戌

【孤辰】命帶孤辰者，個性孤傲，孤癖，笑容少，待人不親切，同柱坐生旺稍可化解，如坐死絕，就要因了解而自我修正或改變，一生運勢較生不逢時，孤辰以日柱，時柱為重，六親或夫妻或子女互動較少。

孤辰在年柱時，民俗上最好過房，若不過房，有可能較叛逆會不聽父母的話。

男命帶孤辰，正財偏財星又逢死絕，表示婚後感情不佳應互相包容。

女命帶孤辰，如正官七殺逢死絕，也表示婚姻不美滿，應互相包容。

【寡宿】命帶寡宿者，個性孤傲，沈默，笑容少，較不利六親，同柱坐生旺稍可化解，如坐死絕不好，一生運勢較生不逢時，寡宿以日柱、時柱為重，六親或

夫妻或子女互動較少。

男命帶寡宿，正財偏財星又逢死絕，表示婚緣薄最好小別勝新婚。

女命帶寡宿，如正官七殺逢死絕，也表示婚姻不美滿，可能聚少離多，並且更要懂得把握姻緣。

第四節　在四柱八字姓名學中月柱排法

月干：由姓取出天干及地支。

如：單姓：如姓陳的筆劃十六劃。

複姓：如歐陽是複姓就用二個字的筆劃取得，如冠夫姓也包括在複姓中。

（圖一）命例中的月柱為第二柱。

（圖一）命例中姓楊＝13劃，依照易經河圖中數字顯示：

一六共宗水　二七同道火　三八為朋木　四九為友金　五十同途土

一三五七九為陽　二四六八十為陰

姓楊＝13劃，個位數3，在易經上代表為（甲）。

天干	代表筆劃
甲	3
乙	8
丙	7
丁	2
戊	5
己	10
庚	9
辛	4
壬	1
癸	6

總數13除12，餘數為1，在易經上代表為（子）。

地支	
子	1
丑	2
寅	3
卯	4
辰	5
巳	6
午	7
未	8
申	9
酉	10
戌	11
亥	12

所以姓楊＝13劃，在易經上代表為（甲子）。

第五節　在四柱八字姓名學中日柱排法

日干：由名字筆劃數取得。

如單字，就用單一一個字的筆劃取得，如兩個字就用兩個字的筆劃取得。

（圖一）命例中的日柱為第三柱。

名：襄妤

襄＝17劃，妤＝7劃，兩字相加＝24劃，再套上易經數字，個位數4在易經上代表為（辛）。

天干	代表筆劃
甲	3
乙	8
丙	7
丁	2
戊	5
己	10
庚	9
辛	4
壬	1
癸	6

總數24除12，餘數為0，在易經上代表為（亥），整除＝最後一字。

地支	
子	1
丑	2
寅	3
卯	4
辰	5
巳	6
午	7
未	8
申	9
酉	10
戌	11
亥	12

所以襄妤＝24劃，在易經上代表為（辛亥）。

第六節　在四柱八字姓名學中時柱排法

時干：由姓名的總劃數取得。

如單名就以姓＋單名。如複名就以姓＋複名。

（圖一）命例中的時柱為第四柱。

楊襄好

楊＝13劃，襄＝17劃，好＝7劃，三字相加＝37劃，再套上易經數字，個位數7在易經上代表為（丙）。

天干	代表筆劃
甲	3
乙	8
丙	7
丁	2
戊	5
己	10
庚	9
辛	4
壬	1
癸	6

總數37除12，餘數為1，在易經上代表為（子）。

地支	
子	1
丑	2
寅	3
卯	4
辰	5
巳	6
午	7
未	8
申	9
酉	10
戌	11
亥	12

所以楊襄好＝37劃，在易經上代表為（丙子）。

第七節　在四柱八字姓名學中外格排法

外格：代表外在的人際關係、行動力、行為表現、成功運。

外格：外格取法＝姓名總數加一。

（圖一）命例中的外格為第五柱。

楊襄妤

楊＝13劃，襄＝17劃，妤＝7劃，三字相加＝37劃，加1＝38，再套上易經數字，個位數8在易經上代表為（乙）。

天干	甲	乙	丙	丁	戊	己	庚	辛	壬	癸
代表筆劃	3	8	7	2	5	10	9	4	1	6

總數38除12，餘數為2，在易經上代表為（丑）。

地支	子	丑	寅	卯	辰	巳	午	未	申	酉	戌	亥
	1	2	3	4	5	6	7	8	9	10	11	12

所以楊襄妤外格＝38劃，在易經上代表為（乙丑）。

◎外格的含意：

每個人都是一個獨立的個體，所以除了自己，主要對象是六親以及與自己有互動關係的每個人，它給予的是外在的力量，是好是壞，均在於個人的心境的起伏變化。尤其，在這團隊合作的世代，沒有人能離群而獨居，心寬念純，心量有多寬，福就有多大。時時用讚嘆的心，對待每個人，您將是心中最富有的人。證嚴法師開示：人有分四種人：第一種人【富中之富的人】，猶太人所以國強民富，乃是在他們從小的生命教育課程，就有感恩萬物以及大自然恩賜的心，因此，有得十付一的理念。第二種人【富中之貧的人】，也許物質富足，心中卻貧窮，所以屋寬不如心寬。第三種人【貧中之富的人】，樂生療養院痲瘋病患，因為早期有傳染的顧慮而被隔離，成為被遺忘的一群，然而，他們從被照顧的一群，也反過來當個能助人的人，九二一他們發揮微薄的力量，捐款救災，並且成為長期的捐款人，他們期許自己要成為身心都富有的人。第四種人【貧中之貧的人】，貧窮讓他忘記，付出不是有錢人的權力，而是有心人的園地，有人物質貧窮，有人心靈貧窮。人生不會因擁有的多而快樂，而是能付出最快樂。

第八節　在四柱八字姓名學中地支藏干分數算法

地支之藏干有本氣、餘氣及雜氣，因為這一派的算法是用分數多寡來斷特質，所以必須用地支藏干來算出五行分數：

子	丑	寅	卯	辰	巳
癸	辛癸己	戊丙甲	乙	癸乙戊	庚戊丙
午	未	申	酉	戌	亥
己丁	乙丁己	壬戊庚	辛	丁辛戊	甲壬

（圖一）命例中：

首先我們將四柱八字中的天干，每個字不管在哪一柱都定為50分，地支中的年、月、日、時都定為80分，總分共520分（算分數時要以天干為計算基準，所以地支要用藏干來計算分數）。

只要將各五行之得分狀況，依八字之公式來判斷，就可得知用神、喜神、忌神、閒神等等。

以下為各干支的五行得分一覽表。

我們先來了解天干及地支五行在各柱的分數，每支天干佔50分。

天干	得分
甲木	50
乙木	50
丙火	50
丁火	50
戊土	50
己土	50
庚金	50
辛金	50
壬水	50
癸水	50

下表為地支藏干一覽表，如藏干有三字，則分主氣、餘氣、雜氣，如藏干有二字，則分主氣、餘氣，如藏干只有一字，則稱主氣。

地支	藏干
子	癸
丑	己 癸 辛
寅	甲 丙 戊
卯	乙
辰	戊 乙 癸
巳	丙 戊 庚
午	丁 己
未	己 丁 乙
申	庚 壬 戊
酉	辛
戌	戊 辛 丁
亥	壬 甲

地支藏干在四柱的（年、月、日、時）的主氣（50分）、餘氣（20分）、雜氣（10分）分數一覽表，每個地支共為80分。

地支	藏干	得分
子	癸	80
丑	己 癸 辛	50 20 10
寅	甲 丙 戊	50 20 10
卯	乙	80
辰	戊 乙 癸	50 20 10
巳	丙 戊 庚	50 20 10
午	丁 己	50 30
未	己 丁 乙	50 20 10
申	庚 壬 戊	50 20 10
酉	辛	80
戌	戊 辛 丁	50 20 10
亥	壬 甲	50 30

（圖一）命例中：

①＝金＝50分　②＝水＝210分　③＝木＝210分　④＝火＝50分　⑤＝土＝0分

就是由該命盤中的天干及地支藏干中之個別得分而來，總共520分。

第九節　在四柱八字姓名學中大運干支及歲數排法

（圖一）命例中：

以第二柱的天干及地支為主。再分男命、女命。

奇數年生，男命為順行，偶數年生，女命為順行。

奇數年生，女命為逆行，偶數年生，男命為逆行。

大運之起運年干支是以月柱之干支開始排（陽順陰逆），套入以下公式：

天干	
甲	3
乙	8
丙	7
丁	2
戊	5
己	10
庚	9
辛	4
壬	1
癸	6

地支	
子	1
丑	2
寅	3
卯	4
辰	5
巳	6
午	7
未	8
申	9
酉	10
戌	11
亥	12

47年男命順行

大運									
癸	壬	辛	庚	己	戊	丁	丙	乙	甲
酉	申	未	午	巳	辰	卯	寅	丑	子

46年男命逆行

大運									
甲	乙	丙	丁	戊	己	庚	辛	壬	癸
子	丑	寅	卯	辰	巳	午	未	申	酉

47年女命逆行

天干	地支
甲	子
乙	丑
丙	寅
丁	卯
戊	辰
己	巳
庚	午
辛	未
壬	申
癸	酉
大運	

46年女命順行

天干	地支
癸	酉
壬	申
辛	未
庚	午
己	巳
戊	辰
丁	卯
丙	寅
乙	丑
甲	子
大運	

（圖一）命例中：

大運歲數之起運是以年柱之天干代表數字開始排。

命例中年干為乙，所以乙為8，所以由8歲起第一大運。

第十節　在四柱八字姓名學中流年干支算法

流年天干算法：將民國年之個位數減去2，「餘數」就是年天干，請對照表格。

流年地支算法：將民國年除以12，「餘數」就是年地支，請對照表格。

年干：由年次依下列的表找出：

天干	甲	乙	丙	丁	戊	己	庚	辛	壬	癸
	3	8	7	2	5	10	9	4	1	6

因天干只10支，因此以個位數的數字做為找出天干的依據。

地支	子	丑	寅	卯	辰	巳	午	未	申	酉	戌	亥
	1	2	3	4	5	6	7	8	9	10	11	12

因地支是12支，所以47年次的地支，以47÷12的倍數，餘數是11。

西元年＝民國年＋1911，所以民國98年＝98+1911＝2009年。

第十一節　在四柱八字姓名學中命名、取名五行表

五行的取法：

以下圖表是姓與名及總名的筆劃可立即查出的天干地支：

1	壬子	11	壬戌	21	壬申	31	壬午	41	壬辰	51	壬寅
2	丁丑	12	丁亥	22	丁酉	32	丁未	42	丁巳	52	丁卯
3	甲寅	13	甲子	23	甲戌	33	甲申	43	甲午	53	甲辰
4	辛卯	14	辛丑	24	辛亥	34	辛酉	44	辛未	54	辛巳
5	戊辰	15	戊寅	25	戊子	35	戊戌	45	戊申	55	戊午
6	癸巳	16	癸卯	26	癸丑	36	癸亥	46	癸酉	56	癸未
7	丙午	17	丙辰	27	丙寅	37	丙子	47	丙戌	57	丙申
8	乙未	18	乙巳	28	乙卯	38	乙丑	48	乙亥	58	乙酉
9	庚申	19	庚午	29	庚辰	39	庚寅	49	庚子	59	庚戌
10	己酉	20	己未	30	己巳	40	己卯	50	己丑	60	己亥

在命名過程中，如缺水可選36劃。

在命名過程中，如缺木、土可選15劃。

在命名過程中，如缺金、木可選39劃。

在命名過程中，如缺金、水可選24劃。

以此類推，只要用心篩選就可選出一組好名字，如果您對本派姓名學還不是很熟悉，本中心有開發一套命名軟體，歡迎來電：04-24521393。

第四章

由四柱姓名命盤中斷吉凶

楊	13
襄	17
好	07
	37

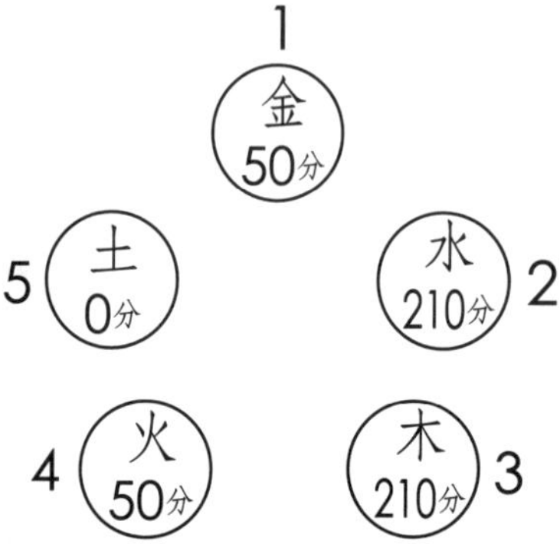

由命盤中看出，日柱與時柱有丙辛合。
由命盤中看出，年柱與月柱有子卯刑。
會有什麼現象請看下面解釋。

姓名：楊襄好

性別 女 生日 □農曆 □國曆 64年次 屬兔

劃數	64	13	24	37	38
用神	年次	姓氏	名字	總格	外格
分數	50	50	50	50	
天干	乙	甲	辛	丙	乙
地支	卯	子	亥	子	丑
藏干	乙	癸	甲 壬	癸	
分數	80	80	30 50	80	

大運干支	乙丑	丙寅	丁卯	戊辰	己巳	庚午	辛未	壬申	癸酉	甲戌
大運歲數	8	18	28	38	48	58	68	78	88	98

西元年	2007	2008	2009	2010	2011
流年	丁亥	戊子	己丑	庚寅	辛卯

第一節　在四柱八字姓名學中的三合局

以下用圖型來解釋十二地支的刑、沖、會、合、害。

【地支三合】：半合是指三合中任二個地支出現。

在八字姓名學命盤中如有：

申子辰合水局：生在申，旺在子，庫在辰。

個人特質中會有：多元化的智慧，變化大，有時會冷眼旁觀，臨時變卦，表現冷漠自私。

巳酉丑合金局：生在巳，旺在酉，庫在丑。

個人特質中會有：先天指揮性佳，講義氣，外表威嚴又酷，但有血光，有點肅殺之氣，講話會修飾。

寅午戌合火局：生在寅，旺在午，庫在戌。

個人特質中會有：為人熱情，有前熱後冷的現象，有頭無尾，行動派，急性子。

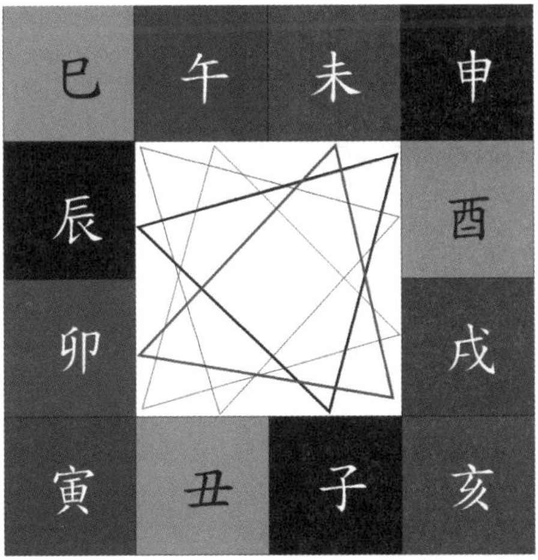

亥卯未合木局：生在亥，旺在卯，庫在未。

個人特質中會有：好幻想，想的多做的少，較不切實際，心地軟，計畫一大堆，大部分都無法實現。

※在四柱八字姓名學中的六合局

【地支六合】：有計畫能力，合得來，會有收成，守成，同心協力，好溝通。

※子丑合土　※寅亥合木　※卯戌合火

※辰酉合金　※巳申合水　※午未合火

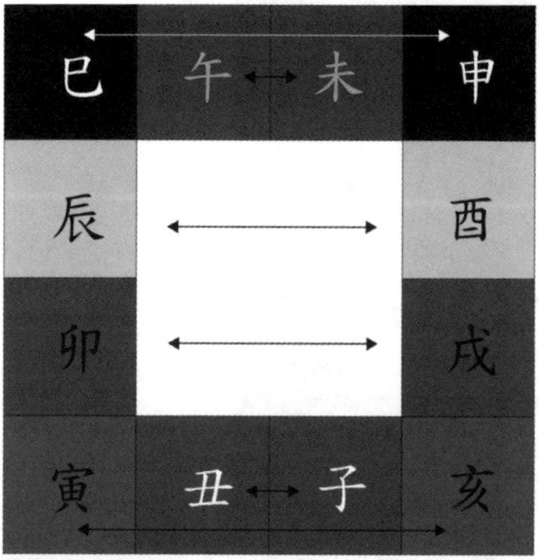

【從命盤中看出，在年、月、日、時如有三合或六合時可參考下列解釋】

	時	日	月	年	【合】（地支）
1			*	*	較容易受到長上幫助，與長上好溝通，有長上緣，易被上司提攜器重。孝順，有老人緣。
2		*		*	配偶與長上相處佳，配偶是長上選擇的，創業時以長上、上司的意見為主。
3	*			*	長上、上司會幫助您的事業，亦會用金錢支助。長上會無條件幫你帶小孩，外緣好，做事情很會包裝自己，不易透露內在事。
4		*	*		夫妻相處佳，容易在乎另一半，常在事業上有自己的主見，容易滿足現狀，較有安全感，但逢害時則一切無所適從。
5	*		*		會在意孩子、事業、員工、晚輩，人際關係好，會顧全大局者。（公務人員居多）（事業會做的比較久）
6	*	*			配偶會支持或相助你的事業，只要創業，則會堅持做下去。
7		*	*		天干合，地支刑：身體不好（其中一柱被太歲刑亦同）。
8			刑		

第二節　在四柱八字姓名學中的三會局

【地支三會】：三會的力量大於一切。

寅卯辰三會東方木，木的力量就會特別大。

巳午未三會南方火，火的力量就會特別大。

申酉戌三會西方金，金的力量就會特別大。

亥子丑三會北方水，水的力量就會特別大。

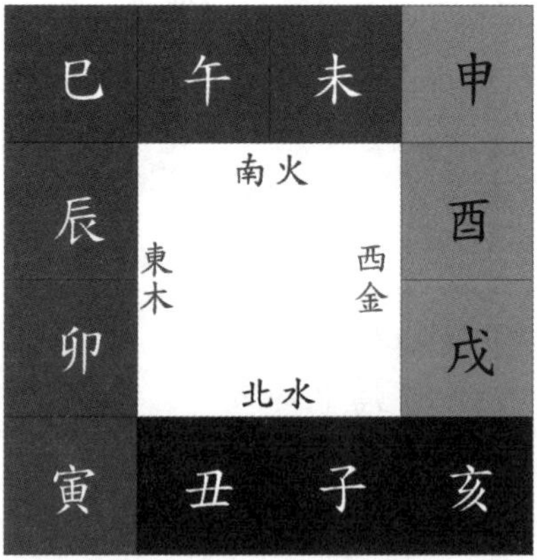

第三節　在四柱八字姓名學中的六沖局

【地支六沖】：很會做事，有執行力，有衝勁。衝動，易意見不合。

在八字姓名學命盤中如有：

子午沖：水火不容，情緒不穩定，脾氣不好，個性極端。人緣很好，異性緣佳。子午沖的人通常都很漂亮。

丑未沖：愛追根究底，打破砂鍋問到底，主觀意識強烈。易賠錢，財庫衝開，開銷大。喜發問，愛鑽牛角尖。較會跟鄰居吵架，女命易流產。

寅申沖：天生勞碌命，閒不住的人。喜愛開快車，有車關，易發生車禍。（六親較無緣，一輩子須靠自己。一生有大起大落的現象。）

卯酉沖：做事俐落、眼睛銳利，觀察事情的角度很犀利，人緣好，異性緣佳，心性較不定（桃花沖），身體的體質容易與陰神接觸。

辰戌沖：辰與戌屬現金，庫衝庫，撞到事業宮的話，投資會失敗。不服輸，自圓其說，會自找台階。喜做老大，脾氣不好，理由多，還會將錯就錯；把錯推給別人。做事野心大，開銷大。須注意婚姻問題。

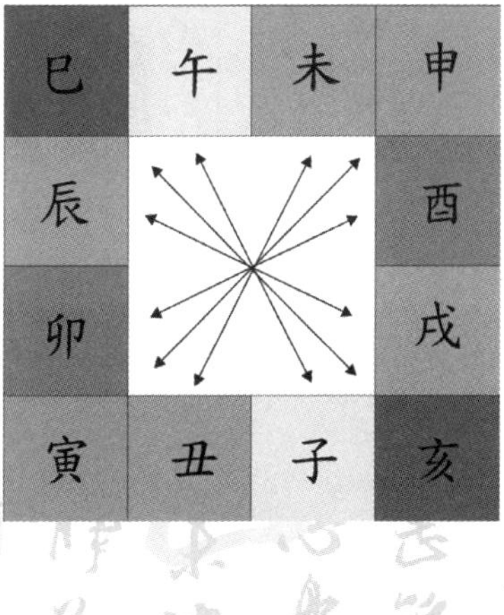

巳亥沖：常常禍從口出，很會辯，辯才無礙，口才佳，愛聊天。追根究底，開車較會鑽小巷，注意有車關。

【從命盤中看出，在年、月、日、時如有六沖時可參考下列解釋】

	時	日	月	年	【衝】（地支）
1			*	*	和長上或上司較會有意見、衝突，個性較衝動（早離家）。
2		*		*	配偶和長上容易會意見不合。長上、上司常是督促其創業的人，放不下且一定會干預。
3	*			*	長上對你的事業有意見，祖孫會不合；合則長上身體欠安。外表像個靜不下來的人，子女像全身裝了馬達很好動，停不下來。
4		*	*		夫妻間常鬥嘴，無法溝通（男命男起因；女命女起因）。夫妻間常鬥嘴做挑情的動作，所謂床頭吵床尾和。
5	*		*		對事業較積極有衝勁，活力全來。容易對小孩或部屬有意見或不合的現象。
6	*	*			配偶對事業易有意見（無助），也與小孩溝通不良。家中之事都是配偶在督促小孩、或打罵小孩。

第四節　在四柱八字姓名學中的六害局

【地支六害】：分離（指人的生離死別），變卦，聚少離多。

在八字姓名學命盤中如有：

子未害：個性極端，容易犯小人，常常換工作。夫妻貌合神離，無話可說，會要求對方。

丑午害：耐性差，容易生氣，貌合神離。

寅巳害：是非多，無恩情（人情）易犯小人，會有冷眼旁觀的態度，屬驛馬害，是一個辯才無礙之人。如果離婚，也可能同住一屋簷下。

申亥害：是非多，無恩情，易犯小人。（比喻相見不如懷念，相見就吵，不見又懷念）屬驛馬害。

卯辰害：本身要注意，會受周遭親人的陷害，好朋友扯後腿，兄弟無緣，手足無助，要他好反而造成傷害，愈親近的人，殺傷力很大。

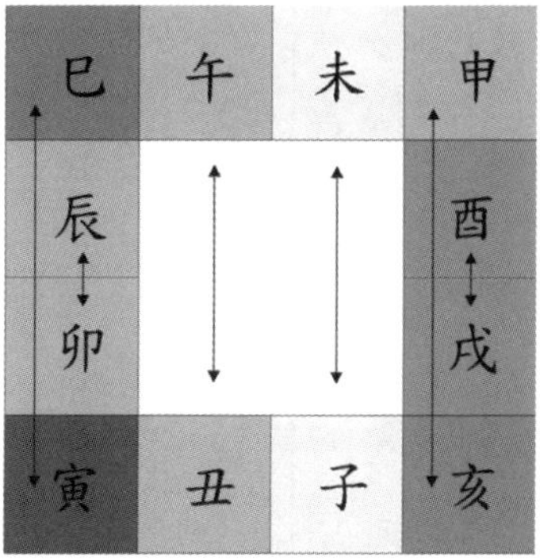

酉戌害：與卯辰害相似，容易被近親之人戲弄（雞犬不寧，哭笑不得，離婚率高）。

【從命盤中看出，在年、月、日、時如有六害時可參考下列解釋】

	時	日	月	年	【害】（地支）
1			*	*	自己和長上、上司不易溝通。有心結、代溝，不喜攀緣上流社會。
2		*		*	配偶（對你往上成長的路是個石頭）和長上無緣，長上對配偶有意見，想結婚就勿在婚前讓父母做意見。
3	*			*	長上不認同你的事業，子女和長上無緣，長上不會幫你帶小孩。
4		*	*		不會在意配偶（丁壬合官亦同），無法相處太久（聚少離多、同床異夢、易婚變或離婚），夫妻心結多，對初創事業不敢嘗試，未結婚時談得投契，婚後相對兩無言。
5	*		*		與小孩不易溝通，經常換工作，工作較無法專心，常流於敷衍，較無責任感。
6	*	*			配偶不認同你人際關係，甚至不喜歡、不支持你的事業，和小孩難溝通、小孩難養或不能生育，性生活不美滿。
	配偶宮申亥害：很恩愛，但其中有一方會身體不好。				

第五節 在四柱八字姓名學中的相刑局

【地支之刑】：精神方面的壓力與挫折。

在八字姓名學命盤中如有：

無禮之刑：子刑卯，卯刑子

講話沒禮貌，說話不客氣，沒氣質，眼光高，不隨便與人交談，自視清高，看到不喜歡的人，就不會去理會對方，脾氣不好。

六親不合相處不睦，婦人有此刑，可能會翁姑不合，且易損孕。

恃勢之刑：寅刑巳，巳刑申，申刑寅

因為寅、巳、申為恃勢之刑，是因為驛馬位表示在外的一切行為表現，驛馬為動，所以在外誰也不讓誰，也較靠勢誰比較猛的意思，所以叫恃勢之刑。

太過有自信，過於猛進，易遭挫折，無惻隱之心。剛毅且易罹災。

婦人有此刑，易孤獨。

無恩之刑：丑刑戌，戌刑未，未刑丑

丑、未、戌為無恩之刑，因為墓庫位，也代表為財；丑、未、戌一樣屬土，所以位階一樣大，解釋為兄弟姊妹為了爭奪財產毫無感情可言，所以叫無恩之刑。

例：丑刑戌：丑對戌太有信心，自認戌可幫己一切搞定，但往往事與願違。

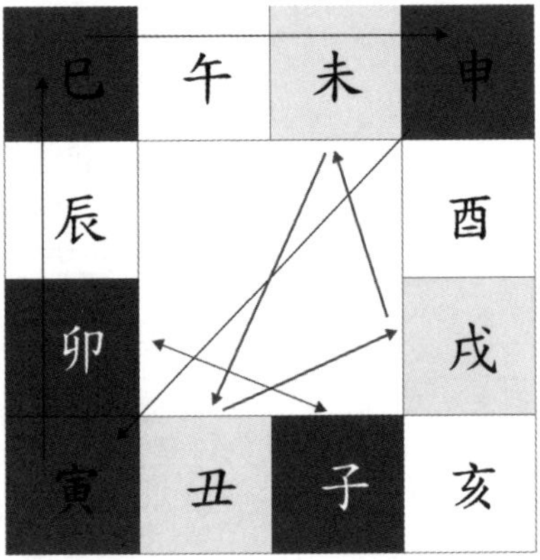

自刑之刑：心理的鬱悶，不知道要向誰說，找不到傾訴的對象，有話不想跟別人說，有話說不出口，在心理一點一點的累積。（尤其是亥月生者）明知不可為而為之，常拿石頭砸自己的腳，會想不開，內心鬱悶不知找誰訴說，自卑。「亥」若在月令更嚴重，酉，午較亥來得輕微，辰的自刑最輕微。

◎辰刑辰：鬱卒型。固執，有原則，不喜歡別人左右他，懷才不遇，做事有頭無尾，喜歡獨立做老大。

◎午刑午：個性極端，沒耐性，不喜歡別人用話刺激他。好勝心強，健忘。屬「馬」

者，喜歡別人拍他馬屁，所以要說好聽的話，要好好溝通。

◎酉刑酉：講義氣，較雞婆，遇到懶散的人或不講義氣（不講理）的人，他會生氣，所以乾脆不說。太過熱情，變成憂鬱。

◎亥刑亥：聰明，智慧，明理。有事不說，鬱卒型。易有自殺傾向。

【從命盤中看出，在年、月、日、時如有六害時可參考下列解釋】

命盤有刑時：

	時	日	月	年	【刑】（地支）
1			*	*	本身與長輩、長官間有一種莫名其妙的感覺，總是很煩。
2		*		*	配偶會因長輩的行為或言語不協調，而不愉快。
3	*			*	長上與子孫、上司與部屬間有一種相互虧欠，恨鐵不成鋼的感覺，真的需要好好溝通。
4		*	*		夫妻相處比較不順心，也常常惹對方生氣。
5	*		*		本人與子女或部屬間的認同度不夠，因此會產生一種敵對的心態。
6	*	*			配偶與子女及事業上的看法不一致，而心情不好。

第六節　在四柱八字姓名學中由日干看個性

第三柱（日干）看個性，以下來解釋十天干的個性分析。

如果您的日干是

一、甲（木）（松柏木），您大概會有這些特性：

（1）獨立，高高在上。需要人從旁協助，能力就會發揮的很好。

（2）不輕易屈服強權，有如正直參天的大樹，願意被依靠。

（3）異性緣很好，又有幫助他人的心。

（4）願給部屬出人頭地的機會，會因熱心過度，有時會吃力不討好。

（5）不喜歡受人約束，心地軟，為人仁慈，爛好人一個，怕人用眼淚對待，因過份仁慈而影響自己。

（6）喜歡當老闆，但不一定適合當老闆，受僱上班如果不受重用，會很鬱卒。

（7）只要有事需要他，他會承擔責任，懂得照顧別人，吃軟不吃硬。

（8）喜歡腳踏實地做事，常隨意變動，事業則難成長。

如果您的日干是

二、乙（木）（藤木），您大概會有這些特性：

（1）雖然柔弱，適應力強不怕惡劣的環境。
（2）會藉力使力，適應能力強容易進入陌生群體。
（3）軍師之命，精打細算。
（4）精明，賺錢高手，適合當業務人員。
（5）不喜歡受人管，心軟因過分仁慈而害了自己。
（6）喜歡當幕後老闆，如果受僱上班不受重用會很鬱卒。
（7）無法一心多用，若單獨專一從事一項工作一定會成功，一定會賺錢。
（8）遇挫折阻礙，不會因此退縮放棄，反而想更多方法來應對。

如果您的日干是

三、丙（火）（太陽光），您大概會有這些特性：

（1）性情剛烈，不怕強權，若男性在妻前會收斂。
（2）異性緣強，防女色，防惡友，以及口舌之災。
（3）燃燒自己照亮他人，只限能力比自己差的。

（4）做事磊落，希望人知道，為人忠心，待人不欺騙。
（5）為人，熱情有禮，有口無心，不拘小節，不堪別人諷刺。
（6）脾氣來的快，也去的快，記性不好，常心不在焉。
（7）記性較差，較易遺忘（沒頭神），做事最好有紀錄的習慣。天生公關人才。
（8）會太溺愛小孩及部屬，沒心機，人人好，喜照顧別人。
（9）很認真聽講，但腦袋裡常想其它的事。
（10）不會對他人說推辭的話（不會拒絕別人）。

如果您的日干是

四、丁（火）（蠟燭火），您大概會有這些特性：

（1）個性溫和，較沒膽量，配合型，外人較猜不出心思。
（2）不會輕易改變自己，喜歡幫助人，但只限熟識及工作圈內的人。
（3）個性起伏不定，多接近善知識。
（4）遇到事情會先觀察、靜靜聽講，了解清楚後才會表達意見。
（5）有禮貌熱情，遇事情外表不急內心急。
（6）看人的標準較嚴，對不喜歡的人會不理睬，對喜歡的人非常好。

（7）很會帶別人的小孩，太溺愛自己的孩子。
（8）常被最親近的人傷害，吃力不討好。

如果您的日干是

五、戊（土）（硬土），您大概會有這些特性：

（1）重視朋友及信用，固執。
（2）人生觀以講求平穩，堅守崗位，安分守己。
（3）希望權勢在握，主觀意識強，喜歡幫助人，願當別人的貴人。
（4）做到流汗，被嫌到流涎，個性率直，直話直說。
（5）工作表現好，不易被發覺表揚，如果摸魚偷懶馬上被逮到。
（6）心肝大（企圖心強），滿腦想賺四方的錢，喜歡受稱讚，固執重承諾。
（7）自己常有懷才不遇的感覺，最後乾脆自己當老闆。
（8）為人講信用，不喜歡被騙或被爽約。
（9）事情慢慢做，最後會成功，比較不會攀親帶故。
（10）嫉妒心強，認為他人總沒自己做的好。
（11）喜歡他人讚美，不喜被批評。

（12）天生總務人才。
（13）當嫉妒心起，會明白表達對對方的不滿。
（14）對他人要求要準時，卻不一定要求自己準時。

如果您的日干是

六、己（土）（田土、軟土），您大概會有這些特性：

（1）耳根較軟，溫和，人緣好有包容心，較適合團隊工作。
（2）心思細膩，完美主義，做事想兩面討好，不善表達情緒。
（3）為達成功能放下身段，並運用資源、助力完成使命。
（4）做到流汗，被嫌到流涎，有叛逆的個性，較會抱怨，善猜忌。
（5）工作表現好不易被發覺，如果摸魚偷懶馬上被逮到。
（6）寧願將錯就錯，非普通的固執，無法形容的固執與堅持。
（7）喜歡受稱讚，主觀意識強，四方的錢都想賺。
（8）自己常有懷才不遇的感覺，最後乾脆自己當老闆。
（9）平常容易怯場，有事才會找朋友，但喝酒後就不一樣。
（10）嫉妒心強，但不易透露，不喜他人比自己好。

（11）天生總務人才。

（12）最講信用，也是最不講信用。

如果您的日干是

七、庚（金）（斧頭金），您大概會有這些特性：

（1）吃軟不吃硬，有魄力具領導性格，愈挫愈勇。

（2）固執重義氣，容易生氣，三分鐘消氣，有異性緣。

（3）個性太倔強，影響人際關係的和諧，若要獨立開創事業，請三思。

（4）講義氣，不畏強權，不喜歡欠別人人情，說話直接，不拘小節，刀子嘴豆腐心。

常因過分講義氣害自己。

（5）太輕易答應別人的請求，決定事情太草率又快，考慮不周容易吃悶虧。

（6）煩惱多，喜歡乾淨，吃軟不吃硬，吃飯都先去付帳（因不喜歡欠人情）。

（7）沒有錢不太敢出門。

（8）外表看似粗枝大葉，但是；個性果斷，感覺敏銳，心思細膩。

如果您的日干是

八、辛（金）（刀片金），您大概會有這些特性：

（1）性溫和不與人計較，也不喜歡欠人家人情。

（2）心思細緻，觀察力強，能扮演顧問角色。

（3）太過小心，變得有點保守。

（4）顧慮太週密煩惱多，不敢獨當一面。

（5）表達很直接，給人的印象沒什麼耐心。

（6）講義氣，容易輕易答應別人，決定事情太草率又欠思考，容易吃虧。

（7）講話銳利，較有氣質，對事情想太多，假設太多，較無力承擔重任。

（8）真的對人家太好了，講話不會直接切入重點。

（9）口才一流，常會因為拐彎抹角而傷人，有神經質傾向，勞碌命，喜乾淨，天生愛錢如命，善嘮叨。

如果您的日干是

九、壬（水）（大河水），您大概會有這些特性：

（1）聰明思考多元化，個性如水無定向較不穩定。

（2）若得貴人指引，能有好的發展。

（3）對於不認同的事、物，會表現出不悅的臉色。

（4）好惡露於色，大而化之，須耐心教導。
（5）非常聰明會讀書，但只相信自己，不易相信別人（尤其是帶食傷）。
（6）見風轉舵，見危險即閃開，錯誤機會則較少，較不會接受別人的意見。
（7）做事野心大，成功機會也高，賺錢快，虧錢也快（因不易相信別人）。
（8）不喜歡被約束，人緣好，果斷力強，脾氣過了就算。
（9）小時候除非貪玩，不然都很會讀書。
（10）做人圓滑人緣好，不會輕易得罪人。
（11）做事直接快速，欠缺仔細思考故易壞事。

如果您的日干是

十、癸（水）（細水長流型），您大概會有這些特性：

（1）觀察力敏銳，心思細，有韌性，無孔不入。
（2）有異性緣，會運用資源，發揮所長將阻力變為助力。
（3）聰明有才華，但疑心重。
（4）外冷內熱，自我保護的意識強烈。
（5）個性內向，善忍，事業易成，非常聰明，但只相信自己，不易相信別人（尤其是帶食傷）。

（6）人緣佳善交際，見風轉舵，見危險即閃開，錯誤機會則較少。

（7）有生意頭腦，賺錢快，虧錢也快（因不易相信別人）。

（8）主觀意識強，善計畫，要做就要做到最好。

第七節　四柱八字姓名學中由日支看個性及配偶特性

第三柱（日支）看個性，以下來解釋十二地支的特性分析。

如果您的日支是

一、子（精打細算型），你及配偶會有以下特性：

（1）性向廣，行動快速，膽子小⋯，警覺性高，易疑心。

（2）現實、謹慎、精明，會警惕自己不犯重覆錯誤。

（3）對自己享用要求不多。

（4）聰明腦筋變得快，心思一日多變，故事業難以定根。

（5）須訓練自己對事情決定了就不要後悔，會比較好過。

（6）對事情的決定常左右為難、猶豫不決、翻來覆去，決定後常變卦。

（7）非常聰明，反應很快，事情做了後悔，不做也後悔。

如果您的日支是

二、丑（大小通吃型），你及配偶會有以下特性：

（1）脾氣大，自我意識過強，一切以自我為中心，且會做出能力範圍之事。

（2）喜歡指揮別人，喜愛被讚美。

（3）敢擔重，敢冒險，要防超越自己的能力。

（4）刻苦耐勞；喜怒哀樂不形於色，不易輕易被帶動。

（5）學習速度慢，但多元化，非學到可以靈活運用。

（6）喜歡追根究底打破砂鍋問到底，主觀意識強，做事認真。

（7）重視感受容易重提往事（好、壞都會提）。很會查行蹤，翻舊賬。

（8）個性比較會碎碎唸。脾氣大，愛鑽牛角尖，任勞任怨。

如果您的日支是

三、寅（霸道型），你及配偶會有以下特性：

（1）外型懶散，但暴發力強，好勝心強。

（2）主觀，佔有心強，在乎別人是否以誠相待。
（3）喜歡艷麗色彩，愛吃美食，愛吃肉。
（4）勞碌命閒不住，太閒時會難過。脾氣不好，不喜歡囉嗦。
（5）心軟、仁慈，喜歡當老大，別人只要開口就會有、就會答應。
（6）做事專注，有責任感與領導格，定下目標一定達成。
（7）胃口大，對大事業特別有興趣。
（8）最恨被欺騙，一被騙恐會抓狂。
（9）行動快，不好發問，故常有溝通不夠，難成事之嘆。

如果您的日支是

四、卯（口無遮攔型），你及配偶會有以下特性：

（1）能言善道，較無法藏話，無形中會得罪人。
（2）神經質，沒有安全感。
（3）善於交際，有表現慾，但自我保護強。
（4）不吃窩邊草；對感情佔有慾強，眼中容不下一粒砂。
（5）氣質好、品味高，喜歡做高尚的工作或優良公司的事業，能不計較金錢多寡。

（6）眼光高、銳利，對看不順眼或不喜歡的人不理睬。
（7）卯如帶傷官則會有潔癖，喜乾淨，家裡的擺設常移動。
（8）做事有原則喜歡一口氣做完，工作中不喜歡別人打擾而影響進度。
（9）心軟，龜毛，人緣好，較會保護自己，個性較嬌貴會計較。

如果您的日支是

五、辰（臨時變卦型），你及配偶會有以下特性：

（1）分析能力強，有藝術天份，心思細緻。
（2）主觀意識重，較鐵齒，不易接受他人意見。
（3）愛面子，而不會拒絕別人，造成自己的困擾。
（4）喜歡被讚美，對權力的掌控非常在意。
（5）不喜歡受人管束，喜歡當老大，比較喜歡出錢請客，付帳跑第一。
（6）神龍見首不見尾，稍不注意即不見人影，想離開時較不會辭行即不見蹤影。
（7）有第六感，鬼點子多，說話講重點。
（8）愛自由，光說卻未必會去執行；做事有頭無尾。

如果您的日支是

六、巳（善辯型），你及配偶會有以下特性：

（1）善解人意，投人所好愛抬槓，但有時會話中帶刺。

（2）防衛心強，能在困境中求發展。

（3）有熱誠幫助能力比他弱的人。

（4）不服輸、好勝心強，講話做事不直接，喜拐彎抹角。

（5）業務人才，是老板的好幫手達成任務效率高。

（6）很沉著，口才非常好，愛說話且說話快，但平時很靜，公關好，性子急。

（7）對熟悉談得來的人很熱情，可促膝長談，對不對味的人一句話都嫌多。遇到挫折就會放棄，沒有持續力。

（8）沒有舞台時很靜，有舞台會發揮的很好，話會講個不停，欲罷不能。

如果您的日支是

七、午（慌亂型），你及配偶會有以下特性：

（1）在穩定的環境中會發展的很好。

（2）願接受能力比他好的人領導，配合度也很好。

（3）顧慮較多，會顯沒膽識。緊急時，中途改變方向。

（4）固執。不適合開發陌生市場，可守成。

（5）好勝心強，不認輸，賭性堅強，比較極端。愛聽好話，自戀愛美。

（6）喜歡受誇讚（拍馬屁），好好講，什麼都好。

（7）不喜被批評，受到刺激時脾氣一發，不可收拾，易受人煽動，容易頭痛。

（8）午是桃花，女孩子大部分都長的漂亮也愛水，人緣好。

（9）第六感好，喜將事情提前做好，逢臨時有事時，易亂方寸、慌了手腳。

如果您的日支是

八、未（勇往直前，知恩圖報），你及配偶會有以下特性：

（1）只知往前，不會退縮。

（2）內心溫和，穩重，較不會變化生活圈。

（3）熱心助人，只限在勢力範圍。

（4）很孝順，重感情，沒有安全感；不喜歡別人或配偶批評自己的父母親。

（5）打破砂鍋問到底，追根究底，個性執著。主觀意識重。

（6）有領導能力但表現不出來，當他人意見無法如同所想，則不斷會以問題扭轉對方觀念，順從自己的想法。

（7）很會查行蹤，翻舊帳，膽小。

如果您的日支是

九、申（模仿力強），你及配偶會有以下特性：

（1）記憶力好，看過就能掌握訣竅，學習技術易上手。

（2）愛現（容易忘我），遇困難，會想逃避。

（3）好奇心強，學習力好，較貪心。

（4）健忘、持續力差，易起疑心。

（5）急性子講話銳利，喜歡講重點，嘴快二三句話就解決。

（6）沒耐心等待，想到就做，較沒心機，易傷人自己卻不知道。

（7）重朋友，學習、模仿能力強，靜不下來。

（8）能力強，注意小細節，做事乾脆俐落。

如果您的日支是

十、酉（顧家），你及配偶會有以下特性：

（1）有時間觀念，堅守勢力範圍。

（2）愛出風頭，得理不饒人。
（3）雞婆性格，不會拒絕別人的拜託，喜歡幫的事，就會幫到底。
（4）珍惜食物，會有效利用廢棄物，再生能源。
（5）過度熱心，只要有人拜託，可以把自己的工作丟在一旁跑去幫忙別人，忙完了別人也不一定會說聲謝謝，自己會很鬱卒。有時說話傷人而不自知。
（6）有愛心，做事投入。
（7）神經質，話放不住；講話欠思考，在乎別人的看法，八卦消息傳的快。
如果您的日支是

十一、戌（誇張型），你及配偶會有以下特性：

（1）善解人意，但卻也善於背後扯後腿。
（2）外觀平實，有嚇阻力。
（3）忠心但易為外利所惑。
（4）虛張聲勢，當有靠山時得理不饒人。
（5）外表穩重內心無安全感。
（6）對於有恩的人，會加倍償還恩情，十分忠心。

（7）自尊心非常強，連自己的偶像都不可被別人批評。
（8）較不信天命（鐵齒），鬼點子多，不好溝通，臭屁，顧家。
（9）內在自我意識過強，較古板不易變通，老走舊的模式難改變。
如果您的日支是

十二、亥（借花獻佛型），你及配偶會有以下特性：

（1）講求圓滿，明理有智慧，適合當公關人員。
（2）固執，不會主動助人。
（3）胃口好不會挑食。吃東西很快亦發會出聲音。
（4）有禮貌，未說話前先微笑。
（5）有潔癖，愛鑽牛角尖，完美主義。
（6）嘮叨，囉嗦，不可言語刺激，否則易走極端（須特別注意）。
（7）個性很靜，希望自己的配偶（結婚對象）跟自己氣質一樣。
（8）沒有舞台時很靜，有舞台會發揮的很好，話會講個不停，欲罷不能。
（9）一個亥明理，兩個亥歇斯底里。

第八節　四柱八字姓名學中由日干看性情

以五行之旺弱來判斷性情：

此項功能的判斷方法是直接看日元五行（**日干分數**），然後直接對應以下之解說，請看以下解釋。

◎木：太弱（50以下）：為人看似冷淡、無情，猜疑心也較重，嫉妒心又強，生平如果不學習熱情一點，運氣會不太好喔。

中中（51～150）：為人蠻理性，也很正直，看起來忠厚老實，內心仁慈，善良，富有正義感，會有不錯的運勢。

太旺（151以上）：讓人看起來很固執，個性較剛毅，思想較偏激，做事較無通融性按照條理。

也代表此人個性較有主見，並且對想做的事，堅持個人想法，有主導他人的慾望，明顯強勢，甲木會比較直率。不會變通，不小心得罪人，其實心地是很善良的。

◎火：太弱（50以下）：個性消極且頹喪，後知後覺，為人有點苛薄，少人情味，常常會六神無主，也較無主見，不知禮節沒大沒小。

中中（51～150）：一生樂觀進取，個性積極開朗，為人熱情豪爽，禮節周到，一切講信用，重承諾，會有不錯的運勢。

太旺（151以上）：思慮有時欠周詳，個性較急躁，也較衝動，為人比較逞強，常常自以為是，得理不饒人。

◎土：太弱（50以下）：可能眼光較短視，淺見，個性固執，有點吝嗇，講話較無信用，會貪小便宜，待人接物較無誠信。

土只有50分在天干，有如碎石般無凝聚力。

中中（51～150）：為人誠實，個性篤定、忠厚、穩重、可靠、寬宏大量，講話重信用，講義氣，充滿信心，為人值得信賴。

太旺（151以上）：有時思維欠周詳，做事遲鈍、怠惰、懶散，有點好逸惡勞，沒有責任感，做事隨便馬虎。

能得心應手而有領導力，人緣好，但不能太重視人際而忘記自己的本位。

◎金：太弱（50以下）：做事有時會優柔寡斷、軟弱無擔當，會膽怯又畏縮，不懂人情事故薄情寡義、是非善惡不明。

雖有魄力，但缺乏持續力，常是三分熱度說說而已，愛表現。

中中（51～150）：是一個義理分明、勇敢果決、剛毅穩健、魄力十足、英明銳利之人，會有不錯的運勢。

需要被鼓勵，只要加把勁就能有很好的表現，盡量跟有領導能力的朋友相處，他會成為你成功的助力。

太旺（151以上）：較會有不仁不義的傾向，有時言詞尖銳傷人，個性放縱無節制，常有背信忘義的情況。

為人會自信滿滿，也因太重視義氣而忘記柔軟，刀子口豆腐心，傷人而不自知。

◎水：太弱（50以下）：為人心胸狹窄，小心眼，輕浮，好投機取巧，有點賣弄小聰明，生性膽小，有點貪心，有點勢利。

較急性，急著想將事情完成，而缺乏耐心，後繼無力，遇上困難的事，會逃避，不願面對事實。

中中（51～150）：擁有高智慧，生性聰明，機伶敏捷，反應力絕佳，多才多藝，心思靈巧之人。

縱然有不能承擔之重，為求表現而勉強承受過重的負荷，表面上常忍耐（背後會有抱怨！）碎碎唸。

太旺（151以上）：心性、情緒不穩定，內心會盤算多計謀，好走旁門左道，不知進退，易陷於聰明反被聰明誤之境。

在天干與地支俱足者，思考靈敏，而且直接有力，適合成為領導者，所以要有大智若愚的智慧，處世圓融，更要能夠有包容別人的雅量。

第九節　四柱八字姓名學中由日干看健康狀況

【五行與健康運勢】

每一個人與生俱來的五行氣：木、火、土、金、水，若有所欠缺或太多，也就是無法順利運轉，災禍危難必然趁虛而入，不但影響運勢，更與健康息息相關。

01、日干屬木或缺木或木太多者	易疲勞，膽、肝等免疫系統。
02、日干屬火或缺火或火太多者	心臟、血管、血壓等循環系統以及眼睛、小腸。
03、日干屬土或缺土或土太多者	腸、胃等消化系統以及腹、脅。
04、日干屬金或缺金或金太多者	肺、氣管、喉嚨等呼吸系統以及牙齒、筋骨、大腸。
05、日干屬水或缺水或水太多者	膀胱、腎臟等泌尿系統以及子宮、卵巢等生殖系統。

第十節　如何從四柱八字姓名學中看幸運顏色

用姓名八字來論斷一生顏色喜用或忌用：

可直接看喜用神、忌神所代表的五行來決定。

如果是喜用神，那其五行就是對我們最有幫助。

如果是忌神，那其五行就是對我們最沒有幫助。

五行顏色代表為：

木＝綠色、淡青色　　火＝紅色、紫色系　　土＝黃色、棕色系

金＝白色、銀色系　　水＝黑色、深藍色

第十一節　如何從四柱八字姓名學中看幸運數字

用姓名八字來論斷一生幸運數字：

可直接看喜用神所代表的五行來決定。

喜用神所代表的五行，可直接用易經的洛書數字為幸運數字代表。
忌神所代表的五行，可直接用易經的洛書數字為一生最沒幫助代表。
五行數字代表為：
木＝3、8為朋木　火＝2、7同道火　土＝5、0同途土
金＝4、9為友金　水＝1、6共宗水

第十二節　如何從四柱八字姓名學中看後天身體狀況

一、甲木系統病症
膽囊腫、膽囊結石、黃疸、膽管阻塞、脊髓結核、膽汁不流通、膽囊發炎、膽管發炎、膽阻塞不通、大便白、膽囊硬化、膽中結石、膽中細砂、膽肝癌。
二、乙木系統病症
肝腫、肝結石、肝硬化、肝管阻塞、肝不藏血、肝炎、肝膜發炎、細菌性肝炎、肝硬化而縮小、良性肝腫瘤、惡性肝腫瘤、肝膜腫瘤、乳癌、肝膽癌。

三、丙火系統病症

腸水泡病、迴盲接口套結、小腸外膜炎、小腸粘膜炎、小腸瘜肉、小腸發炎而痛、盲腸發炎而痛、小腸阻塞、小腸外膜瘤、赤痢、白痢、小腸癌。

四、丁火系統病症

心臟擴大、心瓣膜閉鎖不全、左大動脈阻塞、右大動脈阻塞、類風濕性心臟病、心內膜炎、心肌痛、心包膜炎、心肌梗塞、冠狀血管硬化、心瓣膜硬化、心臟肌瘤、血管瘤、心導管癌。

五、戊土系統病症

胃酸過多、胃常痛、胃粘膜潰瘍、胃壁肌層潰瘍、胃出血、胃炎、賁門發炎、胃脹氣、胃外壁瘤、胃中瘤、胃粘膜缺乏、胃下垂、胃癌。

六、己土系統病症

脾腫、脾硬化、十二指腸潰瘍、十二指腸潰瘍破、十二指腸出血、脾發炎、十二指腸發炎、十二指腸阻塞、十二指腸外瘤、白血球少內瘤、紅斑性狼瘡、白血球高、血癌（白血病）、十二指腸癌。

七、庚金系統病症

大腸外水泡、大腸脹氣、大腸潰瘍、大腸潰瘍破、大腸出血、大腸外膜發炎、大腸內膜發炎、大腸阻塞、大腸瘤、直腸瘤、痔瘡、水瀉、大腸癌。

八、辛金系統病症

肝積水、肺氣腫、肺纖維化、肺結核、肺動脈出血、氣管炎、肺炎、肺靜脈阻塞、食道瘤、肺腫瘤、肺靜脈出血、甲狀腺瘤、肺癌。

九、壬水系統病症

攝護腺腫、卵巢水泡、尿路結石、胰臟腫大、胰硬化、膀胱出血、胰臟炎、膀胱炎、輸尿管炎、子宮睪丸發炎、膀胱瘤、胰臟瘤、攝護腺炎、子宮輸卵管瘤、膀胱癌、胰臟癌。

十、癸水系統病症

腎水泡、腎結石、腎硬化、腎結核、腎出血、腎炎、腎虛、腎虧、內分泌病、輸卵管阻塞、尿蛋白、糖尿病、腎瘤、精蟲稀少、排卵溫度低、腎癌、子宮癌（內分泌失調）。

第十三節　如何從姓名學命盤中之地支看桃花、車關、財庫

本命盤地支有（驛馬）時，【寅、申、巳、亥】如果有一個或二、三、四，就會如下所述：

◎四馬：寅、申、巳、亥（驛馬星）

1、無馬：沒有衝勁，不適合當業務，適合內勤文書之類工作。

2、一馬：好動，應變能力好，適合做業務，願意跑，愛跑。但跑不遠，不受拘束。

3、二馬：業務高手，好動喜愛旅遊，搬遷，有行動力，執行力，喜歡橫衝直撞。閒不住，喜歡往外跑，因此，要注意車關。

4、三馬：藝高膽大，勞碌奔波。心神不定易有車關，只會亂衝，不懂收成，為錢忙進忙出，四處跑，居無定所。

5、四馬：家裡待不住，一出家門就不知何時回家。藝高人膽大，什麼都要嘗試，設定

巳 馬 四月	午 花 五月	未 庫 六月	申 馬 七月
辰 庫 三月			酉 花 八月
卯 花 二月			戌 庫 九月
寅 馬 一月	丑 庫 十二月	子 花 十一月	亥 馬 十月

目標後，馬不停蹄，多車關、居無定所四處跑。

◎四花：子、午、卯、酉（桃花異性緣人際關係）

1、無花：很嚴肅，愛擺臭臉，因此，異性緣差，人際關係不良。

2、一花：有人緣，人緣又佳，早熟，貌美，異性緣不錯。

3、二花：人緣好，有成熟美，漂亮貌美，異性緣還不錯。

4、三花：異性緣非常好，適合當公關，人緣佳，早熟，貌美。文才風流，善應對（好爭辯）。

5、四花：超有人緣，但注意道德觀。或超沒人緣，因過度自戀，孤芳自賞。爛桃花、異性緣特別好、處處留情，為求圓融而不惜說謊，成熟不太愛理人，雙重人格。

□□□**花**：有長上緣或母親有人緣。

□□**花**□：本人漂亮或有人緣。

□**花**□□：配偶漂亮或有人緣。驕傲，無禮（尤其子卯刑）。

花□□□：對事業有好的助緣，子女有人緣。

□**花花**□：性慾高，散發吸引力。

花花花花：如果變格，反而不得人緣，耽誤婚姻。

◎四庫：辰、戌、丑、未（財庫，聚寶盆）

1、無庫：錢財守不住，散財童子，很節儉，錢財進進出出，都不是自己的。

2、一庫：對自己很節儉，對家人朋友卻是很慷慨。

3、二庫：善於理財，很能調度金錢，逢衝，開銷大，難聚財。

4、三庫：出手大方，四處投資，雖很會賺錢，財容易分散，錢借給別人不敢開口要回來。

5、四庫：身強，走運時賺進天下財（皇帝命格）。身弱，不走運時散盡天下財（乞丐命格）。不是皇帝就是乞丐，賺盡所有的財，散盡所有的財。

□□□庫：身強較能得到父母的不動產，賺錢較會交由父母管理。

□□庫□：節儉自己，慷慨別人。天干如為財，則表示財入庫。

□庫□□：配偶帶庫，聚財有力。會自我要求拿錢回去給配偶，易堅持己見，管東管西。亦代表結婚後才較會存錢。

庫□□□：會留不動產給子女，較疼子女。亦代表生孩子後較會存錢。

第十四節　從命盤五行中論各五行所代表的事項

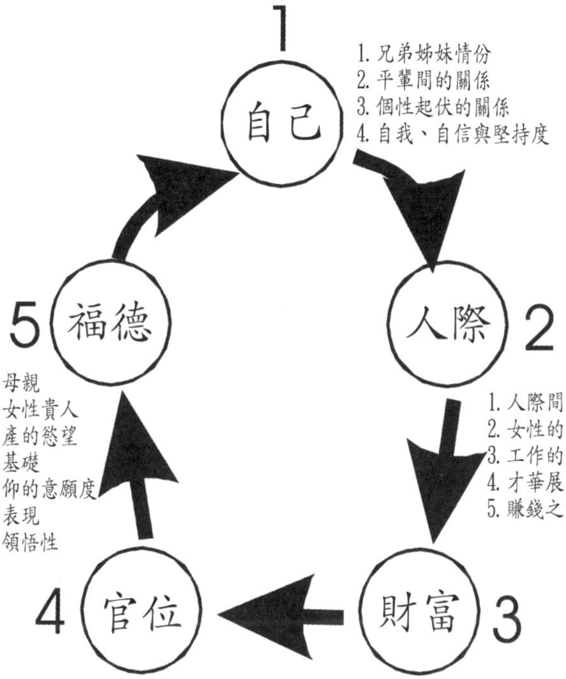

自己
1. 兄弟姊妹情份
2. 平輩間的關係
3. 個性起伏的關係
4. 自我、自信與堅持度

人際
1. 人際間互動情況
2. 女性的子女的多寡
3. 工作的態度
4. 才華展現度
5. 賺錢之能力

財富
1. 男性的妻子
2. 男女的父親
3. 男的女性的助力
4. 財的多寡
5. 金錢的運用心態
6. 男性妻子的助力
7. 錢財多寡

官位
1. 男女長官的賞識度
2. 男女的名氣及升官、得官的機會
3. 考運的助力程度
4. 女性的男性貴人
5. 女性的先生

福德
1. 男女的母親
2. 男女的女性貴人
3. 男女置產的慾望
4. 文筆的基礎
5. 接受信仰的意願度
6. 氣質的表現
7. 學習的領悟性

範例（一）

楊	13
襄	17
妤	07
	37

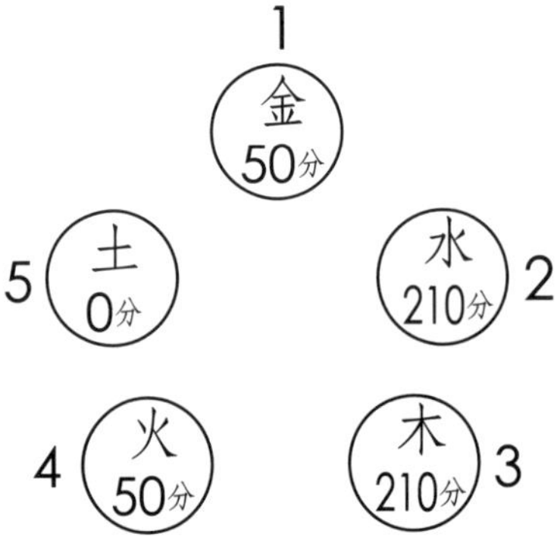

姓名：楊襄妤

性別 女

生日 □農曆 □國曆 64年次 屬兔

外格	總格	名字	姓氏	年次	用神
38	37	24	13	64	劃數
	50	50	50	50	分數
乙	丙	辛	甲	乙	天干
丑	子	亥	子	卯	地支
	癸	甲 壬	癸	乙	藏干
	80	30 50	80	80	分數

甲戌	癸酉	壬申	辛未	庚午	己巳	戊辰	丁卯	丙寅	乙丑	大運干支
98	88	78	68	58	48	38	28	18	8	大運歲數

2011	2010	2009	2008	2007	西元年
辛卯	庚寅	己丑	戊子	丁亥	流年

範例（一）楊襄妤四柱姓名解說，請直接翻書就可找到以下答案：

※由第六節：在四柱八字姓名學中由日干看個性

第三柱（日干）看個性，以下來解釋十天干的個性分析：

八、日干是辛（金）（刀片金），您大概會有這些特性：

（1）性情溫和不與人計較，也不喜歡欠人家人情。

（2）心思細緻，觀察力強，能扮演顧問角色。

（3）太過小心，變得有點保守。

（4）顧慮太周密煩惱多，不敢獨當一面。

（5）表達很直接，給人的印象沒什麼耐心。

（6）講義氣，容易輕易答應別人，決定事情太草率又欠思考，容易吃虧。

（7）講話銳利，有氣質，對事情想太多，假設太多，較無力承擔重任。

（8）對人太好了。講話不會直接切入重點。

（9）口才一流，常因拐彎抹角而傷人，有神經質傾向，勞碌命，喜乾淨。天生愛錢如命，善嘮叨。

※由第七節：四柱八字姓名學中由日支看個性及配偶特性

第三柱（日支）看個性，以下來解釋十二地支的特性分析：

如果您的日支是

十二、亥（借花獻佛型），你及配偶會有以下特性：

（1）講求圓滿，明理有智慧，適合當公關人員。

（2）固執，不會主動助人。

（3）胃口好不會挑食。吃東西很快亦發會出聲音。

（4）有禮貌，未說話前先微笑。

（5）有潔癖，愛鑽牛角尖，完美主義。

（6）嘮叨，囉嗦，不可言語刺激，否則易走極端（須特別注意）。

（7）個性很靜，希望自己的配偶（結婚對象）跟自己氣質一樣。

（8）沒有舞台時很靜，有舞台會發揮得很好，話會講個不停，欲罷不能。

※由第八節：四柱八字姓名學中由日干看性情

以五行之旺弱來判斷性情：

直接看日元五行（**日干分數**），因為辛金只有50分，直接對應以下之

金：太弱（50以下）：做事有時會優柔寡斷，軟弱無擔當，會膽怯又畏縮，不懂人情事故薄情寡義，是非善惡不明。雖有魄力，但缺乏持續力，常是三分熱度說說而已，愛表現。

因命盤的年柱及月柱有：子刑卯，卯刑子

所以講話沒禮貌，說話不客氣，沒氣質，眼光高，不隨便與人交談，自視清高，看到不喜歡的人，就不會去理會對方，脾氣不好。

六親不合相妒不睦，婦人有此刑，可能會翁姑不合，且易損孕。

本身與長輩、長官間有一種莫名其妙的感覺，總是很煩。

※由第九節：四柱八字姓名學中由日干看健康狀況

04、日干屬金或缺金或金太多者	肺、氣管、喉嚨等呼吸系統以及牙齒、筋骨、大腸。

※由第十節：如何從四柱八字姓名學中看幸運顏色

用姓名八字來論斷一生顏色喜用、或忌用：

可直接看喜用神、忌神所代表的五行來決定。

如果是喜用神，那其五行就是對我們最有幫助。

如果是忌神，那其五行就是對我們就沒有幫助。

命盤中的5（土）跟1（金）加起來沒超過260分，所以這兩種五行就是喜用色。

五行顏色代表為：

木＝綠色、淡青色　火＝紅色、紫色系　**土＝黃色、棕色系（喜用色）**

金＝白色、銀色系（喜用色）　水＝黑色、深藍色

※由第十一節：如何從四柱八字姓名學中看幸運數字

用姓名八字來論斷一生幸運數字：

可直接看喜用神所代表的五行來決定。

喜用神所代表的五行，可直接用易經的洛書數字為幸運數字代表，

忌神所代表的五行，可直接用易經的洛書數字為一生最沒幫助代表。

命盤中的5（土）跟1（金）加起來沒超過260分，所以這兩種五行就是幸運數字。

五行數字代表為：

木＝3、8為朋木　火＝2、7同道火　土＝5、0**同途土（幸運數字）**

金＝4、9為友金（幸運數字）　水＝1、6共宗水

※由第十二節：如何從四柱八字姓名學中看先天疾病

命盤中的②（水210分）跟③（木210分）跟⑤（土0分）。在命盤中各五行分數最少及最多即代表後天病因，所以要特別注意：

一、甲木系統病症

膽囊腫、膽囊結石、黃疸、膽管阻塞、脊髓結核、膽汁不流通、膽囊發炎、膽管發炎、膽阻塞不通、大便白、膽囊硬化、膽中結石、膽中細砂、膽肝癌。

二、乙木系統病症

肝腫、肝結石、肝硬化、肝管阻塞、肝不藏血、肝炎、肝膜發炎、細菌性肝炎、肝硬化而縮小、良性肝腫瘤、惡性肝腫瘤、肝膜腫瘤、乳癌、肝膽癌。

五、戊土系統病症

胃酸過多、胃積痛、胃粘膜潰瘍、胃壁肌層潰瘍、胃出血、胃炎、賁門發炎、胃脹氣、胃外壁瘤、胃中瘤、胃粘膜缺乏、胃下垂、胃癌。

六、己土系統病症

脾腫、脾硬化、十二指腸潰瘍、十二指腸潰瘍破、十二指腸出血、脾發炎、十二指腸發炎、十二指腸阻塞、十二指腸外瘤、白血球少內瘤、紅斑性狼瘡、白血球高、血癌（白血病）、十二指腸癌。

九、壬水系統病症

攝護腺腫、卵巢水泡、尿路結石、胰臟腫大、胰硬化、膀胱出血、胰臟炎、膀胱炎、輸尿管炎、子宮睪丸發炎、膀胱瘤、胰臟瘤、攝護腺炎、子宮輸卵管瘤、膀胱癌、胰臟癌。

十、癸水系統病症

腎水泡、腎結石、腎硬化、腎結核、腎出血、腎炎、腎虛虧、內分泌病、輸卵管阻塞、尿蛋白、糖尿病、腎瘤、精蟲稀少、排卵溫度低、腎癌、子宮癌（內分泌失調）。

※由第十三節：如何從姓名學命盤中之地支看桃花、車關、財庫

命盤中的年柱（卯）。月柱（子）。時柱（子）。總共有三個花，所以該員會有：

花：子、午、卯、酉（桃花異性緣人際關係）

1、無花：很嚴肅，愛擺臭臉，因此，異性緣差，人際關係不良。

2、一花：有人緣，人緣又佳，早熟，貌美，異性緣不錯。

3、二花：人緣好，有成熟美，漂亮貌美，異性緣還不錯。

4、**三花：異性緣非常好，適合當公關，人緣佳、早熟，貌美。文才風流，善應對（好爭辯）。**

5、四花：超有人緣，但注意道德觀。或超沒人緣，因過度自戀，孤芳自賞。爛桃花、異性緣特別好，處處留情，為求圓融而不惜說謊，成熟不太愛理人，雙重人格。

□□□花：有長上緣或母親有人緣。

□□花□：本人漂亮或有人緣。

□花□□：配偶漂亮或有人緣。驕傲，無禮（尤其子卯刑）。

花□□□：對事業有好的助緣，子女有人緣。

□花花□：性慾高，散發吸引力。

花花花花：如果變格，反而不得人緣，耽誤婚姻。

巳 馬 四月	午 花 五月	未 庫 六月	申 馬 七月
辰 庫 三月			酉 花 八月
卯 花 二月			戌 庫 九月
寅 馬 一月	丑 庫 十二月	子 花 十一月	亥 馬 十月

☆範例（一）楊襄妤四柱姓名另類看法：

【個性如何看】對自己原則容易放棄，總是默默承擔，但還是客觀以對，因此會想到哪做到哪，細心度不夠，如有助力，在工作上就可以得到很大的幫助。

【人際】雞婆的個性與朋友相處，如能增加自我能力及專業度，可以結交益友對財運是一股助力。

【工作】對工作的發展以單一專業性質會比較能提升自我自信，對工作基礎穩定有幫助，工作上有男性主管的緣，因工作上常有桃花。

【財運】不缺錢，小錢不斷，大錢不入庫，尤其不能交給先生或男朋友，易因而失財，先生的助力較弱，因此要學習自我保護，才不會後悔！

【婚姻】結婚對象較會不踏實，容易走偏，因沒有自我能力的養成，而失去自信，使工作不穩定影響家庭的經濟，而讓婚姻變化。

【子女】很有子女緣，因而容易受孕，所以子女將是她努力的目標！

【身體】心肺的能量較不足，要多做運動，以免影響胃腸氣能不足。

【喜用色系】白色、紅色、黃色，由五行的喜用，白色屬金，紅色屬火，黃色屬土。

【幸運數字】9、4、5、10、7、2（幸運數字來自洛書中的1、6共同水，2、7同道火）。

【大運】28～37歲大運10年，已走到35歲，大運天干地支為丁卯，丁火代表有男性貴人幫助，她在工作上可發揮，而地支卯在總格及第二柱中的子是形成刑的狀態，所以為錢而心有不甘，所以失財要懂得轉心念，以讓身體保持好的情況，才不會失去更多的錢，這是短暫的不如意。

大運38歲起到57歲，貴人將顯現助力，讓機會不斷的給予，所以要用感恩心面對而多做善事回饋。

【流年98年】己丑年是貴人幫助的年，而且在姓柱及總格的地支（子）形成六合，可減少內心的起浮，也能愉快的工作，無形中也結很多的好緣。

【流年99年】庚寅年，姓柱甲庚沖，要注意錢財，不要為自我個性而忘記謙卑，行車注意安全。

【流年100年】辛卯年又形成子卯刑的狀態，縱然有好的機會還是守成較安全，才不會將前兩年的收成化為泡影。

PS：本命盤經查並沒有孤辰、寡宿，如果在做命名時就要特別注意，不要命到孤辰、寡宿的組合，如果有就會有以下的現象：

※由第三節：在四柱八字姓名學中孤辰、寡宿排法

命名時盡量不要出現有孤辰、寡宿的名字：

孤寡查尋表，以年柱為主

年柱	孤辰	寡宿
子	寅	戌
丑	寅	戌
寅	巳	丑
卯	巳	丑
辰	巳	丑
巳	申	辰
午	申	辰
未	申	辰
申	亥	未
酉	亥	未
戌	亥	未
亥	寅	戌

【孤辰】命帶孤辰者，個性孤傲，孤癖，笑容少，待人不親切，同柱坐生旺稍可化解，如坐死絕，就要因了解而自我修正或改變，一生運勢較生不逢時，孤辰以日柱、時柱為重，六親或夫妻或子女互動較少。

孤辰在年柱時，民俗上最好過房，若不過房，有可能較叛逆會不聽父母的話。

男命帶孤辰，正財偏財星又逢死絕，表示婚後感情不佳應互相包容。

女命帶孤辰，如正官七殺逢死絕，也表示婚姻不美滿，應互相包容。

【寡宿】命帶寡宿者，個性孤傲，沈默，笑容少，較不利六親，同柱坐生旺稍可化解，如坐死絕不好，一生運勢較生不逢時，寡宿以日柱，時柱為重，六親或夫妻或子女互動較少。

男命帶寡宿，正財偏財星又逢死絕，表示婚緣薄最好小別勝新婚。

女命帶寡宿，如正官七殺逢死絕，也表示婚姻不美滿，可以聚少離多，而更懂得把握姻緣。

範例（二）吳心玉四柱姓名解說

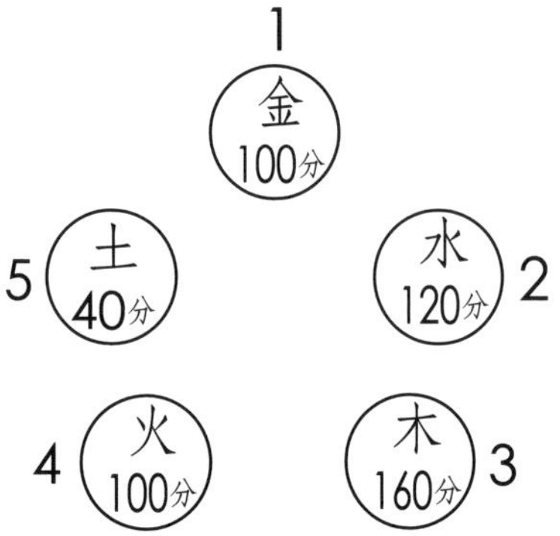

吳 07
心 04
玉 05

16

姓名：吳心玉

性別 女

生日 □農曆 □國曆 52年次 屬兔

劃數	52	07	09	16	17
用神	年次	姓氏	名字	總格	外格
分數	50	50	50	50	
天干	癸	丙	庚	癸	丙
地支	卯	午	申	卯	辰
藏干	乙	丁 己	庚 壬 戊	乙	
分數	80	50 30	50 20 10	80	
大運干支	丁未 / 戊申	己酉 / 庚戌	辛亥 / 壬子	癸丑 / 甲寅	乙卯 / 丙辰
大運歲數	6 / 16	26 / 36	46 / 56	66 / 76	86 / 96
西元年	2007	2008	2009	2010	2011
流年	丁亥	戊子	己丑	庚寅	辛卯

☆範例（二）吳心玉四柱姓名另類解說：

【個性】由命盤中的日干五行為判斷依據，命盤中看出，非常有自信，又自豪，總認為自己是對的，所以做起事來想爭第一，要在別人眼中成為最棒的，所以會超過自己的承受極限，無形中給自己壓力。若有缺點的地方不願接受批評，除非能力遠超過他很多才會心服，此命格可以當領導者，只是要有良師益友給予引導，因為能言善道，注意容易誇大其實。

【人際】人與人的相處會因喜好而兩極化，好的非常好，不好的會較無交集。應學習放下，並且結交善知識，可助各方面的發展。

【工作】領導能力好，在工作上會有好的表現，如能用心的經營，有機會自己創業，學習多聽別人的意見，讓事業更易成功。

【財運】年輕就會有賺大錢的機會，好好把握。

【婚姻】因為自己能力強，而疏忽了另一半的感覺，因此做愈多給人嫌愈多，吃力不討好，要從尊重對方開始。

【子女】孩子很聰明，但在教育上不能溺愛，否則無法引導他。

【身體】胃腸要加強，才有好身體，因胃是身體的根本基礎。

【喜用色系】黃色、金色（在命盤五行中的土），要加強黃色系，可帶來貴氣及福氣。

【幸運數字】5、0、4、9（在命盤五行中的土及金）取得。

【大運】46歲~55歲天干、地支為辛亥與命盤干支形成合剋的狀況，因此會有心情莫名的緊張且無法釋懷，或是在工作上的發展會出現不順，最好以平常心應對自然可平安度過。

【流年98年】己丑年，身體狀況因流年己丑的土的注入，讓五行圓滿而感到心情愉快，是一個快樂的年。

【流年99年】庚寅年，在四柱的姓柱丙火與流年庚是剋（火剋金），凡事要心平氣和，火才不會引發煩惱，加上名的地支申與流年地支寅形成寅申沖，所以若有基礎的事，將在今年會有變化。

【流年100年】辛卯年與姓名的命盤卯都讓財流動。

範例（三）梁續瀚四柱姓名解說

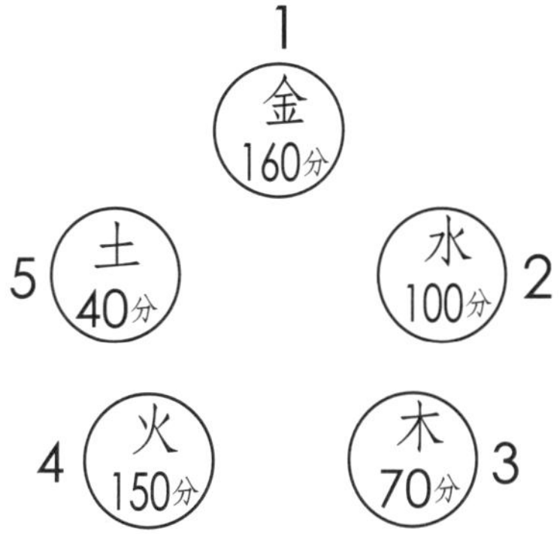

梁	11
續	21
瀚	20
	52

姓名：梁續瀚

性別 男

生日 ☑農曆 □國曆

71年次 屬狗

數劃	71	11	41	52	53
用神	年次	姓氏	名字	總格	外格
分數	50	50	50	50	
天干	壬	壬	壬	丁	戊
地支	戌	戌	辰	卯	辰
藏干	丁辛戊	丁辛戊	癸乙戊	乙	
分數	10 20 50	10 20 50	10 20 50	80	

大運干支	癸亥	甲子	乙丑	丙寅	丁卯	戊辰	己巳	庚午	辛未	壬申
大運歲數	1	11	21	31	41	51	61	71	81	91

西元年	2007	2008	2009	2010	2011
流年	丁亥	戊子	己丑	庚寅	辛卯

☆範例（三）梁續瀚四柱姓名另類解說：

【個性】壬水雖有大河水的性格，卻因地支戌來剋又加上地支上只有餘氣癸，使個性會產生一時的興緻，當興趣乏味時便失去耐心，應學習如何欣賞別人的優點及缺點，而能接納別人，讓良師益友有機會成為貴人。

【人際】會對較有幫助的人互動熱絡，反而與家人的關係較疏離，與同仁朋友關係相處也比較愉快。

【工作】論工作的發展，五行位置土特別的強，在工作領域上很想成為主管，來管理別人，但因貴人不現，此種心願有所阻礙，所以要多做好事、佈施植福來創造助緣。

【財運】需要靠自己努力工作才能創造財富，因財來自第四柱丁卯，在年及姓中是隱藏的財，祖上有為他留一些錢財。

【婚姻】水生木生火代表此人對待太太的心是願意付出及保護的，相對在財運上也有所助力，只是錢財規劃一定要好好準備一部分來孝敬母親或是做為佈施行善的財，這樣就可以讓財庫更穩。

【子女】從小要由自己以身作則來帶領孩子孝順的重要，因金弱而影響子女的財庫，要從孝道、惜福，與佈施來彌補不足。

【身體】要透過運動來增強身體能量，尤其要加強金的能量，使得肺的功能及心臟的循環好一點。

【貴人】縱然與長輩緣薄，與母親的緣可能有聚少離多的現象，但依然要多用心在感情培養這部分。

【喜用色系】由於命盤中五行金弱，弱的要加強，在五行色彩中，當命盤不足時，可以用外在的色彩來加強份量，如吃白色食物及穿白色衣服。

【幸運數字】⑤⑤可選金色系如4、9。

【大運】走31～40歲大運，走丙寅大運火與木有助事業及財運應好好把握。51～60歲戌辰大運，辰戌沖表示在工作上有變動或升遷機會，但又形成卯辰害，所以還是要謹言慎行才好。

【96年流年】丁亥流年帶來不錯的運勢，給自己帶來更多的財。

【97年流年】戊子升官的年，應多把握住。

【98年流年】己丑與命盤的姓名辰戌如再接上6月未四庫，還是謹慎的好，如果上班與主管相處要用心。

【99年流年】庚寅貴人運進助可買不動產。

第十六節　取名改名該注意事項及要件

一、排出生辰八字命盤，如果是嬰兒取名還要再考慮父母的生肖。

二、了解先天八字命盤，再看先天五行不足的部分。

三、改名及取名有無輩份考量，及前輩祖先重疊字。

四、將年干及月干姓的天干地支排出。

五、從年干月干（第一柱、第二柱）中了解五行的狀況做為第三柱、第四柱的五行分數的綜合參考。

六、避開孤寡、沖、刑、害，以達改運的目的。

七、男命著重事業運，因個人運+事業運是男性的主力，才能增加自信。女命著重在家庭及夫運要有幫夫之力。

八、配合大運的走向，讓少年、中年、晚年均能走好運加分。

九、當命盤四柱已完成時，可搭配八十一數、12生肖、三才五格、陽宅行家、六書生肖姓名學派做綜合考量，將命名、取名達到最完美的狀態。

十、排出外格的格局。

十一、排出流年至少5年。

十二、如果要用多派姓名學來命名、改名，而您沒學那麼多派，建議您可購買本中心所研發的專業版姓名學軟體來幫助您，或來電委託本中心的老師協助您命出一組好名字。

看完四柱姓名學後，尚有不明瞭的地方可來電洽詢或購買一套教學DVD反覆學習，相信您未來一定是一位四柱姓名學老師。

城　四大五常恭惟鞠養豈敢毀傷
長信使可覆器欲難量墨悲絲染詩讚羔羊
聽禍因惡積福緣善慶尺璧非寶寸陰是競
清似蘭斯馨如松之盛川流不息淵澄取暎
容學優登仕攝職從政存以甘棠去而益詠
　味姑伯叔猶子比兒孔懷兄弟同氣連枝
　桂靜情逸心動神疲守真志滿逐物意移
宮殿盤鬱樓觀飛驚圖寫禽獸畫綵仙靈
右通廣內左達承明既集墳典亦聚群英
高冠陪輦驅轂振纓世祿侈富車駕肥輕
　合濟弱扶傾綺迴漢惠說感武丁
　　俗法韓弊煩刑起翦頗牧用軍最精
門紫塞雞田赤城昆池碣石鉅野洞庭
　貢新勸賞黜陟孟軻敦素史魚秉直
　　　　　　抗極殆辱近恥林皋幸即
　　　　　謝歡招渠荷的歷園莽抽條
　　　　　　　　　　　　　晚翠梧桐
　　　　　侍巾帷房紈扇圓潔銀燭煒煌
　續　　記　審　穎再拜悚懼恐惶
　　捕獲叛亡布射遼丸

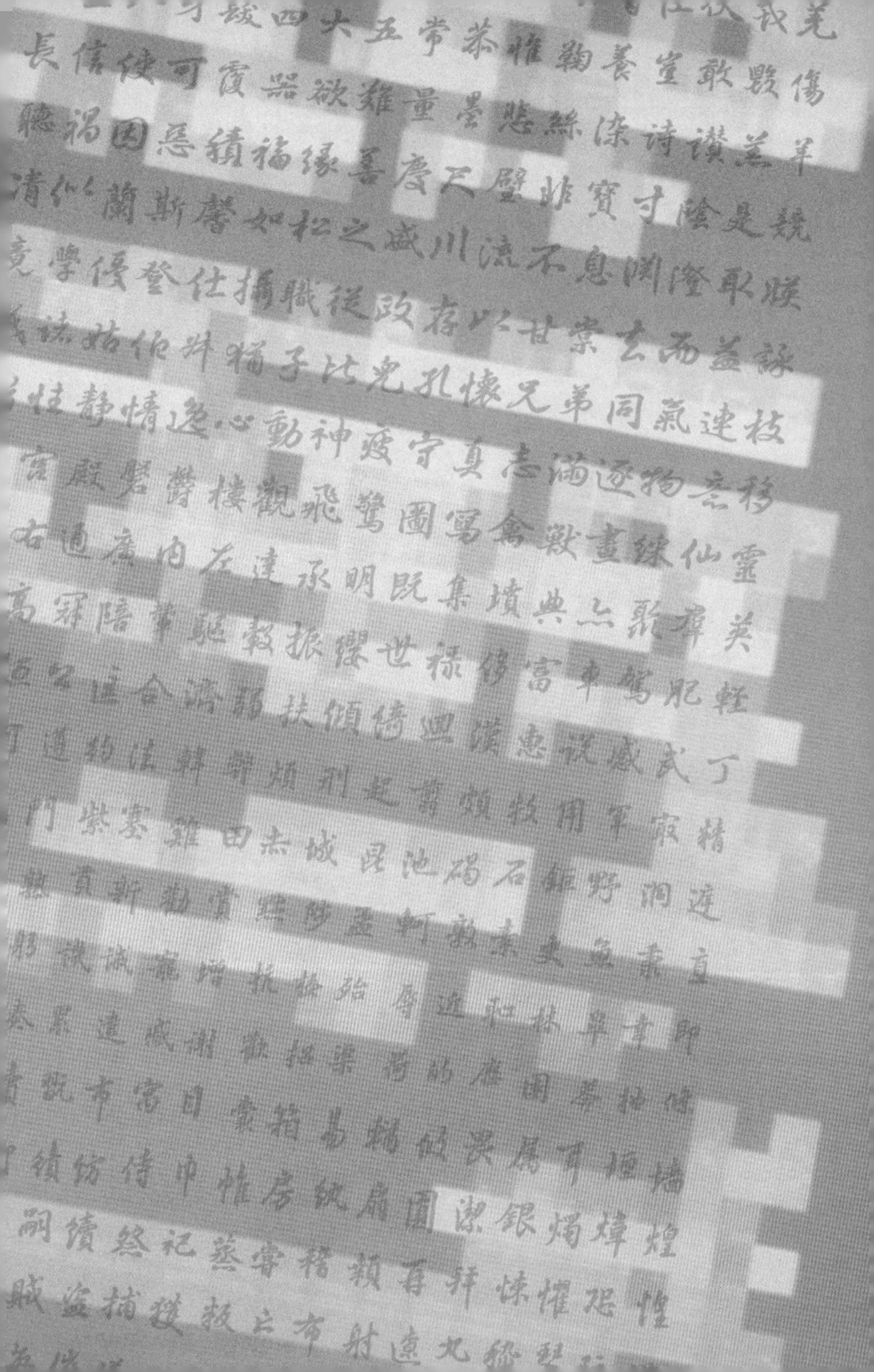

第五章

天運五行姓名學

第一節　天運五行派姓名學理論基礎

本派姓名學之學理依據是應用姓名數理五行及三才五格數理五行與出生年之天運五行所產生之生剋關係，它的緣由是根據——河洛易數。

首先需要了解姓名中三才五格、陰陽五行的排法：

甲	乙	丙	丁	戊	己	庚	辛	壬	癸
陽	陰	陽	陰	陽	陰	陽	陰	陽	陰
1	2	3	4	5	6	7	8	9	0
木	木	火	火	土	土	金	金	水	水

姓名學筆劃脫胎於河洛易數

姓名學的吉凶數理是由河圖與洛書推演而來，河圖是伏羲氏從黃河躍出的龍背上圖案領悟得知五行循環相生之理，洛書則由河圖演變而成。

宇宙大自然的真理乃陰陽平衡之道，而陰陽平衡乃據於數，故數是一切的大根本，人若離此大根本，則一切將失規律，規律一失，吉凶立見。

姓名學的筆劃乃據於數而脫胎於河洛易數，而河洛易數乃宇宙大主宰的德澤。

洛書是大禹治水，於洛水中捕獲的神龜背上負書之文，其始一而終九，以五奇數統四偶數，故奇數居正，偶數居側，此五奇四偶合為九，縱橫而言，則為九、九、八十一數。天地萬事萬物，從一而始，至於九，歸於零，復始為一，天得一以情，地得一以靈，人得一以聖，天之所覆，地之所載，萬物生化，皆一之妙用，天地間無一之動，豈有零之妙，故為一體。

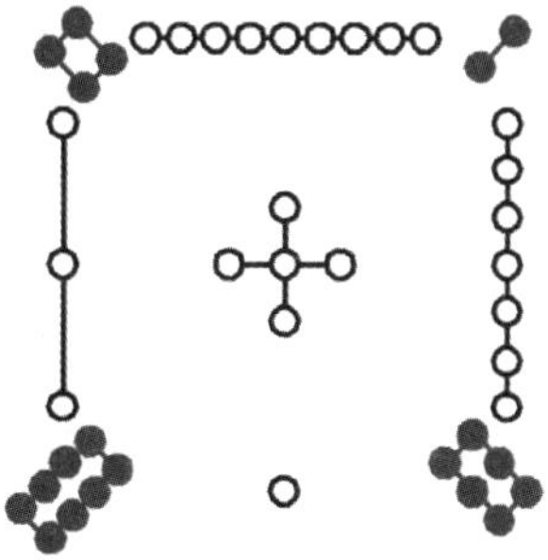

河圖與洛書中的吉凶理數與五行生剋原理：

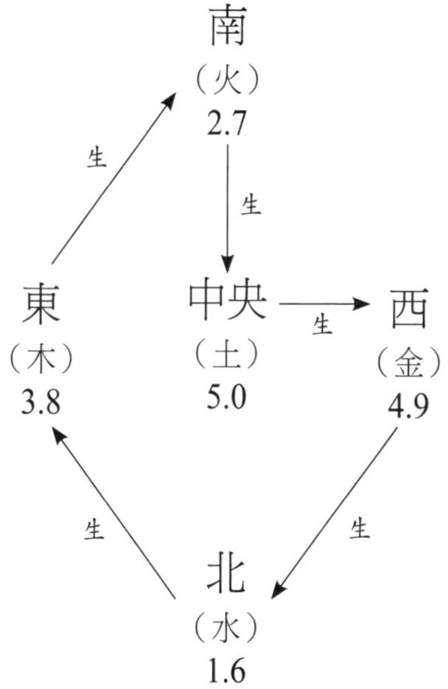

五行之循環規律，如果姓名中，天、人、地、外、總格中的個位數有以下的組合，在易經數字中屬同五行，代表不凶且是大吉。

1．6	同居北方	水	1．6同宗	不凶吉
2．7	同居南方	火	2．7同道	不凶吉
3．8	同居東方	木	3．8為朋	不凶吉
4．9	同居西方	金	4．9為友	不凶吉
5．0	同居中央	土	5．0同途	不凶吉

第二節　如何得知出生年之天運五行

本派姓名學之學理依據是應用姓名數理五行及三才五格數理五行與出生年之天運五行所產生之生剋關係——

以出生年的生辰天命五行求算法：

14	13	12	年（十）位數	
11	10	9		
8	7	6		
5	4	3		年（個）位數
2	1	0		
金	水	木	2	1
火	金	水	4	3
水	火	土	6	5
土	木	火	8	7
金	土	木	9	
土	木	金	0	

以下是比較好記的方法，就用納音掌訣來算天運五行屬什麼：

納音掌訣就是用來運算六十甲子之五行，俗稱天運五行（出生時當年之五行）。

（圖四）中各天干所代表的落點五行已標出，如果算到最後落點是在戊己那天運五行就是火。

要算出個人天運五行、需先了解自己生年的天干與地支，然後將子丑、寅卯、辰巳、午未、申酉、戌亥兩字為一組套入（圖）中的年干位置，再以**三組為一循環**直接算至自己的年支就是個人的天運五行。

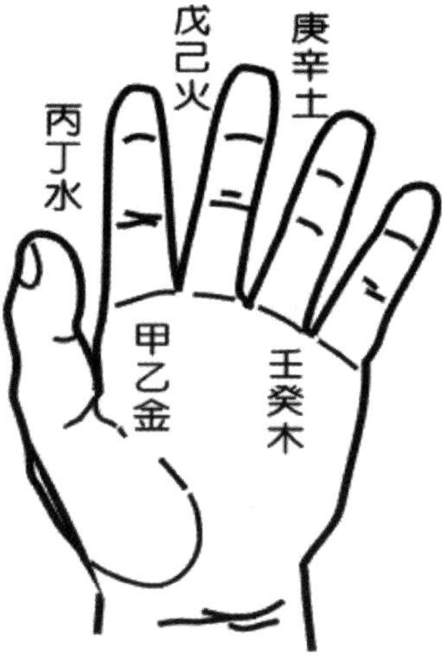

舉例一：某人出生年之干支為**丁酉年**

先將子丑兩字為一組放入（圖）中的丙丁位（因為天干為丁），然後以丙丁、戊己、庚辛為一循環算至地支酉位，首先將子丑放**丙丁**、寅卯放**戊己**、辰巳**庚辛**、午未放**丙丁**、申酉放**戊己**，最後落入戊己位置，得知丁酉年出生五行為（**火**）。

舉例二：某人出生年之干支為戊戌年

先將子丑兩字為一組放入（圖）中的戊己位（因為天干為戊），然後以戊己、庚辛、壬癸為一循環算至地支戌位，首先將子丑放**戊己**、寅卯放**庚辛**、辰巳**壬癸**、午未放**戊己**、申酉放**庚辛**、戌亥放**壬癸**，最後落入壬癸位置，得知戊戌年出生五行為（**木**）。

以出生年的生辰天命五行一覽表

◎天運磁場速查表（以農曆出生年查表）

民國	干支	生肖	天運	民國	干支	生肖	天運	民國	干支	生肖	天運
10	辛酉	雞	木	45	丙申	猴	火	80	辛未	羊	土
11	壬戌	狗	水	46	丁酉	雞	火	81	壬申	猴	金
12	癸亥	豬	水	47	戊戌	狗	木	82	癸酉	雞	金

28	27	26	25	24	23	22	21	20	19	18	17	16	15	14	13
己卯	戊寅	丁丑	丙子	乙亥	甲戌	癸酉	壬申	辛未	庚午	己巳	戊辰	丁卯	丙寅	乙丑	甲子
兔	虎	牛	鼠	豬	狗	雞	猴	羊	馬	蛇	龍	兔	虎	牛	鼠
土	土	水	水	火	火	金	金	土	土	木	木	火	火	金	金
63	62	61	60	59	58	57	56	55	54	53	52	51	50	49	48
甲寅	癸丑	壬子	辛亥	庚戌	己酉	戊申	丁未	丙午	乙巳	甲辰	癸卯	壬寅	辛丑	庚子	己亥
虎	牛	鼠	豬	狗	雞	猴	羊	馬	蛇	龍	兔	虎	牛	鼠	豬
水	木	木	金	金	土	土	水	水	火	火	金	金	土	土	木
98	97	96	95	94	93	92	91	90	89	88	87	86	85	84	83
己丑	戊子	丁亥	丙戌	乙酉	甲申	癸未	壬午	辛巳	庚辰	己卯	戊寅	丁丑	丙子	乙亥	甲戌
牛	鼠	豬	狗	雞	猴	羊	馬	蛇	龍	兔	虎	牛	鼠	豬	狗
火	火	土	土	水	水	木	木	金	金	土	土	水	水	火	火

44	43	42	41	40	39	38	37	36	35	34	33	32	31	30	29
乙未	甲午	癸巳	壬辰	辛卯	庚寅	己丑	戊子	丁亥	丙戌	乙酉	甲申	癸未	壬午	辛巳	庚辰
羊	馬	蛇	龍	兔	虎	牛	鼠	豬	狗	雞	猴	羊	馬	蛇	龍
金	金	水	水	木	木	火	火	土	土	水	水	木	木	金	金
79	78	77	76	75	74	73	72	71	70	69	68	67	66	65	64
庚午	己巳	戊辰	丁卯	丙寅	乙丑	甲子	癸亥	壬戌	辛酉	庚申	己未	戊午	丁巳	丙辰	乙卯
馬	蛇	龍	兔	虎	牛	鼠	豬	狗	雞	猴	羊	馬	蛇	龍	兔
土	木	木	火	火	金	金	水	水	木	木	火	火	土	土	水
114	113	112	111	110	109	108	107	106	105	104	103	102	101	100	99
乙巳	甲辰	癸卯	壬寅	辛丑	庚子	己亥	戊戌	丁酉	丙申	乙未	甲午	癸巳	壬辰	辛卯	庚寅
蛇	龍	兔	虎	牛	鼠	豬	狗	雞	猴	羊	馬	蛇	龍	兔	虎
火	火	金	金	土	土	木	木	火	火	金	金	水	水	木	木

洛書原理說明

天地循環之理，五行順其生，生剋有制，就如八字結構也需制化，猶如春去冬來，順乎天地自然，人與地合，三才不失其位，所以人更受五行拘束，有其命運之論斷，以致人之貧富吉凶榮通皆在數的左右之內，此乃千古不變之真理也。

所以本人所著之《數字論吉凶》受到眾多讀者喜愛，實有其道理。

姓名；也關係人生之禍福吉凶，一如上述，姓名之文字、劃數，具有天地極奧秘之數理，進而產生強大的靈動，影響人之命運。

文字係由「點」與「線」所構成，而一點與一線，就是啟示命運最單純之數理符號，姓名學以文字之筆劃數理而測定人生命運走勢，所以命名之文字筆劃數，皆很重要。

4	9	2
3	5	7
8	1	6

洛書中單數居於四正的方位，偶數則位於四隅位，其縱橫交叉都是十五數，乃是萬世不易之數。**連同眾多人在玩的股票漲跌循環，也有85%不脫離此洛書之範疇，而且準確度很高。**

也可以用此方法算出一生中最佳的幸運數字。

最好配合黃恆堉老師所出版的《數字論吉凶》一書。

第三節　如何得知三才五格之五行

數者，乃大自然之靈意表象，運用於天地陰陽之間，五行之內也，人之靈魂謂命，數可左右人生一切的好運與歹命，數理中有藏其千變萬化的暗示，可謂「萬物之根源涵蓋在於數」，因此姓名學將單數劃分為陽，雙數為陰。

首先需要了解姓名中三才五格、陰陽五行的排法。

甲	乙	丙	丁	戊	己	庚	辛	壬	癸
陽	陰	陽	陰	陽	陰	陽	陰	陽	陰
1	2	3	4	5	6	7	8	9	0
木	木	火	火	土	土	金	金	水	水

姓名學之數理以　1、2為木　3、4為火　5、6為土

7、8為金　9、0為水

天運五行姓名筆劃正確算法

一、天格數算法：◎單姓者，以姓氏劃數再加1即為天格數。

◎複姓者，以姓氏兩個字之總數為天格之數。

二、**人格數算法**：◎姓氏之數加上名字的第一個字劃數總和即為人格數。

三、**地格數算法**：◎單字名者，以名字劃數加1即為地格之數。

◎複字名者，就以名字總劃數為地格數。

四、**外格數算法**：◎單名單姓者外格數都是2劃。

◎其他則以名字最後一字加1劃為外格之數。

五、總格數算法：姓與名字之總劃數相加即是。

◎單姓複名者算法

1
李 07
冰 06
高 10

天格08（金）
人格13（火）
地格16（土）
11外格（木）

總格23（火）

◎單姓單名者算法

1
李 07
冰 06
1 01

天格08（金）
人格13（火）
地格07（金）
02外格（木）

總格13（火）

◎複姓單名者算法

歐 15

陽 17

翔 12

1 01

天格32（木）

人格44（火）

地格13（火金）

16外格（土）

總格44（火）

◎複姓複名者算法

歐 15

陽 17

翔 12

華 14

天格32（木）

人格29（水）

地格26（土）

29外格（水）

總格58（金）

歐 15

陽 17

翔 12

華 14

天格32（木）

人格44（火）

地格26（土）

15外格（火）

總格58（金）

姓名學的陰陽配合，分為內陰陽與外陰陽兩種，「內陰陽」是姓與名字筆劃的數理區別，「外陰陽」則是天格、人格、地格、外格、總格等五格的數理陰陽。

陰陽的作用乃是主宰五行生剋的強弱問題，在姓名中各格之應用，都必須加以分析才能了解所得到的好運或破壞程度有多少：

如果是凶數，喜逢吉數來剋制，凶意反而消失，有時還會變吉，而吉數受到強烈的凶數來相生時，反而暗示吉數會消失靈動力，會受到凶數作用的誘導變成凶數。

陰陽五行是中國命理學術上最基本的理論基礎，它貫穿於整個姓名、數運學的三才五格，無論對性格特質、個性意志、事業運、財運多寡、社交關係、家庭和諧、婚姻狀況、子女特質、精神狀況、健康狀況等等的生剋制化都不能脫離三才五格之間的相互關係（生與剋），所以學習姓名學首先必須認識陰陽五行的作用，才能正確地了解姓名學。

第四節　由天運五行判斷姓名吉凶

天運派吉凶判斷理論，以出生年之「五行」對「姓名五格」做為判斷「生剋」之依據：

天運五行「生助」各格大運五行為「大吉」。
天運五行「相同」各格大運五行為「中吉」。
天運五行「刑剋」各格大運五行為「大凶」。
天運五行遭各格大運五行「所剋」為「次凶」。
天運五行遭各格大運五行「所生」為「半吉」。

◎五行生剋

五行相生：金生水、水生木、木生火、火生土、土生金。
五行相剋：金剋木、木剋土、土剋水、水剋火、火剋金。

運用天命與流年五行與名字五行就能定吉凶

本套學術只要以姓名五行及大運配合出生時天命的生剋情形，就能判斷出富貴貧賤、事業成敗、家庭、子女、婚姻是否圓滿或不佳，及一生大運及流年運勢之吉凶。

每個人的姓名行運，除了自己出生時的天命五行之外，還必須研判流年對天命五行之影響，方能斷定吉凶的強弱程度，因個人所屬的天命五行不同，因此對同一種的三才判斷，大

(1)

黃 12
崑 11
富 12

13 天格：長輩、思想、父母、女性丈夫、希望、女性婚姻觀念（後天流年主1～12歲）

23 人格：主自我內在個性、性格、人生命運中心、六親關係（後天流年主25～36歲）

23 地格：家庭、妻子、部屬、子女、幼運、男性婚姻觀念（後天流年主13～24歲，61～84歲）

13 外格：外緣、社交、意志力、成功運（後天流年主37～48歲）

總格 35：人生行為表現及後天環境之考驗、財運、耐心、情緒精神病痛健康（後天流年主49～60歲）

運及流年運吉凶都會產生不同的變化。

（大運【歲運】被天命剋洩時吉數會變凶。

大運【歲運】被天命生扶時凶數也會有所發展）。

其間的變化相當大，必須詳細推演才能準確，最後還必須鑑定姓名中的三才、五格盤的生剋制化及數理的吉凶，才能得到確實的應驗。

財為養命之源，財運是鑑定姓名及取名或改名最主要的關鍵所在，姓名中財運的多寡，可看出職業的高低及事業的成敗，錢財可以代表一個人的身分名譽與社會地位，更能左右一個人的事業成敗，及家庭盛衰等強烈作用。

若姓名中之財運（總格）及事業運不幸被沖剋時，其人雖有才華，縱其一生奮鬥，最後還是不如所願，也可能事業會失敗或家庭變化，一生難以成功。

姓名是一個人活在世間的一種符號，外界透過這個專屬的符號，來認識一個人，因此稱久之後會代表一個人的個性、氣質以及一生的吉凶運勢，所以名字取得是否吉祥有重大的關係。

第五節　如何從姓名格局看出一生的富貴貧賤

錢雖不是萬能，但沒【錢】卻萬萬不能，以八字循環理論，財能生官而得富貴，因此在這工商社會裡，男孩命名、改名應以財運為第一要素。

女命之財運亦佔著很重要的地位，但若因自己的姓氏與天運五行有互相衝突，使得家庭運與財運無法兼得之時，則應以家庭運為主。

所謂：「年輕靠夫，老來靠子」，丈夫子女皆有靠，一生運程也能相當的穩健。

其實姓名的運程好壞，不只在於三才的生剋及五格數理之吉凶，它是需要參考天運及流年陰陽五行生剋制化的一種循環式的感應作用。

(1)

賴 16
綾 14
英 11

17 天格
長輩、思想、父母
女性丈夫、希望、
女性婚姻觀念
（後天流年主1～12歲）

30 人格
主自我內在個性
性格、人生命運中心
六親關係
（後天流年主25～36歲）

25 地格
家庭、妻子、部屬
子女、幼運
男性婚姻觀念
（後天流年主13～24歲，61～84歲）

12 外格
外緣、社交
意志力、成功運
（後天流年主37～48歲）

總格 41
人生行為表現及後天環境之考驗
財運、耐心、情緒精神病痛健康
（後天流年主49～60歲）

第六節　天運五行對應姓名五格所代表吉凶感應

姓名天運之五行評分：

以天命五行為客體，以姓名五格為主體

客體生主體　吉　得分90分

兩者同五行為（比合）　平平　得分75分

客體剋主體或主體剋客體為　凶　得分45分

◎天格代表：思想、智慧、名望、丈夫、長輩、人際關係、女性婚姻觀。姓名流年一歲至二十四歲之行運，但要兼看地格才準確。

天運五行與天格的對應關係：（吉）五行相生（平）五行比合（凶）五行相剋

（一）在思想上

（吉）：有正確的觀念，積極進取，豪邁爽直的個性……得分90分

（平）：好勝心強，不認輸，行事做為較極端……得分75分

（凶）：反覆多變，滿腦子歪主意，較易走偏路……得分45分

（二）在智慧上

（吉）：積極吸收新知識，並且能夠樂觀實踐理念……得分90分

（平）：雖有求知之心，卻缺乏行動力……得分75分

（凶）：故步自封，認為對自己無所助力，而加以排斥……得分45分

（三）在名望上

（吉）：自己發奮努力，又有長輩貴人提攜，事業易成，在親朋之中有正面評價……得分90分

（平）：凡事靠自己辛苦經營，雖能一時成功，但非人人表示贊同……得分75分

（凶）：易怨天尤人，怪東怪西，行事作為較讓人非議……得分45分

（四）長輩對待

（吉）：可得父母親或長輩的疼愛及照顧，有困難時會伸出援手……得分90分

（平）：父母親或長輩對我們的照顧沒有刻意展現好或不好……得分75分

（凶）：顯然得不到父母親或長輩的疼愛與照顧……得分45分

（五）人際關係

（吉）：為人積極主動，磁場好，人氣旺，多貴人相助……得分90分

（平）：凡事謹慎，較易計較得失，無法敞開心胸，知心人較少……得分75分

（凶）：雖有熱情之心，不會看場合，往往熱臉貼冷屁股，吃力不討好……得分45分

（六）女性婚姻觀

（吉）：俗話說：「男怕入錯行，女怕嫁錯郎」，恭喜您會有好姻緣……得分90分

（平）：夫妻吵架難免有，多溝通，互相尊重則平安……得分75分

（凶）：先天夫運不佳，可以談談戀愛，等心智成熟，經濟穩定，再談婚姻，愈晚婚愈好……得分45分

◎人格代表：一個人的性情，內在性格，命運好壞，六親關係，婚姻對待。後天流年二十五歲至三十六歲之行運。

「人格」生「總格」表示會善待自己，做事可以貫徹始終。

剋「天格」表示有自己的想法，與長輩的認定有所出入。
剋「外格」行動派，表示想到什麼就做什麼，易得罪人。

天運五行與人格的對應關係：（吉）五行相生（平）五行比合（凶）五行相剋

（一）以心情角度

（吉）：心中時時有【富有】的想法，現在不做，更待何時的觀念……得分90分
（平）：凡事得過且過，需要有人鞭策鼓勵……得分75分
（凶）：容易對事物產生不平，不滿的心態，無法接受別人的建議……得分45分

（二）婚姻對待情況

（吉）：家庭和樂，夫妻間溝通良好，能互相扶持的好幫手……得分90分
（平）：關係平平，常有爭執，但能床頭吵床尾合……得分75分
（凶）：雖有一時恩愛，每況愈下，流年刑剋時，易有分離現象……得分45分

（三）六親之間的對待

（吉）：容易得到兄、弟、姊、妹、朋友的幫助，凡事不用愁……得分90分

（平）：平輩之間不會幫忙，易有紛爭，要靠自己打拚……得分75分

（凶）：兄、弟、姊、妹、朋友中無法交集，與人唱反調，容易犯小人……得分45分

（四）情緒內心世界

（吉）：做事有條理，對事容易滿足，不強求，煩惱不會放在心上，人生觀念就是人本來就該快樂生活……得分90分

（平）：想要得到的東西，會用盡一切方法，只要成功不擇手段……得分75分

（凶）：對社會家庭較有不滿的情緒，標準的批評家常會恍惚不知在想什麼……得分45分

◎地格代表：部屬，子女關係，少年運，家庭及男性婚姻觀，後天流年十三歲至二十四歲之行運。流年主六十一至八十四歲運勢。

天運五行與地格的對應關係：（吉）五行相生（平）五行比合（凶）五行相剋

（一）部屬關係

（吉）：待人親切，愛護部屬，如同家人，部屬向心力強，能成為事業上的助

（平）：姿態過高，和部屬之間互動性較差，關係建立在金錢上…………得分75分

（凶）：對部屬管教甚嚴，無人性尊重，部屬對命令陽奉陰違…………得分45分

（二）子女關係

（吉）：感情融洽，無代溝，年老時可得子女奉養…………得分90分

（平）：和子女缺乏溝通管道，感情淡薄，關係平淡…………得分75分

（凶）：關係差，子女反抗心強，有代溝，年老時無人奉養，嚴重時有白髮人送黑髮人的情形…………得分45分

（三）男性婚姻觀

（吉）：異性緣佳，容易找到有錢的老婆，或得到妻子的助力，事業成功…………得分90分

（平）：男人主義重，不會疼老婆，財被合時易有婚變…………得分75分

（凶）：剋妻之命格，妻子助力較少，互動差容易為小事起爭執，妻子容易比自己早逝…………得分45分

◎外格代表：社交能力，成功機運，意志力，外緣，配偶個性。後天流年三十七歲至四十八歲之行運。

天運五行與外格的對應關係：（吉）五行相生（平）五行比合（凶）五行相剋

（一）代表外緣，社交能力

（吉）：朋友多，人緣佳，賺錢輕鬆，為人不擺架子，能得朋友敬重，容易成功……………得分90分

（平）：一分耕耘一分收穫，付出多少，就要回收多少，朋友之間也無法交心，成功尚差臨門一腳……………得分75分

（凶）：天生吃虧型，自己勞心又勞力，卻得不到肯定，一生多小人陷害……………得分45分

（二）成功機運

（吉）：從外交能力看來，您未來可以擁有多人相助成功機運高……………得分90分

（平）：從外交能力看來，您未來只能平平過日，需認真打拼……………得分75分

（凶）：從外交能力看來，您未來成功機運有待加強……………得分45分

（三）個人意志力

（吉）：從個人的意志力看，您似乎擁有超強的意志力，會成功……………得分90分

（平）：從個人的意志力看，您的意志力，表現似乎平平，積極點……………得分75分

（凶）：從您的意志力看，成功的機率不高，得加油一點……………得分45分

◎總格代表：一切行為表現，後天環境考驗，財運狀況，健康狀況，精神狀況。

「總格」

名字最後一字也代表：一個人對家庭的態度。

生「人格」表示「言行一致」。

生「天格」表示會欣然接受長輩的幫助。

後天流年四十九歲至六十歲之行運。六十一歲後由天、地、人每格再主十二年。

天運五行與總格的對應關係：（吉）五行相生（平）五行比合（凶）五行相剋

（一）先天健康、精神狀況

（吉）：先天體質佳，隨時會保養自己；身體狀況良好，一生無大病……………得分90分

（平）：大病不犯，小病還是有……………………………………得分75分

（凶）：抵抗力差，容易得流行病，常會有意外發生或先天帶疾病……得分45分

（二）事業、財運方面

（吉）：賺錢容易，做任何事業成功機率相當高，有財有庫……得分90分

（平）：成功須等待機會，雖認真打拼，財來財去，成為富翁還要再等……得分75分

（凶）：財庫破，投資易失敗，即使不投資，也容易負債……得分45分

（三）後天環境

（吉）：有賺錢機會，有背景後天環境不錯，穩定，踏實點一定成功在望……得分90分

（平）：工作及創業環境平平，如想成功快一點，頭腦要有點創意……得分75分

（凶）：哎呀！老天！我的機運怎麼這麼差，後天環境真的不適合我……得分45分

※註：天格為姓加一劃人人平等，不會影響運程吉凶，此運應列入地格看運程才能準確。

第七節　天運派姓名學三才五格各格所代表的各種現象

一、天格↓對人格：就是代表希望，長輩上助力。

二、天格↓對地格：就是代表幼年運，妻子與公婆之關係。

三、天格↓對總格：就是代表耐力、情緒之控制。

四、天格↓對外格：就是代表意志力、虛榮心。

五、人格↓對地格：就是代表家庭，夫妻感情好壞。

六、人格↓對總格：就是代表內在與外面行為與個性的表現。

七、人格↓對外格：就是代表社交、外緣、配偶個性。

八、地格↓對外格：就是代表妻子的人緣，亦會影響子女運之強弱。

九、地格↓對總格：就是代表精神狀況、身體病痛。

十、外格↓對總格：就是代表花錢的態度，浪費或節省之情況。

單姓複名者算法

1
李 07
冰 06
高 10

天格08（金）
人格13（火）
地格16（土）
11外格（木）

總格23（火）

（天格）所代表的涵義：

天格的數字吉凶會影響到人的思想、智慧、名望以及父母親、長輩、長官等等人際關係流年運不好，易犯頭痛，會頂撞上司、離職，容易做出錯誤的決定。後天流年為一歲至十二歲之行運。

（人格）所代表的涵義：

人格主掌人生命運之中心，故稱主格運。人格：也代表自我內在的性格，代表八字中的日主，以人格對照其他四格之五行之生剋變化，可知其六親的關係是否圓滿，後天流年為二十五歲至三十六歲之行運。

此主格運之配置為良吉者，自然富貴幸福，再與天地兩格之配合關係良好者，其人一生必能亨通，一生幸福，稱心如意，且享有意外之福。倘若配置為大凶者，則一生必苦且有災難，但吉凶之程度，當視與他格之數理如何而定。

（地格）所代表的涵義：

人格與外格，可比喻為中心與外圍之關係，而地格與總格，則可比喻為前後左右之關係，名字之文字總劃數為地格。「地格」所代表之意義，指其婚姻觀念、戀愛及家庭運，對男人來說是代表部屬、家庭、妻子和子女，對女人來說是代表家庭和子女（因天格代表丈夫），後天流年為十三歲至二十四歲之行運。以及流年為六十一歲至八十四歲之行運。

地格除主青少年時期的流年大運外，也是主宰婚姻、家庭、子女運，及戀愛運或感情運。但其靈動因素係關聯主格運，相互影響，故亦影響一生之命運，不過對中年前之命運，特別具有強大的影響力，所以配置良吉者，在少年時代，必定幸福。

如地格雖為吉者，而人格與外格為凶惡時，仍不能得到成功與幸福，如人格與地格配置良好，其人在少年時代，必定相當平安幸福，然後再看生辰八字，天命五行與地格之生、剋、制、化及總格之數理五行是否配合適當，才能斷定一生之最後命運。

（外格）所代表的涵義：

依「人格」可知人之命運中心，次依外格之數理五行，察其強弱，此部分是補助主格運，而影響人之一生命運，頗有重大之力量。

「外格」之意義：外緣、社交，主要在看外出運吉凶及本人在社會上之人際關係的地位高低，後天流年為三十七歲至四十八歲之行運。

外格之靈動，在姓名解析上，僅次於主格運，大凡主格運雖好，而外格運不佳，則仍難免有相當之災害，必須主格運、副格運都吉祥，地格、總格亦無缺點，才是幸福之人。

（總格）所代表的涵義：

總格運是姓名各字相加之筆劃數，即五格中之總格，總格代表四十九歲以後晚年之運氣，故謂之後運，在姓名數運學的判斷裡以「總格」的影響力最大，代表外在行為之表現，及後天環境之考驗，後天流年為四十九歲至六十歲之行運。

總格數理在中年時期亦具有影響力，副格運皆凶者，一生都不順，但如果總格良好，在晚年亦可享受幾分幸福；反之，主、副格運雖良好，而其總格不佳者，除非改名或勤做功德，否則四十九歲以後，必因凶變之影響力，而招致不順。

總之，地格對於少年時代之靈動力最強，總格則支配自四十九至六十歲以後之晚年命運。

地格與總格，通常在中年後，地格仍具影響力，而中年前總格，亦並非全無影響力，只是地格在中年前，總格在中年後，所發揮之影響力較強而已。

不單總格之區別是如此，天、人、地、外等四格亦是如此，彼此互為因果，影響甚大，對一生都能發揮其靈動力。

第八節　天運派姓名學81劃數理吉凶

姓名學之數係循洛書之數，乃為變數，亦即是用數所以每一數都有不同的意義，數的累積並不是由一積至十，十積至百之體數，所以九乘九之數等於八十一，八十一數為姓名學上之數較為合理。由一至八十，還本歸元，周而復始，超過八十一就要減八十，循環無窮，永劫無疆，次序不亂，此乃大宇宙之真理。

○一數　得分90分：元亨利貞富貴延年

一為萬事萬物之始，始者氣之始，具有創造、富貴、長壽之意義，為人性剛強且重義氣，是一勤奮之格，有樂於助人之心，頗能受人尊仰，但僅有小氣而未形成大氣，故不可妄動，需緩緩而進大可成功。

╳二數得分45分：動蕩不安力弱無援

此數為萬事萬物生長之數，但有形無氣、柔順、無能、有無力之意，為人性柔順、重利、被動，欠缺創新的思考能力，個性叛逆，遇事堅持己見，但無獨立氣魄。

○三數　得分85分：向下紮根貴人多助

萬物定形之象，能博得名利之數。為人聰明，注重生活享受，心寬量大，具有領導風格，能建立大業之吉數。

為人外向好動且重享受，人際關係好，一生順利；喜歡掌握權力不受拘束，對部屬晚輩寬厚，是一個天生管理別人的料。

女人逢此天生較勞碌，熱衷工作，財運豐，工作運相當強，外出工作得上司重視。

╳四數　得分50分：心直口快勞而不獲

此數為不倫不類，無能生存之數，為人大多消極，性陰沉頑固，難成大事。

一生精神多苦悶，力不從心，雖有才華也很努力開創，但總是脫離現實很難被認同。身體尚佳，財運無缺，但對人際關係的處理上較不圓融，易受親友誤解。不宜從事投機冒險事業，以免遭受失敗。

女人有此數，理想甚高但不切實際，也不知足，性剛直，對事主觀強，言語雖出於善意但易受誤解而得罪人，也容易失戀。

○五數　得分85分：忠厚信實吉祥如意

一生貴人多助，吉星高照，溫文有禮很受歡迎，事業常有意料外的好運，為人中立平和，能成就事業，能四通八達，為人聰敏，性溫和忠厚，人緣極佳，能興家立業之吉數。

外表雖沉穩，但內心積極求變，想法新穎具創意，不滿足於現狀，一心想追求更高境界，一生常換工作或場所；交際手腕圓滿，常令人心服口服。

○六數　得分80分：擇善奉行立志奮發

為人豪爽，花錢較大方，此數之人聰慧，兼具有美德之性格，若能平穩持重，可享和樂長壽，不然則容易樂極生悲反為不利，但不至於會困頓潦倒。

一生平順，容易享有祖上餘蔭，具長官風範，願提攜後進，深得部屬歡心喜愛；較愛面子用錢較浪費，但在社會上容易享有高聲望。看來桃花多，婚後常有應酬，宜節制。

○七數　得分80分：精力旺盛剛強不屈

個性剛毅獨立，陽氣過盛，為人性情剛硬，鋒芒太露，容易與人不和，處事欠缺圓融，因之難免招來麻煩，先天具有天賦精力可克服萬重難關。

是一個恩怨分明的人，個性急，也很好奇，喜怒哀樂全寫在臉上，人際較不和諧，有時自己的好意常被誤解，心生鬱卒。

○八數　得分85分：先穩再攻始終如一

具有堅忍不拔的恆心和毅力，能貫徹意志成就願望。但有時堅持己意，卻容易迷失方向。

具超強意志力和耐力，看來精力旺盛不服輸，總是能突破重重難關，獲致成功，擁有此數大都少年早發；是一個寧為雞首不為牛後之人，希望自己當家施展抱負。

一生容易成功，但也容易驕傲自滿、自大，而引人反感而招來煩惱。

╳九數　得分50分：有財無運情關難過

一生雖理想高，但容易失敗，有時有志難伸，知音難尋，容易超越現實不易容於社會。意志不很堅定，行動舉止比較輕浮，是為孤苦無依之數，一生戀愛運、親友運差，較難得到身邊之人的幫助，且常陷於是非糾紛之中。

倘能在失敗挫折中虛心學習，或能在藝術、宗教、五術哲學領域中，漸漸得到成功發展。

╳十數　得分40分：辛酸失意徒勞心力

不喜歡過平靜的生活，生活漫無目標，好像身陷茫然中，以致會惹上莫名病痛，且易犯官司等不幸之狀況。如常說好話，常做善事就能由絕處而轉變大成功。

創業過程比較容易投機取巧，起伏多變，不喜歡循規蹈矩平實的過日。易生意外，為人好面子，有點外華內虛。

○十一數　得分90分：穩健踏實一步一腳印

看來是吉星高照，逢凶化吉之數，一生能平順通達，福祿、財祿不缺，很早就能享名望，一生敢作敢當腳踏實地，深受同業敬佩，此數也是草木逢春，處處生機，天資聰穎之數，為人平穩踏實，得名望，當可大展鴻圖。但主觀意念稍重，易陷獨斷獨行，反招人怨。

×十二數　得分55分：心性不堅好大喜功

做事經不起考驗，容易患得患失，遇事則半途而廢，錯失良機而後悔莫及，凡事不堪打擊，一敗塗地，自憐自艾。常圖非份之心，招致失敗，以致陷入苦境，家族緣甚薄。個性溫文儒雅，受朋友歡迎及長輩提拔，但意志薄弱身體差，無法居領導位置，只適合過安穩固定之生活。

○十三數　得分90分：天賦智慧廣結人緣

適合做為領導型人物，外向好動，若從事社交公關、旅行或業務工作，容易發揮長才而獲成功。為人足智多謀，多才博學，善於處理事務，具有隨機應變之能力，獲得大成功之吉數。

唯因充滿自信，逞其能者有弄巧成拙失良機之暗示。

因嫻熟外交手腕，應對得體，人緣好，受人歡迎，喜愛熱鬧場合，性急不拘小節，容易早交異性人緣好，社會聲望崇高。

╳十四數　得分45分：表裡不一孤立無援

常為經濟拮据而困擾，因本位主義太重，不聽勸告，一意孤行，為人好虛榮，重外表，不充實內涵，以致諸事不能如意，一生黯淡，家族緣薄，孤獨無依，親友緣薄不得助，孤僻冷漠，為人高傲，所以生活方面很苦悶。

○十五數　得分90分：心性豁達為人誠信

此數容易成功少年早發，中年即能名利雙收，富貴顯耀，輕鬆獲得成功，圓滿無缺之大吉祥之數，因思想新穎而多變化且為人溫良謙恭，能獲得長上提拔，能成功立業。德高望重，福及子孫也。

遇困難能得貴人相助，凡事能逢凶化吉；財運不錯為人慷慨大方，受人歡迎，身心健康精力旺盛，一生少有病痛。

○十六數　得分85分：自信正直能獲眾望

為人較愛面子，一生奮發有果斷力，能任勞任怨不辭勞苦，容易成就財富與功名，而受眾人擁戴、推崇，又能獲長上器重，而得到名望，成就一番事業，是富貴吉祥之數。

與人謙恭有禮也樂於助人，人緣好，樂觀幽默，深得異性喜愛；精力充沛，耐性也夠。

○十七數　得分78分：排除困難固執強悍

擁有堅忍的毅力令人敬畏，但負擔過量，有時會突然崩潰要小心，做事具有權威性，然而固執己意，缺乏溝通及寬容大量，然知過而無法改善，因之有失人和，受到非議或招失敗。若能從善如流，即可大獲成功。

凡事喜自行做主所以主觀強，不甘屈居於人下，比較不擅處理人際關係，而易招嫉妒，容易為小事而與人爭辯不休，宜小心。

○十八數　得分85分：百事亨通成功在望

一生都能腳踏實地做事有恆心，有毅力能化阻力為助力，堅忍不拔，過程中容易遇上強勁對手也有能力應付，且一生中能有權力威望，對事情會全力投入而奮鬥不懈，能排除困難，達成目標最後能名利雙收。然亦因自尊心頑固導致得不到他人之諒解，影響事業與聲望，宜修心養性而安。

歷經困苦磨練才至成功。律己甚嚴自視高，給人高傲自大感，容易得罪別人惹麻煩。

╳十九數　得分40分：多災多難前途受阻

為人雖多才多藝且頗有智能，足以建立大業，博得名利，但中途都遇挫折以致前功盡棄之嘆，人生是屬獨立早熟型，事業、身體易遭損傷，或捲入是非糾紛而留下錐心的痛苦經驗，很多事都功虧一簣，有內外不和之象發生。也有富翁偉人出自此數者；為人想像力豐富，對哲學、宗教、設計有良好天分。

╳二十數　得分40分：進退維谷官司纏身

一生不甘過平靜生活，為人剛強自負心直口快，易生是非，不安，厭倦安定生活，喜歡追求刺激，偶有橫發之事，但也常有驚滔駭浪之事發生。

屬命差之格局。故宜修身養性，忍勞耐苦節儉，也許可保平安。

好運來得快也去得快。常有訴訟纏身，身心疲憊的情況發生，常唸佛號自可平安。

○二一數　得分85分：天降福運否極泰來

為人剛強不服他人管束，一生奮發向上，掌握權力，少年運勞碌辛苦，中年運能建立良好名聲、地位，但因好面子不服輸，容易爭風吃醋，宜涵養心性，命運就像萬象更新、冬去春來之象，縱然有勞苦遭遇，但交好運後就能建家立業，大獲成功。

一生桃花運多，對感情不易控制情緒喜歡支配、命令別人，容易當領導（女性忌用，易成孤寡）。

×二二數　得分45分：屋漏逢雨時運不濟

為人柔弱溫和，若貴人多，則易成功，若缺乏進取之心，凡事虎頭蛇尾，紛爭難息，橫生枝節，以致失敗，諸事不能如意，常受挫折，一生怕會體弱多病，身心過勞等病痛。

坐這山望那山，心比較無定見，博學而不專精，眼高手低不肯腳踏實地，所以外表華麗而內心空虛，身體稍差，做事易累，神經容易衰弱是也。

○二三數　得分80分：旭日升天名揚四方

一生桃花多，有異性緣，且具首領氣質，懂得運用群眾心理，能得眾人擁護為其效命；對部屬寬厚，在上司面前則自視太高，容易犯上，不甘屈居人下，但因努力進而至大成功，為人心胸開闊，積極進取，名利俱獲，之大吉數。

婦女有此數者容易超越丈夫成就，反為不吉也；不辭辛勞，深得眾望，中年以前則有良好聲譽。

○二四數　得分85分：先苦後甘完美主義

心思細密處事嚴謹，能於穩健中得到發展，能平步青雲；凡事必親躬，不假人手，自尊心強，不願受人幫助，也能白手從艱難辛苦中起家，個性百折不饒，終就能獲得成功，達成願望。為人方面慷慨，一生善於策劃，具有發明能力，可享榮華富貴。

早年腳踏實地，中年靠信用與才能獲得成功，晚年則有發達好收穫。

用錢精打細算凡事講求效益一生沒有大的人生障礙。

○二五數　得分85分：多才多藝修身養性

外表看似溫柔其實主觀強，有一意孤行的傾向，怪僻多，言詞犀利令人難以招架；博學多聞記憶好，恩怨分明自視高，在不知不覺中孤立了自己，因而群體人際關係難得圓融。

為人聰穎，具有特殊才能，盡力而為能獲得成功，然因常有信口開河，語帶尖酸的個性，與人易生不和而影響人際關係。

人生信用方面易招致破產，故不能不謹慎。對學術、藝術纖細敏銳，往此方面較有發展空間。

△二六數　得分60分：半吉半凶千變萬化

生命過程兩極化，徘徊在黑暗與光明之間，一是，意志不堅者易臣服於逆境之下，富有義俠精神，常遇駭浪驚濤，最後能尋到生機，但意志軟弱者，永無光明之日，困守愁苦之境，此數含有放縱、淫亂、固執等不祥之兆。

二是，亦有怪傑、名人、政要、孝子出自此數者。此格多出英雄、志士、烈女，需有超強意志忍受煎熬方能成功，常人勿用，以免弄巧成拙。

△二七數　得分60分：成敗循環攻守謹慎

個性急又過於愛面子，早年運尚佳，中年運後漸漸衰微；自尊心頗強，一生不願向人低頭，自視高，很容易眼高手低，由於心智早熟，生性聰明伶俐，自我之心太強，因而早年能得短暫風發，但中年之後因得意忘形而招致不順，以致挫折，心灰意冷喪失鬥志，務宜修心養性，保持人和，處事不可大意，即可保持幸運之延續。

雖待人熱心卻得不到感激，事業一向平順，但一旦失敗卻又不敢面對現實，需要很長時間才可能東山再起。

×二八數　得分55分：財來財去易受中傷

一生中有一意孤行的傾向，心靈空虛容易受創傷，因此會留下深刻陰影；一生中物質豐盛不虞匱乏，但很容易受親友的連累與誤解，以至造成情緒上的不安，由於生性豪爽，因此比較容易受流言中傷，引起誤解而招來反感，家族六親緣微薄，女孩子有此數即多陷於孤苦無依之境，或突逢事業失敗而心灰意冷，身心招致煎熬，對人生體驗深刻，感受人情冷暖而寄託宗教信仰。

△二九數　得分85分：多智猜疑精業求進

為人聰明能幹，特色是：英明果決，善於領導，易得功名；雖自視高但負責任，能得部屬尊敬及長官器重，做事嚴以律己可成眾人表率，早享名望和地位；為人智謀兼備，具有崇高理想，永遠都是精力旺盛，但因不能滿足慾望，一意想攀登高峰，以致一落千丈。故知足常樂，謹慎才能無憂。

婦女有此數者，易流男性之間，善猜疑，招嫉妒。身體不錯，也有運動天分。

×三十數　得分55分：投機取巧大成大敗

因喜從事冒險活動，所以一生中會有一、二次大困境，但在最危險關頭，總會化險為夷，度過此，以後就會一帆風順，功成名就；然而因心情浮沉不定，為人少有定見，處事抓不到重心，以致亦勝亦敗，最後可能招致失敗。

一生中須靠貴人來幫助方可成功，故應認清目標，貫徹始終才能有所成就。

做事朝三暮四，又愛冒險投機，過不慣平穩安定生活，在判斷上如果一意孤行，容易一夕間可能招至身敗名裂。

○三一數　得分90分：漸進向上吉星相助

為人善於領導，樂於助人，做事總不甘屈居於人下，年輕就容易當上主管或老闆；一生財運豐，生活重品味，身體健康良好，如能創業則大吉。為人仁德兼備。有堅定意志能克服困難建立事業，能名利雙收，深得眾人擁戴景仰，可享富貴榮華，一生務實進取努力不懈，能在社會得到好名聲與地位。

○三二數　得分90分：幸運降臨成功可望

一生中容易獲得長輩上司眷顧與提攜，能享受庇蔭而成功；唯個性急無定性，博學而不精，但人際互動圓滿，尚能獲得他人之助，要順利成功並不難。為人誠實，認真努力，一生中也善抓住機會，又有貴人提拔，終能獲得成功，是為光耀門楣之大吉數。

為人擅交朋友，精於企劃，但執行力較差，須依靠別人提拔、合作才獲成功。聲望地位佳。

○三三數　得分85分：光輝權高宜修人和

個性是一個好勝爭強之人，永不服輸戰鬥意志高，總不畏辛勞來達成使命，一生容易功成名就，到哪兒皆能風光，為人性情剛毅，才德兼備，具有勇敢果斷之精神，成就事業，也能博得名利之吉祥數，但恐性情過剛毅，且做事武斷而招來不利。此數會因個性好勝爭強，忙於照顧家庭，婦人少用為宜。

一生中對別人要求嚴苛，易起反感很難結善緣，命運中阻力自然增多；但健康良好財務也豐，可能很早就能當上主管或老闆，不錯喔。

△三四數　得分60分：徒勞無功窒礙難行

一生中命運坎坷多難，挫折較多，在順境中也可能遭逢不測而導致一敗塗地；所以須兼具大智大勇之才能，才能度過重重難關而至成功，否則容易沉淪慘遭淘汰，此數具有蕭條寂寞之意，為人個性倔強，一意孤行，一遇挫折就會心灰意冷以致無法排解，因之一生鬱鬱寡歡。

此數有六親緣薄之象也容易受牽累，或糾纏不清，身體稍差，心情苦悶，常有厭世想法，此數常出英雄烈女。易受制於身體、經濟、法律方面的困擾，而困苦不堪。

○三五數　得分80分：溫良恭謙恬淡無慾

腦中充滿創新，為人心地善良、忠厚，但處事消極，個性開朗，能廣結善緣，能得朋友貴人相助，一生中也能自給自足。

才能好，博學多藝，對文學藝術能獲得成就，為人溫和但稍嫌守舊封閉，因此不足為首領格，很多事無法仰賴他人而須自立更生，但如有貴人相助較能成功，此數為保守溫和之數，故較適於女性取之。

興趣廣泛，學習卻不精，雖可成通才，卻不易在工作上達到頂尖成就。生活小康，喜歡清閒，善於安排人生，待人謙恭，婚姻美滿。

△三六數　得分65分：懷才不遇是非糾葛

好像很容易遇上不滿之事，或無端捲入是非糾紛中，因為人豪爽講義氣及容易管閒事，一生中為人打江山而不求回報，當自己有困難時卻不一定能得到別人幫助，真是捨己為人，為人智謀雙全，但缺乏自主性，及進取之心。故自己比較無法成事，而為他人謀事卻能獲成功。乃有軍師之才而無主管之格，如一心想攻於心計，容易憂勞成疾。

為人愛面子，常為財所苦，真是叫富屋貧人，外華內虛，也易受他人牽累。

○三七數　得分88分：吉人天相德業顯達

一生做事恩怨分明，遇事能突破萬難，如創業也能成功，算是智仁勇三全，財運豐厚，易受別人尊敬；當遇上困難時能激起不屈不撓的精神，能以德服人，而得到聲望。為人忠誠，言行合一，且具有獨立的氣魄，應可順利發展獲得成功。但此數理含有剛毅之數，故宜涵養德性，否則有損吉祥，是一個天生主管的命，年輕時易當老闆，待人寬厚，重生活享受，慷慨大方，也受尊敬及多數人歡迎。

△三八數　得分67分：意志不堅難獲財利

生來聰明且博學多聞，做事也腳踏實地，但意志稍嫌薄弱，以致荒廢事業而自失前程，一生精通研究企劃、藝術，在學術方面有發展潛能，但執行力稍嫌不足，不適擔任主管職位，如勉強領導則會力不從心，難成大事。

因意志薄弱難以貫徹志向，雖具才學，但未能量力而為有好高騖遠傾向，以致一生平平凡凡到老亦無所成就。

○三九數　得分89分：撥雲見日榮華富貴

一生中精力充沛，多才多藝，個性積極活潑，社交能力強，容易成為傑出政治家或企業家，此乃貴氣之數，一生否極泰來，集富貴、長壽，匯於一身之象，是為眾所欽佩之數。但有時會物極必反，陽生陰，陰生陽亂了磁場，不能不謹慎。

婦女有此數較易成為孤寡之狀況。

用錢很大方，恩怨分明，容易被評為愛出風頭，個性急，在平穩中顯不出威力，當面臨困苦時，反而易成就功名。

╳四十數　得分45分：浮沉不定謹慎為宜

一生中才智聰明，理想過高，對任何事都充滿興趣，但就是不易持久，也不易達到應有榮耀，若能安份守己，一生則可保平安，為人足智多謀膽識過人，驕傲不遜，易受抨擊，因之缺乏威望，一生也喜好冒險投機取巧，此數為不吉之數。

理想抱負多，也能積極進取，但最後成功的事業往往不是自己原先的願望，一生財祿雖不錯但出手大方喜好排場，易生失敗要好好改進。

○四一數　得分83分：有德有能揚帆得意

為人寬厚，男子之最吉數；為人處事光明正大，肚量寬宏且朋友多，智仁勇兼備，英雄出少年，長上及部屬多為貴人，一生道途平順。有如明月當空，心地善良。為人慈祥，才智膽識都有，向上前進，能成大事大業博得好名利之吉祥數。

女人逢此數，獨立能幹，助先生創業，家庭也能獲得照顧，財運豐；注重工作，也享受不錯生活。

△四二數　得分66分：多藝不精好高鶩遠

雖聰明靈巧，但有一意孤行的傾向，一生想追求超乎現實的願景，但不一定能成功，因此個性適合做研究、開發工作。

一生興趣多，博學而不精，熱心但不易持久，心地善良樂助人，交友廣闊得人助且多才多藝，博得虛名。

唯缺乏恆心毅力，做事不專一，多才少成，中年後恐怕會陷入逆境，為人具有感傷的氣氛，宜培養文藝音樂方面，潛心鑽研必有所成就。

女人有此數，溫柔忍耐力強，凡事精通但因理想過高，對於平淡生活易有怨言，心靈空虛鬱悶，家庭生活不算優等。

╳四三數　得分52分：虛華無實外祥內苦

給人感覺注重生活品味，一生中桃花多，為人責任心重，做事認真積極為人恩怨分明，主觀強，很容易一意孤行，用錢很大方，戀愛機會多，容易為情所困，雖能建立一時愛情，但基礎不夠堅穩；終免功敗垂成。為人稍具才能，巧飾外表，掩藏劣點，如常故弄玄虛，終會露出馬腳，因之失去信譽，宜腳踏實地，實事求是，才能有點成就。

╳四四數　得分48分：事難順遂愁上眉鎖

思想上感覺怪異，為人也超現實的，不擅交際，金錢支配比較無計畫，心中有理想，寧捨棄安逸享樂生活而去追星，以致精神生活不安，有時為人意志消沉，缺乏動力，故諸事不順，多遇失敗以致身體病弱。中年後有發狂之象。

但數理中有隱名之怪傑、偉人、烈士、孝子，或節婦也有出自此數。

是一個愛恨分明，一生獲得少，幫助也少之數理，一生經歷漫長艱苦奮鬥，很難一夜之間成功。

○四五數　得分86分：草木逢春順利安逸

此數溫和大方且人緣佳，很受別人歡迎，看來性格較被動，容易獲得貴人幫助與提拔，因興趣多但耐性差，所以常常是先苦後甘，出身雖不好，但能立定志業善用智慧，有一切操之在我的決心最後終有所成就。但時運差時，有時常遇事不做決定就錯失良機，若與運強者合夥共事，較易施展才華，為人好面子，不計較小事算是不錯之格。

╳四六數　得分45分：艱難坎坷易走旁門

此數為獨立不怕艱苦之數，但此生工作事業不順，常遭變數而功敗垂成，為人意志薄弱，較易逢挫折，也易步入歧途，而身陷牢獄。一生難入順境，家族及六親緣薄，事業失敗等不幸，應以服務心為重方可轉為幸運。

此生須自立更生才能得財，一生中也難得到意外之財，能適應任何環境，當得意時，卻又容易受別人牽累或身體疾病的打擊而必須從頭再起，真是命苦。

○四七數　得分88分：進退得宜大業可成

一生中平順過日，凡事能心想事成，人際關係和諧，偶遇困難，貴人會來協助，在生活過程中常能逢凶化吉，做事總能脫穎而出，凡事剛開始時有拘束不如意，但時機成熟時自能出人頭地，家庭美滿，子孫賢孝之大吉數。

一生交際廣，樂於助人，雖花費大，但財運豐，對部屬寬厚，擅長為人排解糾紛，在外人緣特好。

女人如有此數，出身名門多才藝，少女就有很多人追求，並容易與富貴人家結成親家，生活美滿令人羨慕。

○四八數　得分79分：德智兼備溫和仁厚

此數為容易間接掌握大權，做事能腳踏實地，雖不出名但負重任，為幕後功臣是也，一生專精策劃與協調是一個足智多謀之人，是為軍師之格。但為人性情鎮靜，略近消極，是一個有計畫有策略之人才。最好做謀士、顧問之工作，很適合與果敢勇斷之士合作。

一生貴人多，能受器重、受提拔而得以一展長才，樂於助人外緣好，重享受，用錢大方沒什麼計畫，財雖多，但開銷也頗大。

×四九數　得分48分：無根浮萍天意弄人

此數為一生如浮萍，居無定所多生變動，生活容易陷入苦悶，創業過程總徘徊在不安定中，意識主觀強，恩怨分明，性急缺耐性，做事常常半途而廢，一生很難得到別人幫助。

此數49為友金，忽東忽西，時南時北飄動不定，是為吉凶不定之數。平常如不知開源節流，常為錢苦。

女人有此數，戀愛多阻礙，情路多不順，婚後不太美滿，宜相忍為上。

△五十數　得分56分：先成後敗曇花一現

此數容易在巔峰時突然走下坡，一切好景不常，凡事應退守為吉，持盈保泰，以維持良好局面，一生溫和謙虛待人評價甚高，貴人多助，容易成名，但往往因自滿又一意孤行，而嚐到失敗，幸貴人多助，才能夠東山再起，為人外表上看似有魄力，而內心卻柔弱，易走投機路線，易造成好景不常。

似會有六親緣薄，親人易分離，事業失敗等之象，如以道德為重或能轉為幸運。

女人有此數，事業心強、責任心重，能得上司器重。但易疏忽家庭生活，夫妻關係較欠圓滿。

△五一數　得分66分：浮沉不定難以守成

此數為理想高，能奮力達成願望不畏辛苦，能少年得志享有聲望；對部屬要求甚嚴之數，人生較不擅處理人際關係，如不妥善處理容易陽、陰互剋，物極必反，產生樂極生悲之象。早年就可享天賜福分，無奈於中年後即陷入落魄困苦之境遇。

為人性剛、驕傲，易失人和，請好自為之，一生若能獨立奮鬥就能事業有成，因為人不重享受，把工作當娛樂，能享受工作樂趣陶醉在其中。

○五二數　得分83分：先見之明精幹之才

一生會為理想而勇往直前，為人聰明能幹，但時運不濟、懷才不遇之感，容易功敗垂成，易遭外傷、車禍、疾病上身，能洞察先機，能見機行事，因之易得機會一躍成功，博得名利雙收，有鯉魚一登龍門之象。

中晚年則需小心，因待人很溫厚，常有貴人來助，可惜容易受制於意外事故，有一些事無法如願。

女孩如有此數，家庭圓滿美滿，謙恭有禮，唯身體較差，易受慢性病困擾，宜多運動。

△五三數　得分68分：外強中乾艱辛困苦

此數為早年順利發展，晚運略為衰微之數，易遭受失敗打擊而自暴自棄，雖能東山再起，卻不積極掌握住它。外表雖風光炫耀，其實經濟拮据，可謂是富屋貧人之象。

有此數家人容易不和。人事處理不好，財物容易散盡，容易陷入逆境。

此數大多出生富貴人家，在工作上喜歡指揮別人，早運出類拔萃，養成嬌氣，中年一旦受打擊便不易改變自己習性，自甘墮落，排斥他人的幫助，以致一蹶不振。

×五四數　得分38分：內憂外患障礙重重

此數為理想太高，超越現實之數，因有憤世嫉俗之個性，所以漸漸不容於社會，而只能孤芳自賞有時會為疾病煩惱，精神疲累。有志難伸，是鬱鬱不平之數，凡事多阻礙而難成就大事業，有時易與人不和，或有身受意外變故之不祥數。大凡前運略佳但後運不好。

為人性情冷僻，剛強自持，久而久之就會與社會隔絕，請多想清楚這樣對嗎。

女人有此數，身體可能會變差，常為家運操煩，子孫恐怕難出頭。

△五五數　得分67分：外觀昌隆內隱禍患

此數為外柔內剛之數，一生貴人多助，凡事能按部就班，能實現理想而致成功，然此數五為陽之極，陽極加陽極，不但失去陰陽調合，且物極必反該多接觸雙數即可中和。外觀看似風光得意，內心卻充滿辛酸，不如意之事層出不窮。

若有堅定心志，忍耐努力，後運也許可以漸入佳境。容易為他人之事勞心，一生中耐力強，能由基層做起，而得到長上提拔的機會。

女孩得此數，早年勞苦，中年後能有機會大展鴻圖，享榮華富貴。

×五六數　得分48分：優柔寡斷保守無能

得此數在創業過程中易遭逢多方阻礙，難獲長輩庇蔭，需靠自行發展，白手起家，早運辛苦，行事不順，因而容易遭突來的打擊而失敗，前途黯淡。

個性柔弱耐性稍差，一遇挫折便失去信心，好像缺乏進取之精神，難成就大事業。宜養成堅忍不屈之個性，發奮努力到底才能成功，也因親朋好友助力少，也容易受他人牽累而造成損失。

○五七數　得分87分：不屈不饒時來運轉

早運較差歷經層層磨練，中年後就能得獲財富與地位；待人嚴肅且要求高，部屬容易受不了。一生中不重生活享受，展現堅強意念，故為人有魄力與耐心，能克服艱難環境，爭取成功受人讚賞，因天資聰明積極且外向，克服困境終獲成功，全心全意放在事業發展上一定有一番成就，唯人際互動稍欠和諧。

女人有此數，婚後喜歡經營屬於自己的天地或參與丈夫事業屬幫夫型，不喜歡做單純家庭主婦喔！

△五八數　得分66分：浮沉多端先苦後樂

此數為早年環境多變之數，中年以後才比較容易成功，前半生事業方向較不穩定，歷經數種行業磨練，中年後用心奮發，腳踏實地，終能闖出一席地位，頗有失而復得之象，一生中大致先遇上破財意外之後，因具有不屈不饒之鬥志，得以重建家業，終生安樂之數。

雖然才智高，但博學不專，因待人誠懇，朋友頗多，一生受到朋友幫助很大。女人有此數，桃花較多，異性緣好，容易與富貴人家結親，家庭幸福和樂。

╳五九數　得分44分：猶豫不決半途而廢

為人性急理想高不屈人下，容易與別人發生是非糾紛，造成意外麻煩，為人也不安於現狀，慾望大時，時時在求變化，因急躁，耐心不足之個性所以易遭失敗。

雖多才多藝但為人缺少膽識，遇事遲疑不決，因之無法成就大事業。如遇有困難即裹足不前缺乏進取精神，以致無法成功，身體方面身體較差，容易有外傷，人際關係較差，不易得到別人幫助，若能放下身段，中年以後運勢可望好轉。

╳六十數　得分54分：心迷意亂無勇無謀

具有強烈不服輸心態，一生想追求投機行業，很容易受到意外打擊造成困擾，天生具反抗心，常違背長上不聽規勸，以致黑雲罩月光芒難現，一生中意志不甚堅定，隨興而發，人生毫無計畫，以致無所成就，也易招損失財物。陷入困苦煩悶之境。

個性孤傲與人寡和，容易有自閉傾向，形成事業困境，易遭意外、財損，造成心情空虛也容易有桃花糾紛。

女人有此數，容易堅持己見與家人唱反調，造成家庭氣氛不協調以致感情疏離。

○六一數　得分88分：修德養性奮發向上

此數為勤勞奮發自主獨立之數，待人寬厚，樂於助人，能勇往直前不畏艱苦，能在社會上建立良好事業與財富，坐收名利，富貴榮華之吉運數，無奈為人太過豪邁剛毅以致內外不和，可能有纏訟之事發生，故宜修心養性，宜保持人和，即可享天賦之福。

有時候有利己主義，不擅應酬交際，一生多靠自己，別人助力少，身體健康，不重享受，一生無大災難。

╳六二數　得分46分：欠缺誠信難得貴人

此數為智慧高超反應靈敏之數，個性叛逆，一意孤行，但缺乏領導魄力及手腕，因此往往在理想付諸實現時，易有人事不協調困擾。

屬天地不交，萬物不通，內柔而外剛之格，表裡不一善掩飾，有失信用，易與人不和，運途閉塞困頓。

有時待人寬厚，但耐心卻不足，做事容易半途而廢，易遭小人陷害造成損傷，如果能不擔任實際執行或領導的工作較易成功。

為人好面子，一生盡力求表現卻未能評估自己能力，容易外華內虛，改進改進。

○六三數　得分80分：賢能有德諸事如意

此數為進取向上、理想高，喜歡當頭頭之數，凡事都能逐一達成，功成名就發揮長才，生性外向好動且寬厚樂於助人，交友廣闊，朋友多助，不需勞苦傷神而能諸事如意，此數乃天之所賦也很好很好。

但是有時容易不安於現狀，會有創新的想法，也能求新求變，真是天生老闆人才。

在身體健康方面沒問題，事業成功，子女賢孝是也。

╳六四數　得分44分：剛愎自用半途而廢

本身雖很有才華，但因怠惰過於安逸而頹廢不振，喜歡不勞而獲終致失敗，會有陰暗沈淪之象，大都出身貧窮家庭，或有待其重整家園之運數，如不力圖振作危危可急，奈為人缺乏進取心，一意想改變也欲成就事業，卻無魄力，終生不得志。

心思變化雖靈敏，唯執行力較差，缺乏活動力，為人自尊心強，易受別人誤會，不能忍受輕微挫折打擊，易半途而廢缺乏恆心，身體欠安，無法從事辛苦工作，如能得到貴人牽成，則可平實過一生。

○六五數　得分87分：廣結善緣富貴康壽

此數為事業有成家庭歡樂圓滿之數，思想新穎且多變化，前途光明通達，功成名就受人尊敬，顯貴之吉運數。為人忠厚誠實，待人和藹，具有天賦福分，家門顯貴、福祿、吉祥，為人宅心仁厚，待人寬律，一生長上、貴人多助，親友關係圓滿頗受好評，子女賢孝有成。

女人有此數，婚姻幸福美滿快樂，身體健康財運佳，真是令人羨慕。

╳六六數　得分48分：有志難伸外失助緣

個性固執而理想卻高，一生中不容易獲得別人幫助，自己又缺少魄力及手腕，容易陷入失敗中，凡事力不從心身體較虛，六親緣薄，容易誤信人言或遭小人陷害，勞心勞力真是有志難伸，性格稍頑固，以致內外不和，影響信用，屢受艱難挑戰，終身難有所成。不如安分守己找個固定工作，尚能平安過日這樣才對。

○六七數　得分88分：八面玲瓏自立興家

做事善於變化也善攻於外交，也能察言觀色，具有領導天賦，隨和且大方，注重生活品味但稍愛面子，能獲眾人擁戴，在工作場合容易很早就當上主管或老闆，好運四通八達，有開創新局之氣魄，凡事能如意，終能靠白手起家亦能成功立業。財雖豐但健康稍差，易有內疾外傷的困擾。

女人有此數，個性強，掌握家中經濟大權，喜歡發號司令是為女強人是也。

○六八數　得分80分：聰慧靈敏創造發明

為人聰慧靈敏，個性堅忍固執，意志堅定，能從基層幹起，建立事業，早運比較辛苦，中年運後，會有貴人來助，從此能平步青雲，財富名望水到渠成，為人慷慨大方，深受部屬擁戴，為賢達進展之吉數，為人善察事物，意志堅定，能提振家聲。

尤具發明才能，貢獻社會。一生財運豐碩，無大災，能健康長壽。

╳六九數　得分43分：時運不濟動盪不安

一生意外多，理想高生活苦悶，事業身體多受打擊，終將難有所成就，性急又缺耐性，自視高，人際互動差，常陷自己於孤立無援中，為浮動不安之數，一生不安於現況，事業又多陷於泥沼中，以致失意之餘，身體弱或精神恍惚之象。

運程不佳容易與人有財務糾紛，心力交瘁，容易陷於愁困之中。

女人有此數，一生多意外，婚後多摩擦，容易捲入其他是非糾紛中該多注意。

×七十數　得分45分：紛爭不斷坐困愁城

此數易與親友有糾紛之象或不幸之事牽連，常陷入愁苦不平中，無法面對現實重新振作，為人心急，又好虛榮，對平靜之生活沒興趣，然缺乏忍耐力，大都是會到中途而放棄，屢做屢敗，因之身體較差，雖有助人之心，但往往自顧不暇，而易遭意外損失，如處理不當親友易反目，終身無法擺脫心靈創傷。

△七一數　得分55分：沉於安樂難成事業

外表堅強內心軟弱，一生會為理想勇往直前，容易功成名就，待人誠懇，一生長上朋友多助，天生是享福之數，本可享受榮華富貴，奈因為人缺乏持續力，又無忍耐之心以致無法守成，尤其擁有此數之人常常是杞人憂天，庸人自擾，悶悶不樂，像是不祥之數。

一生喜歡為他人排解紛爭，受眾人愛載，身體強健精力旺盛，容易得到現成基業。

△七二數　得分58分：短暫幸福難以安順

個性柔弱卻又倔強，早年生活安逸享受，猶如溫室之花朵，不堪打擊容易屈服頹廢，頭腦聰明，卻博學不精，為人好面子，會有眼高手低之象，若無貴人提拔不易成功。

此數為風雨欲來之象，財到劫來，福至禍臨，乃為吉凶相隨之運數，因此一起一落到終無所成就。宜多接近權貴，遠離小人，見機行事，也許有所成。身體較弱，容易勞累，也容易精神衰弱該多注意身體。

△七三數　得分68分：志高性善勤能補拙

為人保守型謙讓處事消極，雖有創業頭腦但不一定能成功，一向謙虛向學樂於助人，外緣良好，安享平穩生活，但在工作上喜歡指揮別人而放不下身段。

一生想衝事業但因缺乏進取力氣，徒有大志，以致平平凡凡中度過人生到老，不錯了。也很注重精神修養與嗜好，子女賢孝有出息。

╳七四數　得分45分：入不敷出無能為用

為人膽小且無能又會依賴他人，精神生活不安定，如不學習獨立很難在社會上生存立足，此運屬晚熟型，對長上充滿依賴心，心情陰晴不定，內心空虛，為人既無聰明才智，又乏進取心，凡事無力自行決定，常受制於人而動，故一生難有成功機會，到老恐陷入淒涼地步。如果意志不堅容易半途而廢難達成功境地，很難在社會有所成就。

×七五數　得分48分：急性燥進保守得安

外看似溫柔，但主觀甚強，思想新穎且多變化，口才也很好，容易被評為鋒芒太露，對學術藝術具有天分，是一個博學多能，自視高之人，容易不知不覺中刺傷人，造成自己的孤立。此數屬保守平安數，有勇無謀無計畫之能力，又乏主宰力，以致易受他人利用，若能保守不動，尚可保安，一生財運平平，如花費太大，容易為錢所苦又不屑向人低頭。

×七六數　得分40分：內外失和破敗之象

此數可能會有思想荒誕脫離現實之象，一生挫折多，親友淡薄，一生需靠自己養活自己，本身自視高又缺耐力，做事常會半途而廢，一生中常換工作，勞碌一生，多外傷或法律糾紛，為人無遠大的抱負，又缺乏思慮，以致信譽、地位、事業都無法成功。

△七七數　得分68分：樂極生悲反求諸己

一生勞碌，性急，容易因誤信他人而受騙，幸好一生無大破敗；此數為吉凶抱合之數，由興盛轉為衰敗，性情過於剛強，處事又很隨興，比較不能聽取他人意見，以致易生不和，造成人生的傷害。健康良好財運豐，能吃苦耐勞唯欠圓融，熱心助人卻得不到感激。

女人逢此數，大都為職業婦人，婚後家庭事業兩頭兼顧，卻不以為苦。

△七八數　得分66分：華而不實晚運欠佳

此數為腳踏實地堅忍不屈之數，早運先盛後衰，中年以後容易漸漸失去原有成就，恢復平淡。吉中有凶，為人頗有智能但也固執，在前運時有發展機會，可惜運入中年之後，即陷入不佳境遇。故中年後宜謹慎守己安分，自可無憂。待人不夠圓滿，聰明反被聰明誤，得意時門庭若市，失勢後門可羅雀，晚運健康稍差。

╳七九數　得分45分：傲慢無信欲振乏力

一生中充滿理想，但內心卻消極退縮，缺乏進取之心，擁有此數此生不易有所作為；為人好逸惡勞，若無貴人提攜容易隨波逐流，一生中知攻不知守，一意孤行，有唯利是圖傾向，缺乏信用，以致易生不和，信譽墜落，陷入失敗地步。

為人心善柔弱，與人交往寧願吃虧而不與人爭，稍愛面子，人際關係尚好。

╳八十數　得分53分：運勢漸退吉星遠離

總覺得空虛寂寞，人生在創業過程考驗較多，不善事業經營不能獲利最終將敗。此數有運勢退氣之象，事業失敗，一生容易遭遇困苦、病痛、刑傷，如能及早退守安份受顧於人，尚可保持小康，如理想過高，則會與人交往格格不入，自命清高不凡，容易被社會大眾摒棄，造成精神空虛與不安。

○八一數　得分90分：天官賜福福壽綿延

還本歸元，故數理之靈動與基數一相同，乃大吉祥之數也。

一生平順，自助、人助天助，能從基層做起建立偉大事業。也能克服各種困難轉化命運，廣受尊重。為人寬宏大量，樂於解決別人困難，能獲眾人擁戴，贏得崇高威望與向心力。

女人有此數，會勤於表現各種才能，可能在少女時即有很多追求者，婚後會展現所能，輔助先生事業成功，成為內外兼顧的賢內助。

第九節 天運五行之五格生剋情形

天格與人格之關係

一、天格剋人格：在工作上也難得到長上的提拔，父母管教較嚴格或嘮叨。

二、天格生人格：能得到父母的疼愛與長上的提拔與愛護。地格被傷者則相反。

三、天格與人格比和：與長輩上司能和睦相處，平起平坐，意見很和諧。

四、人格生天格：較孝順父母及尊敬長上，具有服從之心理，天地相剋者，則因配偶之關係而會感到左右為難。

五、人格剋天格：對長上之教誨容易產生反抗心理，主觀意識也較強烈，陰陽剋（如3.8或2.7）在易經數字上是屬同五行則無妨。

1
李07
冰06
高10

天格08（金）
人格13（火）
地格16（土）
11外格（木）

總格23（火）

六、人格部為吉劃數又得天格相生或比和者，比較容易得祖先庇蔭，但無財運配置者則無。

七、人格部為凶劃數，又被天格所生或比和者，父母對子女有溺愛之現象，應注意成長時期的教養及品性。

八、人格部為吉劃數，但剋天格時，能白手起家，但無財運配置或大運被天運剋制時，凡事少成。

九、人格部為凶劃數，反剋天格時，對長上的反抗心理特別強烈，言行表現欠禮貌，常有不平不滿之舉動。

十、人格部為吉劃數，被天格所剋，且為陽剋陽或陰剋陰時，與父母親之意見較不和，大運又被傷，早年可能奔走他鄉。

十一、人格部為凶劃數，又被天格所剋，須靠自力奮鬥，又心情鬱悶常有不平不滿，精神容易操勞，脾氣較古怪。

十二、天格與總格相剋時，容易衝動，理想高，不切實際，有投機心理，有一夜致富的想法，衝勁十足，但耐力不夠，表面似乎有計畫，其實欠周詳考慮，財運佳時，可能會誤打誤撞而得一時成功，但容易判斷錯誤而招失敗。

十三、天格與總格相生時，思想較穩重，也比較腳踏實地，且有相當忍耐性，計畫周詳，是穩紮穩打型。

十四、天格與外格相剋時，意志不堅定，容易受人或事而迷惑，行為較放浪不節儉，愛慕虛榮，很好面子。

十五、天格與外格相生時，意志堅定，行為勤儉不浪費，大都靠努力賺錢，一生中比較不會失敗。

人格與地格之關係

一、地格剋人格：為家庭多勞苦，不易得到親友的幫助，又容易受人拖累破財，太太個性亦較固執。

二、地格生人格：能得配偶及親友的幫助及部屬的敬愛，如大運被傷者則無幫助。

三、人格生地格：較疼愛子女且能照顧家庭，但地格凶或無力者則無，恐有反常現象。

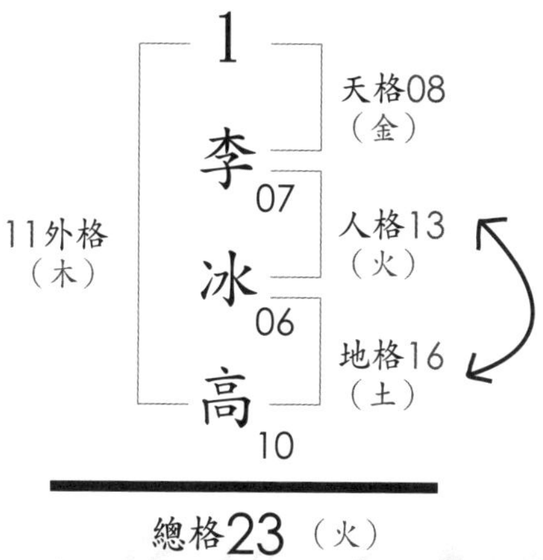

四、地格與人格比和：與夫妻或部屬之間能相互尊敬，向心力強，若被他格或天運五行剋害時，則反凶。

五、人格剋地格：子女身體較弱對部屬要求較嚴厲，有大男人主義之作風。

六、地格為吉劃數且與人格比和或相生：子女運強，家庭亦能和諧，但兩格之陰陽屬同性時則效果不佳。

七、地格為凶劃數且被人格所剋者：家庭易生是非，子女運也易受傷害，並須注意婚姻的危機。

八、地格為凶劃數且剋人格：太太脾氣較強烈，子女個性亦頑固，家庭有很多不安因素且婚姻欠美滿。

九、地格為吉劃數但被人格所剋，子女獨立性高，雖聰明能幹，但與父母意見不和，在家待不住有早年離家打算。

人格與外格之關係

一、外格剋人格：常被朋友拖累，惹來麻煩是非或損財，且吃力不討好。

二、外格生人格：多得朋友及親友之助力，較能樂觀奮鬥，一生金錢能靈活運用。

三、人格生外格：待人寬宏大量，為人吃虧受累，也不會放在心上，同性相生則減弱。

四、外格與人格比和且筆劃為吉者：貴人運強，財運不易受損。

五、人格剋外格：為人較強勢，部屬或朋友不會真心幫助你，且親友間多是非，精神常受無謂困擾。

六、外格為吉且生人格：在外能得朋友的幫忙，受到朋友的擁戴，出外創業多得貴人之助。

七、外格為凶劃數且剋人格：易和別人發生法律糾紛，平白遭受損失，並常受親友拖累惹上麻煩是非。

八、外格為凶劃數，但被吉數之人格所剋：社交運可得轉凶為平安，唯講話不得要領，容易受人誤解。

九、外格與總格相生時，財運不錯或能夠享受物質生活。

十、外格與總格相剋時，財運不佳或物質缺乏。

十一、外格與總格相生時，外格生總格者又被人格生扶，財運更佳。

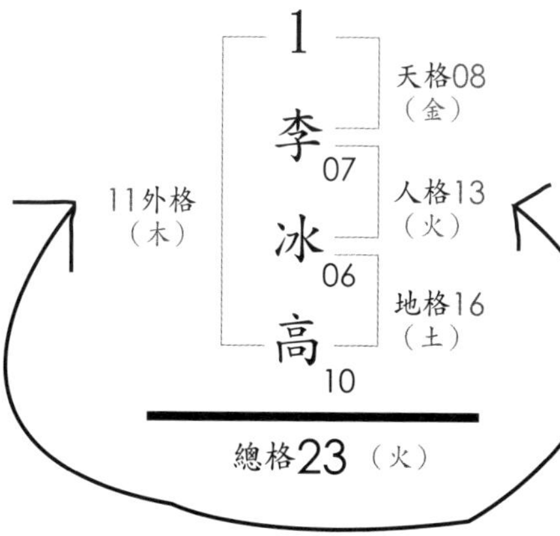

十二、外格、總格相生時，總格生外格者又人格生外格，財運守不住，為瞬間之財。

十三、外格與總格相剋，但被剋者，被人格所生，可保平安。

總格與人格之關係

一、總格凶而人格吉者：能安心克服種種困難，精神生活較安定，若人格被天運所傷，容易造成憤世嫉俗的人生過程。

二、人格剋總格：心性較頑強，造成一意孤行，若總格為凶數，則在創業中遇到挫折較多。

三、總格吉而人格凶：運程外華內虛，精神上較苦悶，對物質生活優劣，心情總不踏實有不安之感。

四、總格與人格比和者：為人坦蕩，表裡一致，信用較佳，創業有人相助能順利發展。

五、總格與人格劃數皆凶者：精神苦悶異常，思想偏激，理想雖高遠，創業卻常碰意外打擊，成功運較差。

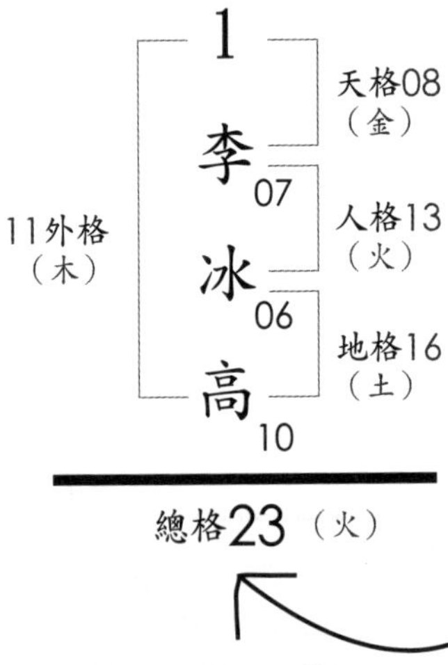

六、總格凶且剋人格者：思想較悲觀，若無財運配置者，常有時不我予，嘆命運不公平。

七、人格凶且生總格者：在精神苦牢中創業（工作中長期鬱悶）。財運配置佳者，仍可成功發展。

八、總格生人格而總格吉者：創業常有得意之收穫，有財運配置者，名利早成。

九、人格生總格且總格吉者：按步就班，腳踏實地，成功機會常跟隨在身邊。

十、總格吉剋人格吉者：奮發向上埋頭苦幹，以恆心及毅力達到功成名就。

十一、人格吉剋總格凶：說話不實在，喜歡投機性之行業，成敗常在一瞬間。

地格與總格之關係

一、總格凶地格凶：家庭意見不和常鬧革命，易生意外災病，子女運亦會減弱。

二、總格吉地格吉：家庭雖偶有爭吵，但處事上較為理智，身體亦無大的病災。

三、總格生地格：家庭氣氛較融洽，子女運亦能加強，對

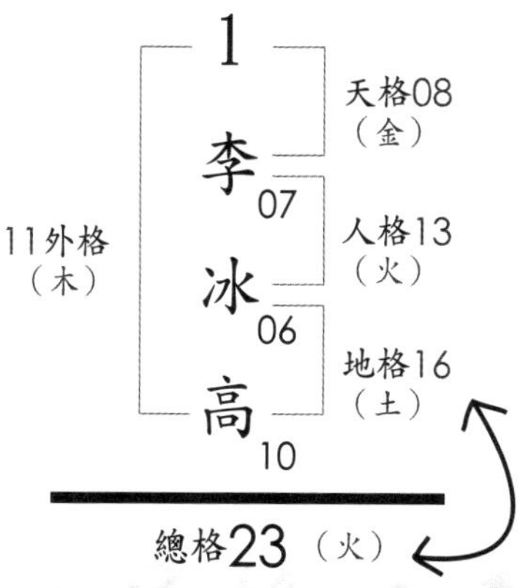

病災的抵抗力較旺盛。

四、總格與地格比和：若皆為吉數，家庭氣氛較融洽，子女運亦能加強，對病災的抵抗力較旺盛。

五、地格剋總格：妻子對生活易生不滿，常找機會發牢騷，常帶來困擾與是非。

六、地格生總格：妻子能同心協力共創家業，並且容易培養愉快的氣氛。

第十節　用天運五行派定富貴格局

介紹十二種富貴格局之分類及變化富貴格局的看法

事業富貴財運是每個人都關心的。近代論命及取名最主要的關鍵，富貴財運的等級可看出職業的高低及事業的貴賤。本姓名學鑑定運程好壞，必須先把富貴財運的旺衰虛實劃分清楚，其次再推算個人的天運五行，對照每格大運的生剋制化，就可知其人歲運及流月、流日的吉凶及事業的成敗，本章先將十二等富貴財運及富貴變化財之公式列圖說明，讀者必須熟記，判斷運程時才能一目了然。

◎第一名富貴格；名字之配置：

外格生總格，外格又被人格所生，或總格生外格，總格又被人格生助，而外格與總格為一陰一陽者。

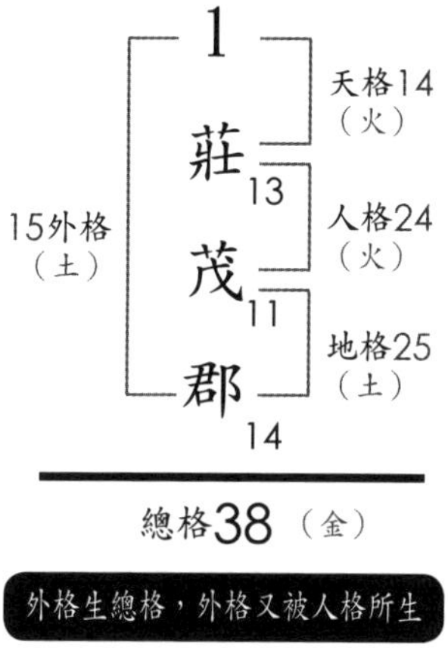

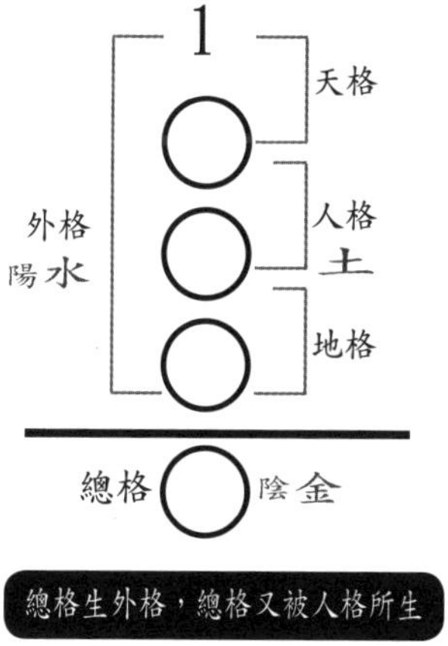

綜合上述之格局配置，您一生職業及事業大致為【大企業家】居多，在大運不佳時，亦可靠貴人指點得財，但成敗常在一瞬間，如大運被天運五行生助者必可大發，恭喜、恭喜。

◎第二名富貴格；名字之配置：

外格生總格，外格又被人格生助，或總格生外格，總格又被人格生助，而外格與總格之五行皆為陽數者。

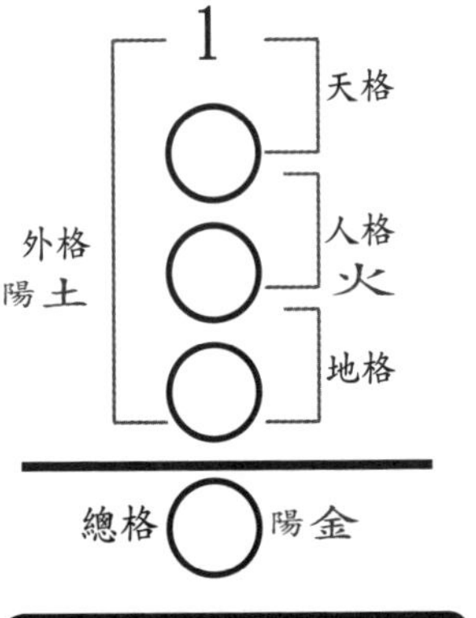

外格生總格，外格又被人格所生

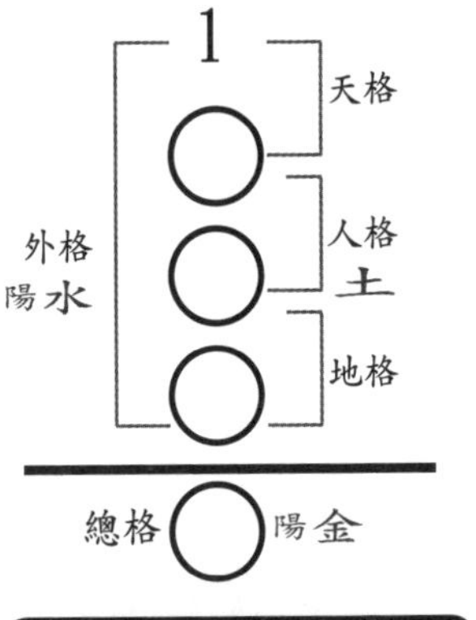

總格生外格，總格又被人格所生

綜合上述之格局配置，您一生職業及事業大致為【大企業家】居多，在大運不佳時，亦可靠貴人指點得財，但成敗常在一瞬間，如大運被天運五行生助者必可大發，恭喜、恭喜。

◎第三名富貴格：；名字之配置：

外格生總格，外格又被人格生扶，或總格生外格，總格又被人格所生，而外格與總格之五行皆為陰數者。

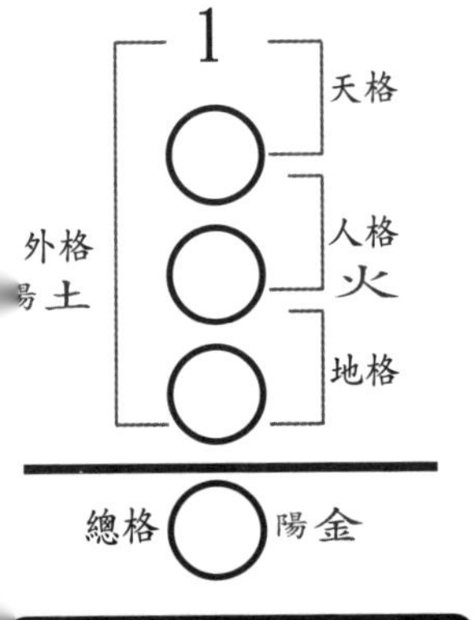

外格生總格，外格又被人格所生

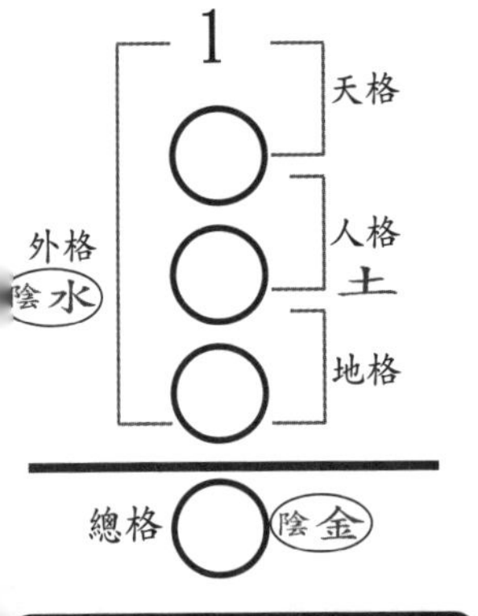

總格生外格，總格又被人格所生

綜合上述之格局配置，您一生職業及事業大致為【大企業家】居多，在大運不佳時，亦可靠貴人指點得財，但成敗常在一瞬間，如大運被天運五行生助者必可大發，恭喜、恭喜。

◎第四名富貴格；名字之配置：

外格生總格或總格生外格，而兩格中有一陰一陽者。

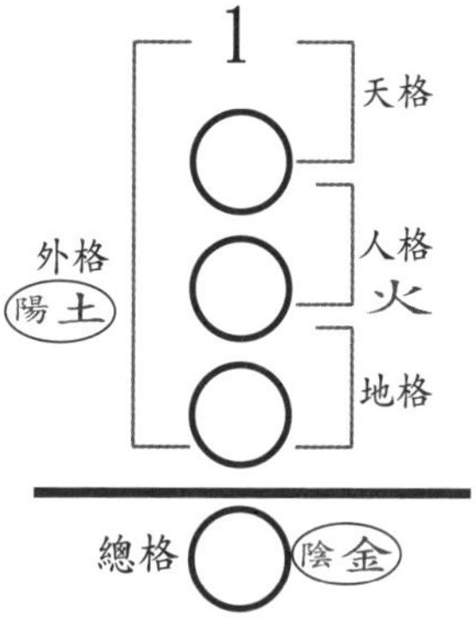

外格生總格

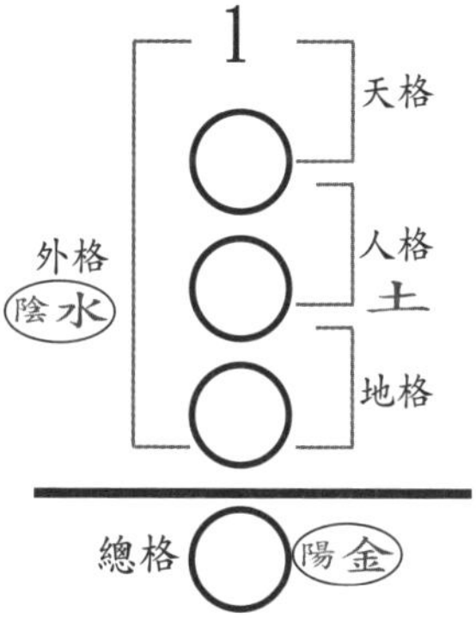

總格生外格

綜合上述之格局配置，您一生職業及事業大致為一般【中、小企業家】或職位較高的主管階級人員。事業體大都為加工產業、服務業或門市生意。

◎第五名富貴格；名字之配置：

外格生總格或總格生外格，而兩格為全陽之五行者。

綜合上述之格局配置，您一生職業及事業大致為一般【中、小企業家】或職位較高的主管階級人員。事業體大都為加工產業、服務業或門市生意。

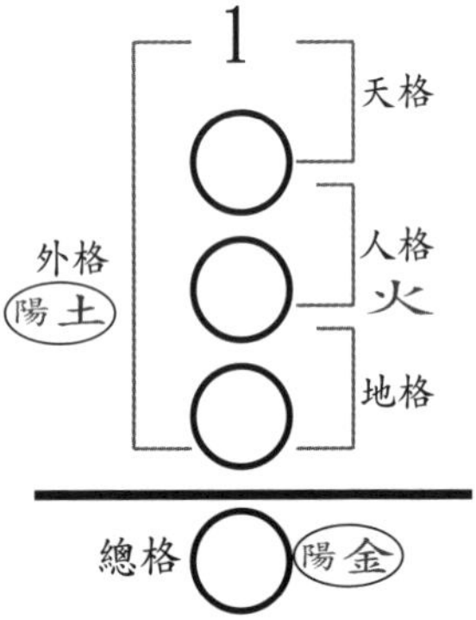

外格生總格

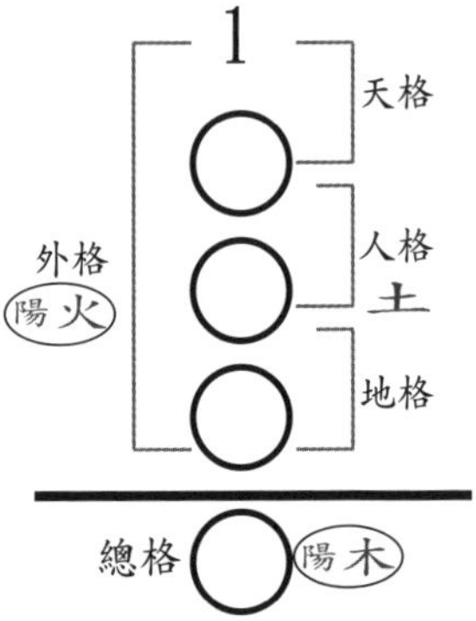

總格生外格

◎第六名富貴格；名字之配置：

外格生總格或總格生外格，而兩格為全陰五行者。

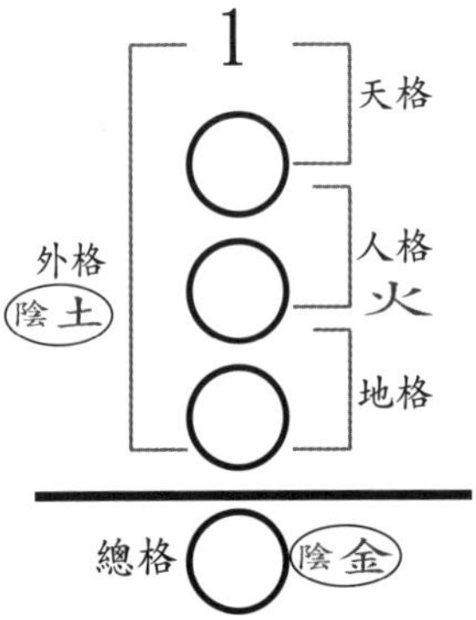

外格生總格

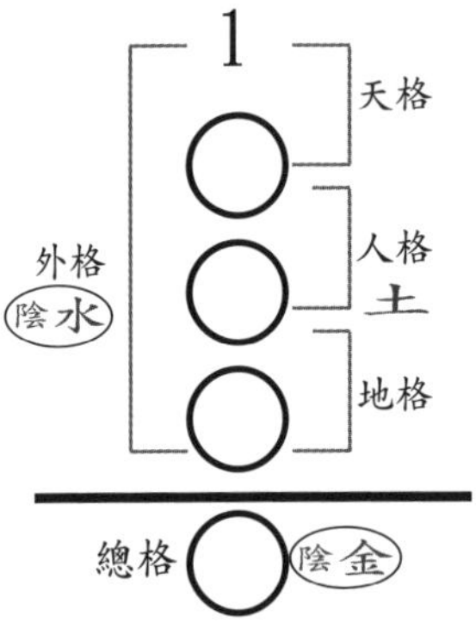

總格生外格

綜合上述之格局配置，您一生職業及事業大致為一般【中、小企業家】或職位較高的主管階級人員。事業體大都為加工產業、服務業或門市生意。

◎第七名富貴格；名字之配置：

外格與總格五行相同，而兩格中為一陰一陽者。

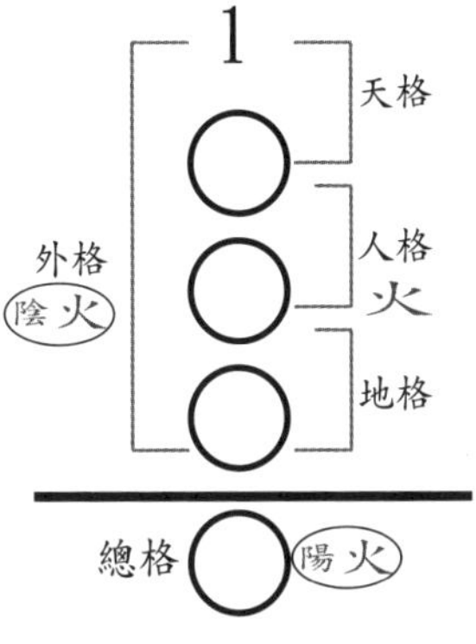

外格與總格同五行

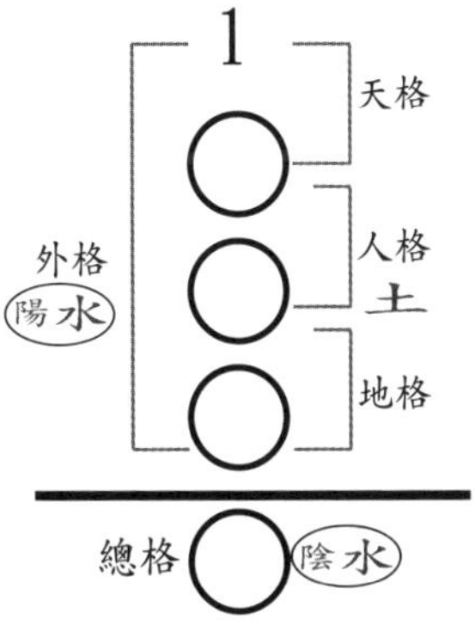

外格與總格同五行

綜合上述之格局配置，您一生職業及事業大致為一般的公職人員或一般【白領】薪水階級。

◎第八名富貴格；名字之配置：

外格與總格五行相同，而兩格之五行為全陽數者。

綜合上述之格局配置，您一生職業及事業大致為一般的公職人員或一般【白領】薪水階級。

◎第九名富貴格；名字之配置：

外格與總格五行相同，而兩格之五行為全陰數者。

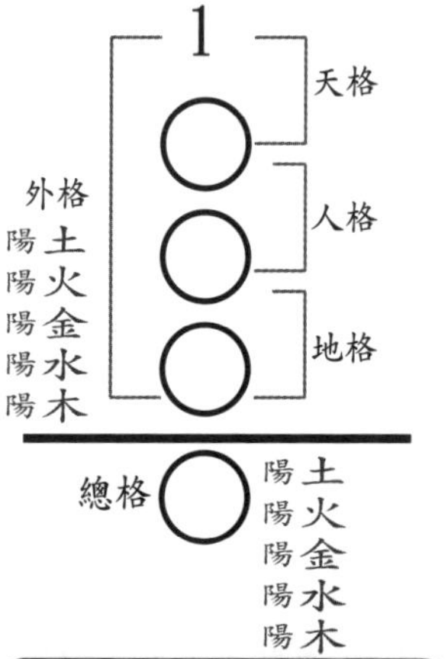

外格與總格同五行

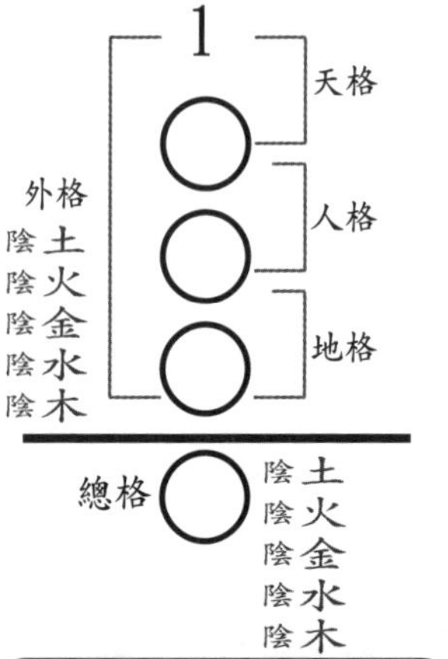

外格與總格同五行

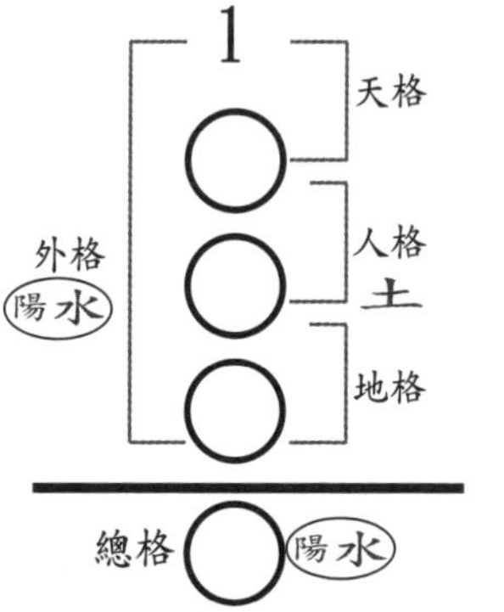

外格與總格同五行

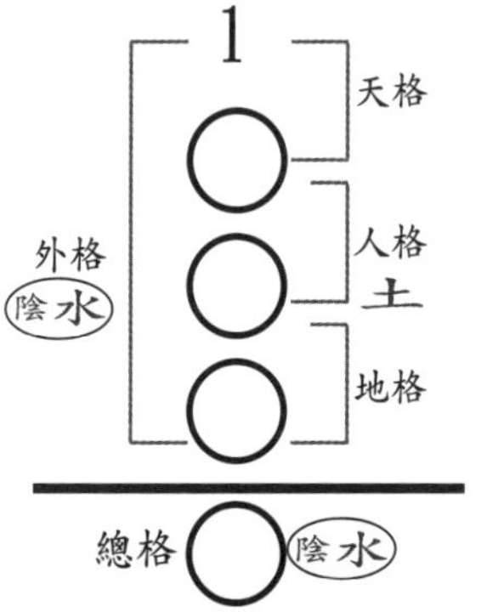

外格與總格同五行

綜合上述之格局配置，您一生職業及事業大致為一般公職人員或一般【白領】薪水階級。

◎第十名富貴格：；名字之配置：

外格剋總格或總格剋外格，而兩格之五行為一陰一陽者。

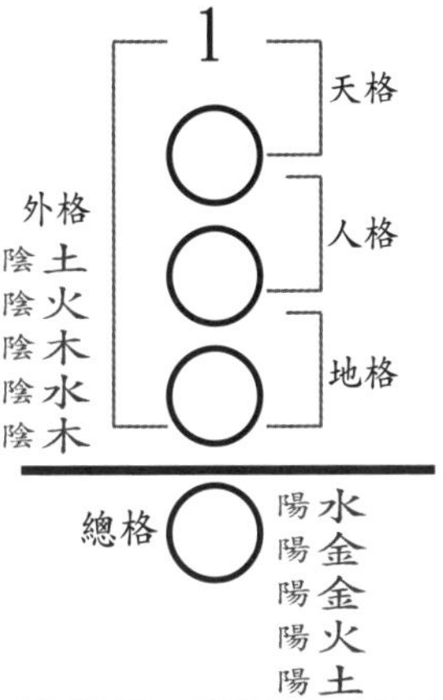

外格剋總格一陰陽

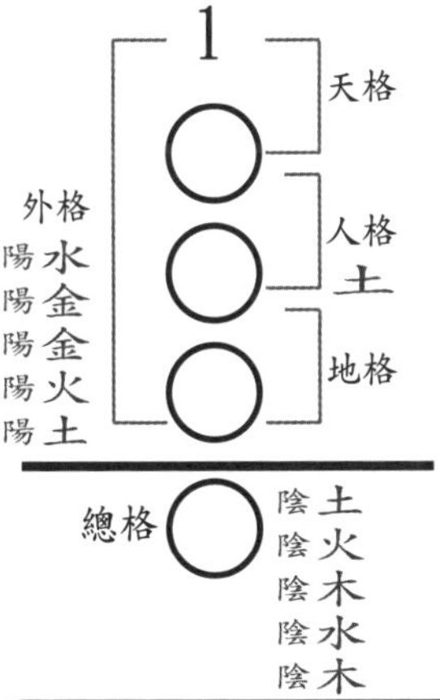

總格剋外格一陰陽

綜合上述之格局配置，您一生職業及事業大致為勞動工人、作業員、流動攤販，若大運被剋洩，容易財源短缺可能會借錢度一生。

◎第十一名富貴格：；名字之配置：

外格剋總格或總格剋外格，而兩格之五行為陽數者。

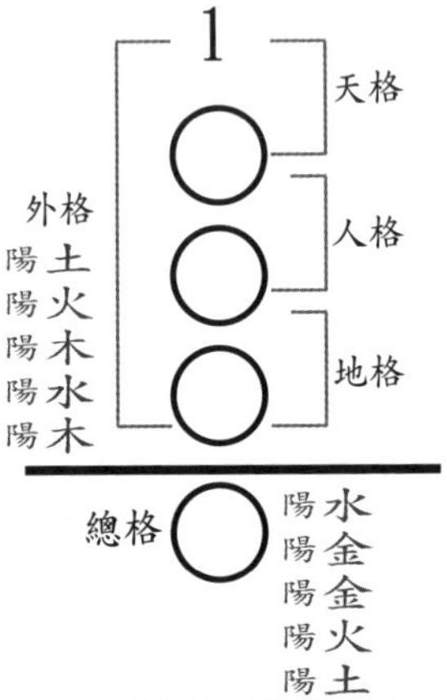

外格剋總格且全陽

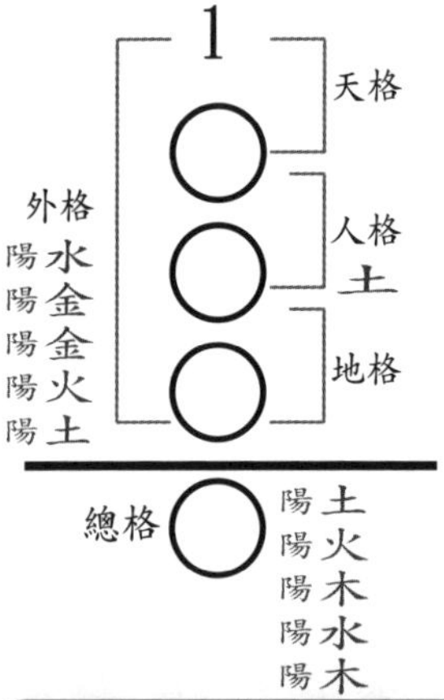

總格剋外格且全陽

綜合上述之格局配置，您一生職業及事業大致為勞動工人、作業員、流動攤販，若大運被剋洩，容易財源短缺可能會借錢度一生。

◎第十二名富貴格：名字之配置：

外格剋總格或總格剋外格，而兩格之五行皆陰數者。

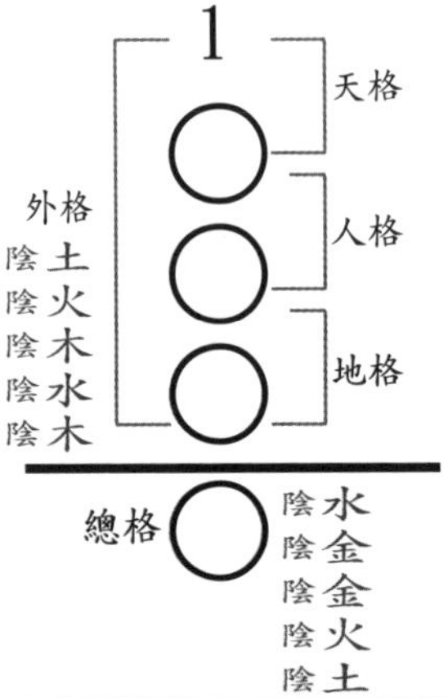

外格剋總格且全陰

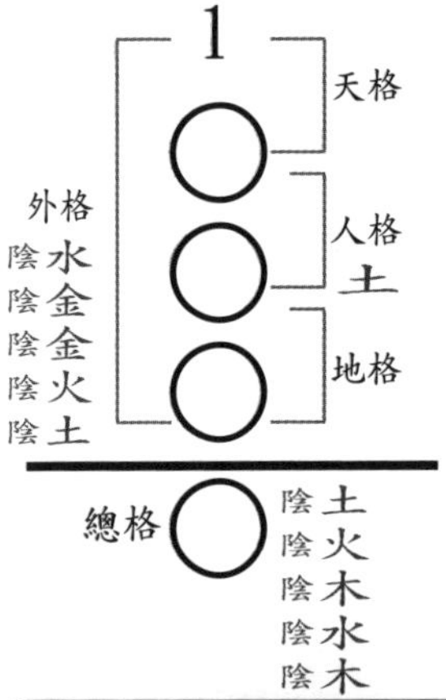

總格剋外格且全陰

綜合上述之格局配置，您一生職業及事業大致為勞動工人、作業員、流動攤販，若大運被剋洩，容易財源短缺可能會借錢度一生。

綜合上述之各種財運配置，職業、事業大致可分為下列幾種類型：

第一名至第三名富貴格↓為【大企業家】居多，在大運不佳時，亦可靠貴人指點得財，但成敗常在一瞬間，如大運被天運五行生助者必可大發。

第四名至第六名富貴格↓為一般【中、小企業家】或職位較高的主管階級人員。事業體大都為加工產業、服務業或門市生意。

第七名至第九名富貴格↓為一般的公職人員或一般【白領】薪水階級。

第十名至第十二名富貴格↓為勞動工人、作業員、流動攤販，若大運被剋洩，容易財源短缺可能會借錢度一生。

第十一節　用天運五行派看變化富貴格局

以下為六種多變化之富貴格局之配置：

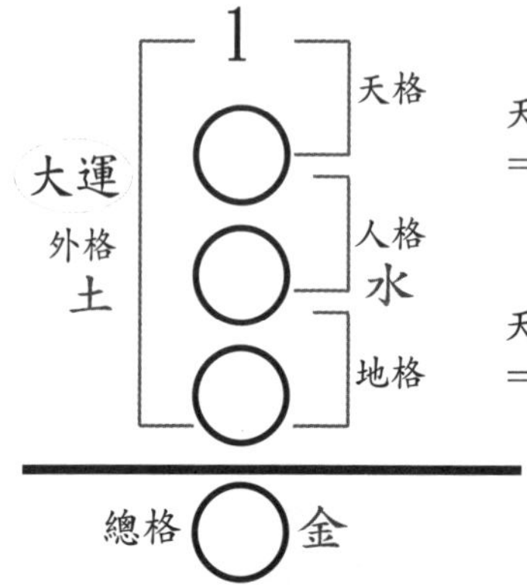

天運為火生大運土
＝生助（吉）

天運為木剋大運土
＝剋洩（凶）

外格生總格生人格

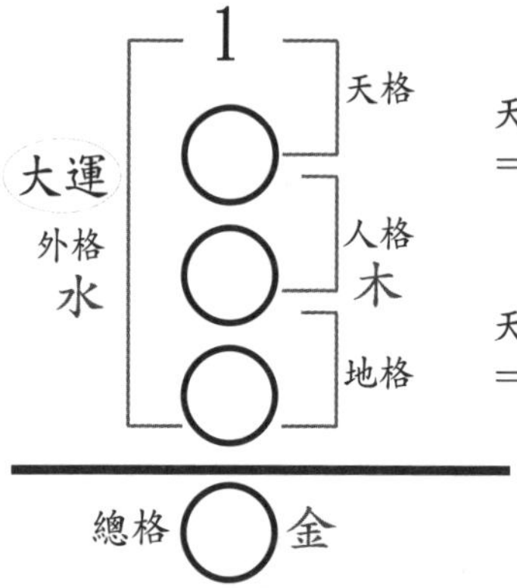

天運為金生大運水
＝生助（吉）

天運為土剋大運水
＝剋洩（凶）

總格生外格生人格

（一）外格生總格，總格又生人格者，此等財運為天賜之財，大運旺時（被天運生助）財利可得，大運衰時（被天運剋洩）財運即轉敗。

（二）總格生外格，外格又生人格者，此等財運亦稱不錯的變化財。

（三）總格雖剋外格，但得人格之轉化，木生火，火生土，此等財運是由弱轉強，可直接升四名。

（四）外格雖剋總格，但得人格之轉化，此等財運與前一項同。

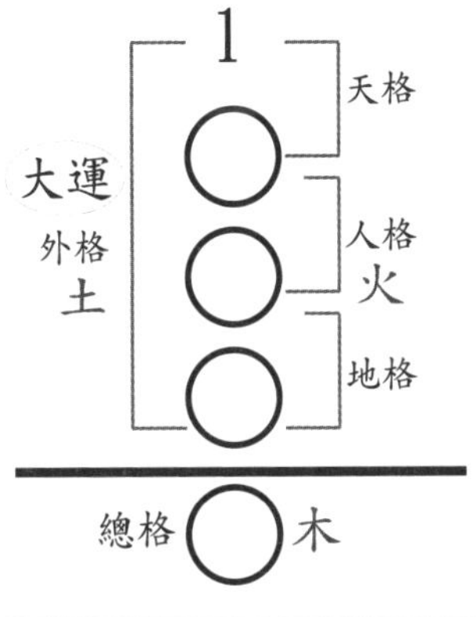

總格生外格生人格

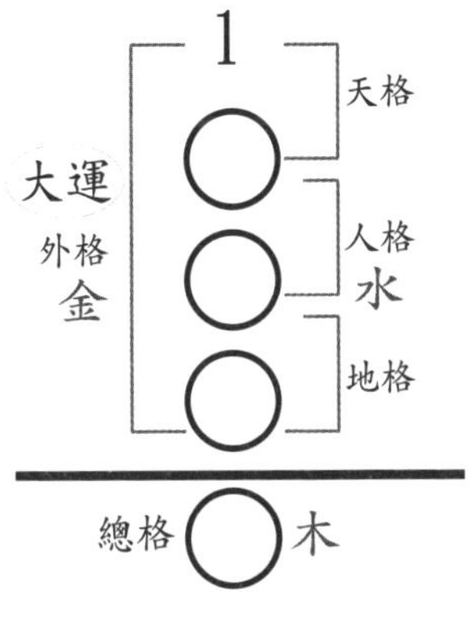

外格生人格生總格

（五）外格雖剋總格，但外格被人格剋制而減其凶意，此等財運可直接升三名。

（六）總格雖剋外格，但總格被人格剋制而減其剋意，此等財運與前一項同。

以上為天運姓名學派固定盤之富貴局，但還必須考慮各種格局大運及天運五行的生剋關係，才能確定富貴局的實強、弱虛，好的亦會減弱，弱的亦會增強，茲將增減公式說明：

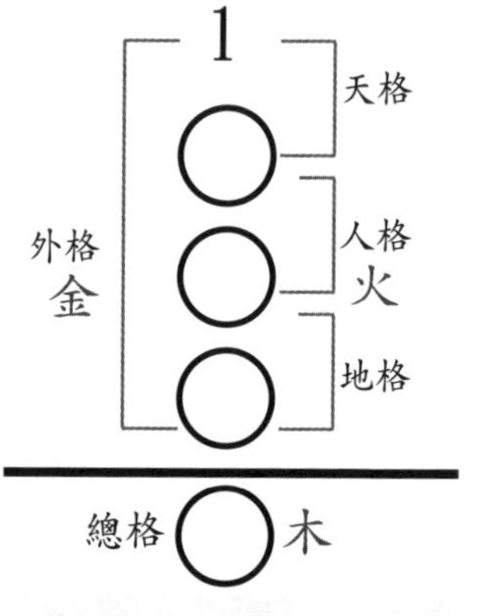

人格剋外格剋總格

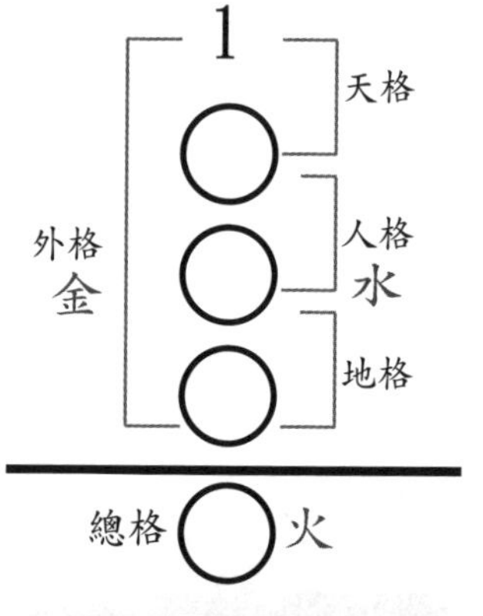

總格剋外格剋人格

一、生我（天運生大運）為陰陰或陽陽相生者，直接升五名。
二、生我（天運生大運）為陰陽相生者，直接升六名。
三、比合我（天運與大運同一五行）為同五行陰陽者，直接升四名。
四、比合我（天運與大運同一五行）為陽陽或陰陰者，直接升三名。
五、我生（大運生天運）為陰陽者，直接扣三名。
六、我剋（大運剋天運）為陰陰或陽陽者，直接扣二名。
七、剋我（天運剋大運）為陰陽者，直接扣五名。
八、我生（大運生天運）為陰陰或陽陽者，直接扣四名。
九、我剋為陰陽者（大運剋天運），直接升二名。
十、剋我（天運剋大運）為陰陰或陽陽者，直接扣六名。

第十二節　用天運五行派看富貴格局實例

茲舉實例說明：莊茂郡民國四十七年生（天運五行屬木）

1
莊 13
茂 11
郡 14

天格14（火）
人格24（火）
地格25（土）
15外格（土）

總格38（金）

第一名富貴格

1
○
○
○

天格
人格 土
地格
外格 陽金

總格 ○ 陰水

以出生年的生辰天命五行求算法：

年（個）位數 ＼ 年（十）位數	0、3、6、9、12	1、4、7、10、13	2、5、8、11、14
1、2	木	水	金
3、4	水	金	火
5、6	土	火	水
7、8	火	木	土
9	木	土	金
0	金	木	土

三才「天格火、人格火、地格土」，火火土燥（火多土燥），內部有分離作用，又早年行運地格（1—24歲）之陽土，被天運之木剋害，所以早運辛苦不佳。

此名屬第一名富貴格，二十五歲至三十六歲大運走人格之陰火，受天運陽木所生扶，必可白手起家，事業能迅速發展，財源滾滾而來，但須注意陽金之年（如103甲午年），若不知防守，將會遭受很大的損財運（財運愈旺損財愈多），104乙未年屬陰金之年，陰金剋天運之陽木，陰陽剋運勢稍可緩和，但運程仍有阻擾操勞不安。因此大運之旺衰仍需配合歲運五行來加以判斷。

(1)

莊 13
茂 11
郡 14

14 天格 火
長輩、思想、父母
女性丈夫、希望、
女性婚姻觀念
（後天流年主1～12歲）

24 人格 火
主自我內在個性
性格、人生命運中心
六親關係
（後天流年主25～36歲）

25 地格 土
家庭、妻子、部屬
子女、幼運
男性婚姻觀念
（後天流年主13～24歲，61～84歲）

土
15 外格
外緣、社交
意志力、成功運
（後天流年主37～48歲）

總格 38 金
人生行為表現及後天環境之考驗
財運、耐心、情緒精神病痛健康
（後天流年主49～60歲）

生辰天命五行求算法：

年（十）位數＼年（個）位數	1、2	3、4	5、6	7、8	9	0
12、9、6、3、0	木	水	土	火	木	金
13、10、7、4、1	水	金	火	木	土	木
14、11、8、5、2	金	火	水	土	金	土

三十七至四十八歲行運於外格之陽土大運，受天運五行陽木剋害，事業必定陷入困境，若年運又剋天運或大運（天運佔七成大運佔三成），事業即有終止之兆，而且會有負債累累之不幸，因財運愈旺成敗愈明顯。

四十九歲後行運至總格之陰金，反剋天運五行之陽木，為提升二名之大運期，加強奮發可得財置產，但發展性屬平平，應適可而止，免年運傷害時晚景又陷入操勞不安的運程。

此名若能將【外格及總格】調整受【天運五行】生扶或比助，一生必屬富貴之良運。

大運旺又得好的年運，且財運配置佳時，此年必可大發，無財運配置則只能平順中求發展，薪水生活則能升遷，但財利收入是有限的。

第十三節　天運與大運及年運之間的相互關係

姓名之大運最大 ↓ 天運 ↓ 年運

例一：天運生大運生年運

大運屬土，受天運火來生扶為旺相，年運屬木，來生天運之火亦旺，年運之木雖剋大運之土，所以須扣些許分數，但不傷大雅此年仍為吉運之年。

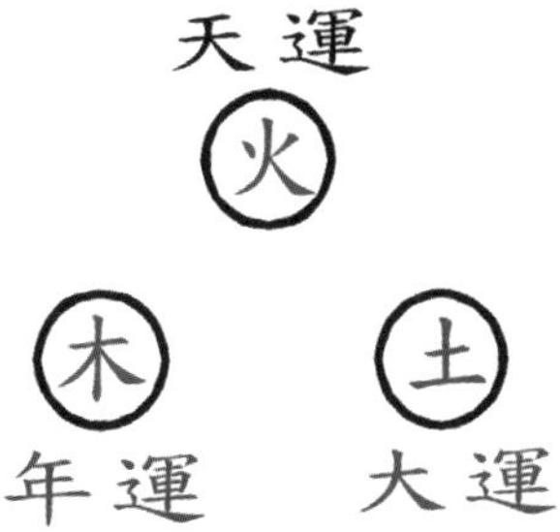

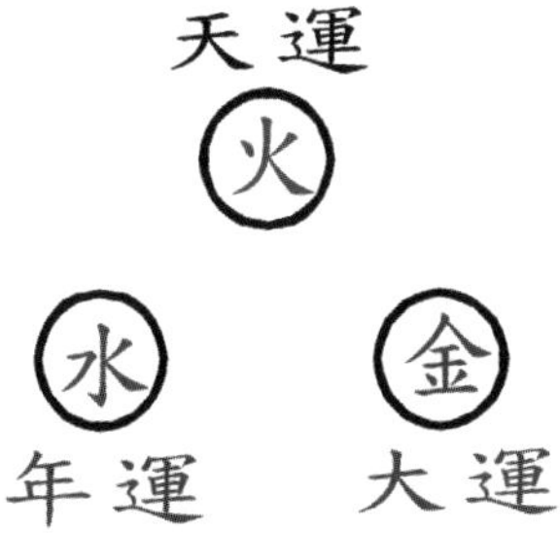

例二：天運剋大運生年運

大運之金被天運的火所剋，大運衰弱無力，年運的水又剋天運之火，此年是逢凶年，又大運五行金又來生年運之水為洩本氣，又是衰運，其人此年必有意外災病或失敗。

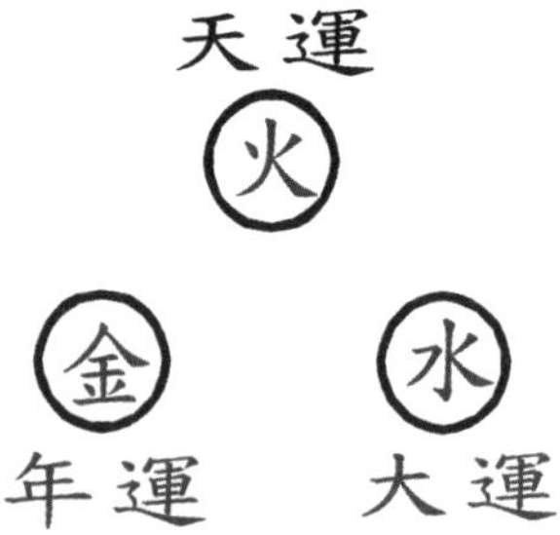

例三：年運生大運剋天運

大運之水反剋天運之火，運程平平，屬勞碌得財之大運期，幸逢年運生大運，此年勞碌中必可得財，財運配置佳時仍可成功發展。

例四：大運生天運生年運

大運之木反生天運之火為洩，天運之火又反生年運之土仍為洩，洩為失氣也，此種大運及年運皆屬衰運，有財來財去終成空之遺憾，甚至於損財、負債等不幸之年。

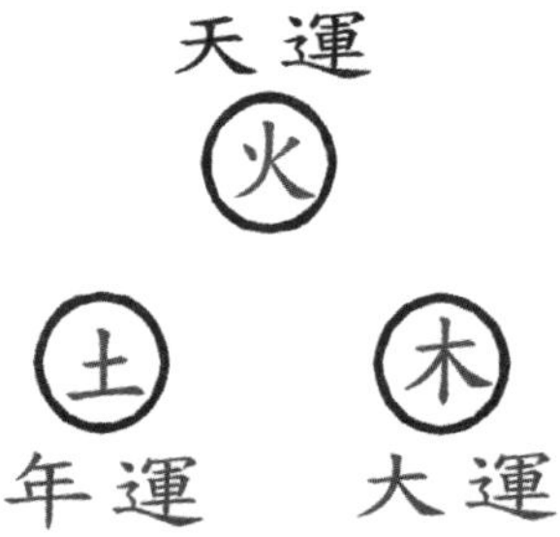

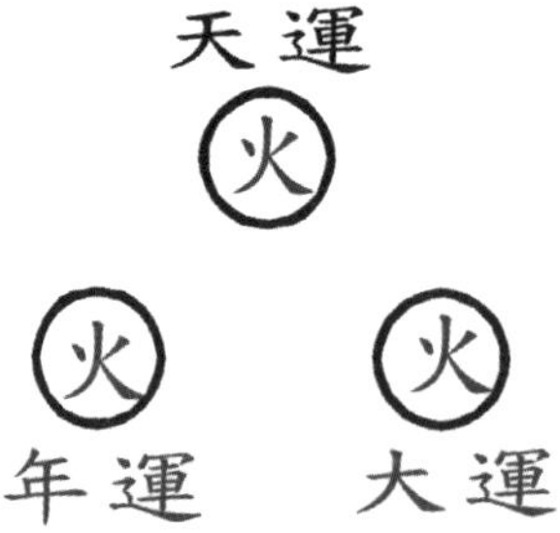

例五：天運合大運合年運

大運、天運、年運三者皆屬火，為同性相輔之年，此年仍為好運之年，若天運屬陰火，大運、年運屬陽火，或天運屬陽火，大運、年運屬陰火，為陰陽調合更佳。

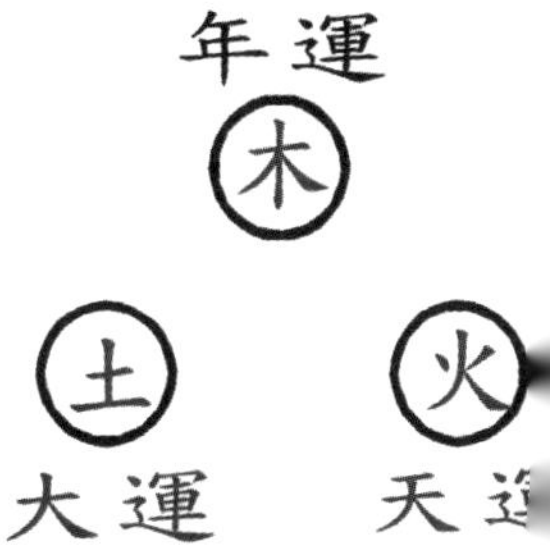

例六：年運生天運生大運

天運火生助大運土，又逢年運木生助天運火，年運雖有剋制大運之現象，亦能得相當發展之運程，而且木剋土又有天運之火來轉化，應判斷為好運之年。

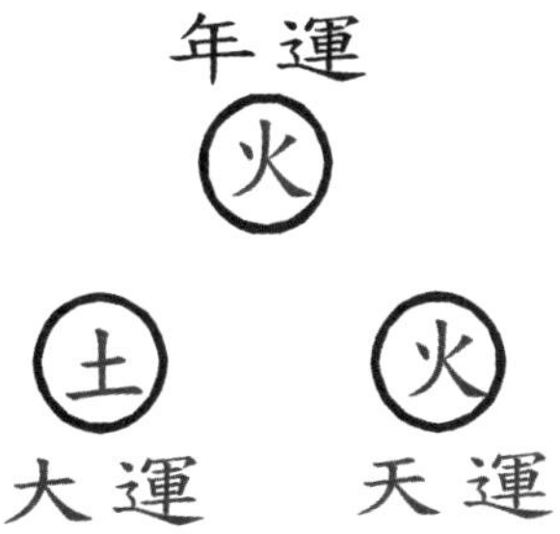

例七：年運及天運生大運

天運火生助大運土，又逢年運火比助天運火，生助大運，為好運之年，創業、投資皆可順利，但投資事業亦須判斷合夥人的財運、大運、年運等運程的盛衰。

例八：年運剋天運生大運

天運火雖生助大運土，但逢年運水來剋制天運火，大運土反剋年運水，該年必有是非或損財，或事業遭逢意外的打擊。

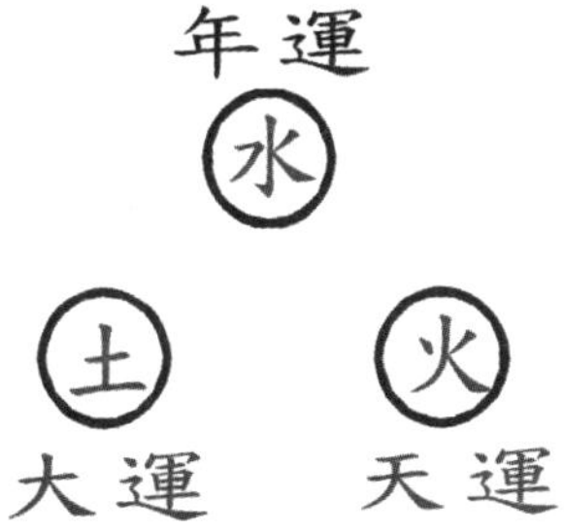

例九：天運生大運比合年運

天運木反生年運火為洩，但又生助大運為助，大運與年運比助，此等年運雖有發展之氣勢，但卻有不能聚財之憾，應注意錯誤判斷及投資的後果。

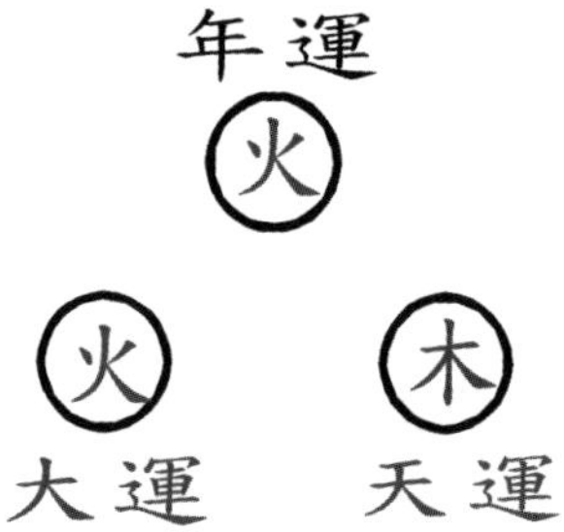

例十：天運剋大運剋年運

天運木剋制大運土，幸逢年運來生助天運，不安之大運期，得到避風之年，但仍不可大意，凡事應謹慎行事，此年或許可得些許的發展。

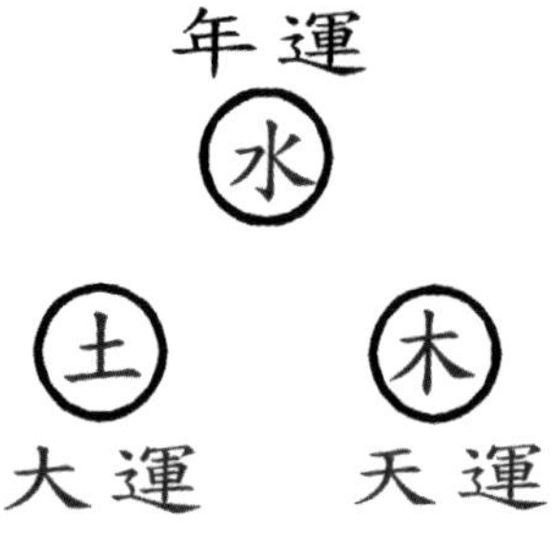

例十一：年運及天運剋大運

天運水、年運水皆來剋制大運火，比前者更為不安，發展運甚為虛弱，然先天氣並未受傷，謀生行業可行之，投資創業應避免。

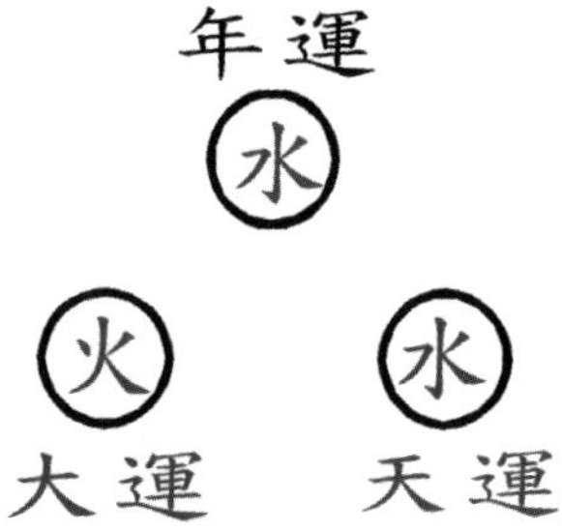

例十二：天運剋大運生年運

天運水剋大運火，年運土又剋天運水，真是多災多難之年，此年應注意事業失敗、意外災病、家庭風波等不幸，是所有格局中最差的配置。

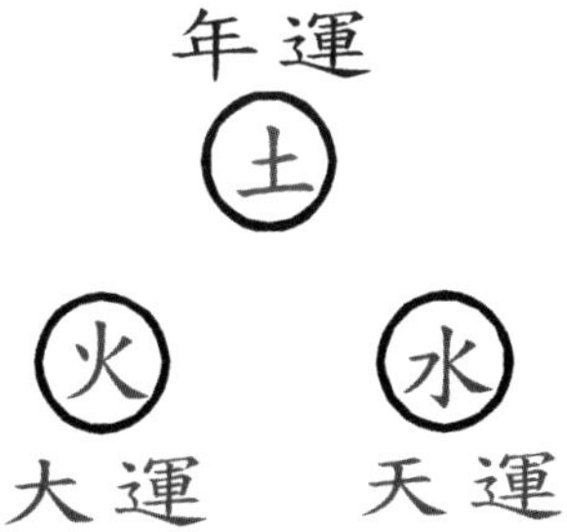

例十三：天運剋大運及年運

大運火被天運水剋制，天運水又反剋年運火，此年有職業會變動警示，創業又陷於勞而無功、精神苦悶而產生憤世嫉俗的人生運程。

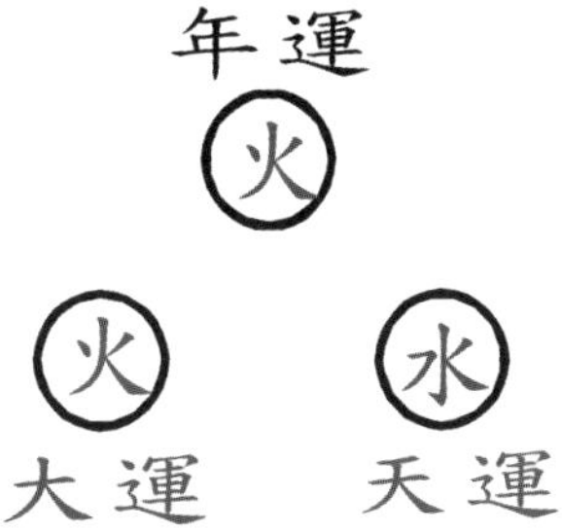

例十四：天運剋大運生年運

天運水剋制大運火，又反生年運木，一剋一洩運程甚衰，此年必為錢財奔波不安，易陷入負債累累之運程。如一般薪水階級或農家生活稍可減憂。

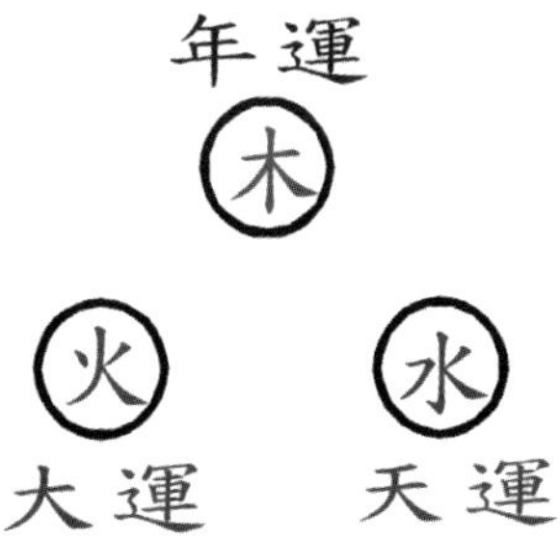

以上只列舉數種表格供學者參考，希望您能舉一反三，將前後之課程融會貫通，並多印證親友之姓名，才能增進判斷力之精確度。

天運五行派姓名學大運吉凶分類表：

◎天運生大運—此種格局稱大吉

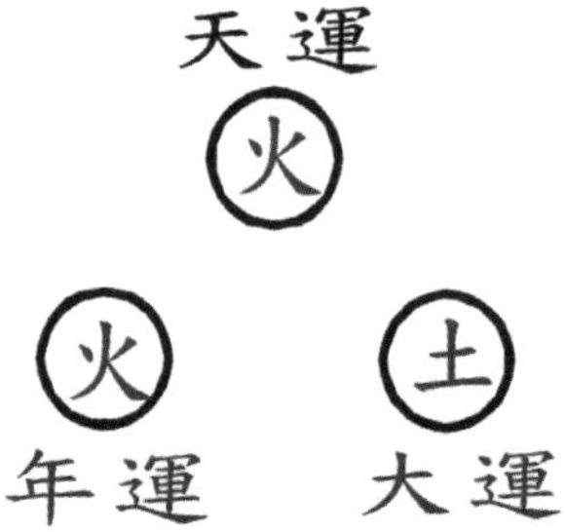

◎天運與大運同—此種格局稱中吉

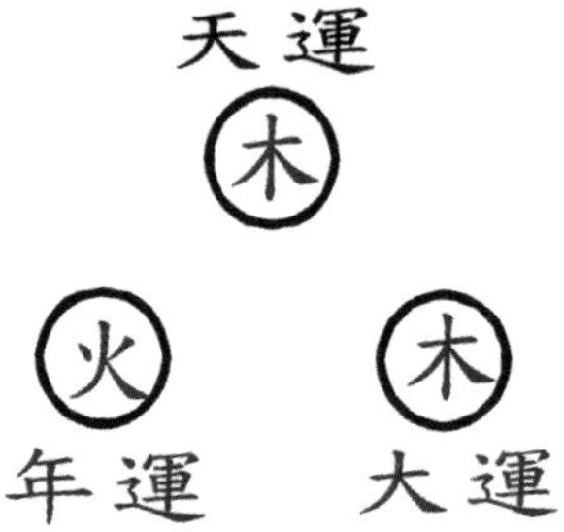

◎大運剋天運—此種格局稱小吉

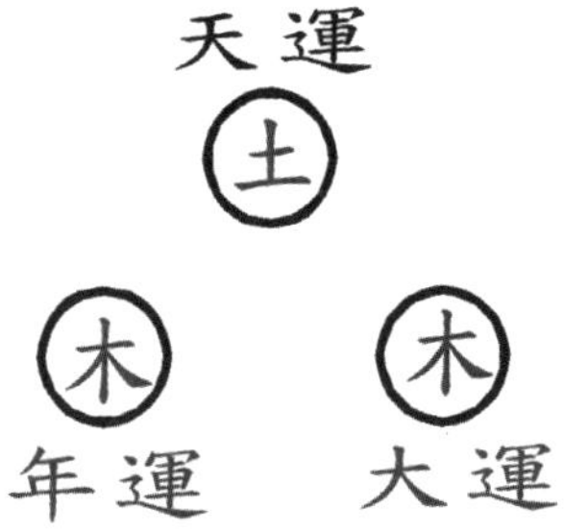

◎天運剋大運—此種格局稱大凶

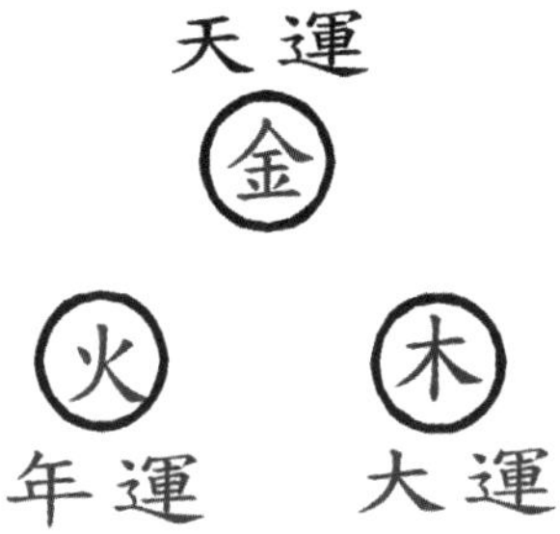

◎大運生天運—此種格局稱小凶

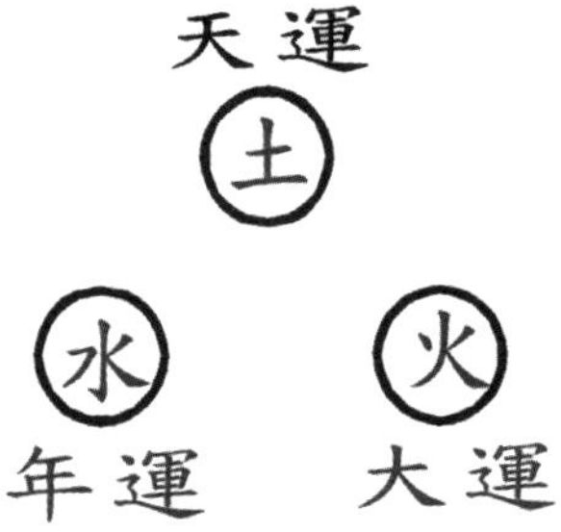

第十四節　各種命格富、貴、貧、賤、勞碌命或清閒命

舉例說明

◎太太是富貴命或勞碌命或清閒命以及對家境有無助力之看法：

1、凡總格來剋地格；為陰剋陰或陽剋陽者，太太過的生活屬於勞碌型，物質生活亦比較缺乏。（陰陽相剋，以不凶論）。

2、凡地格來剋總格；為陰剋陰或陽剋陽者，皆有因妻失財之情形，也就是說會因太太之因素而使家庭經濟陷入困境。（陰陽剋不論凶）。

3、凡總格生地格；為陰陽相生者，太太生活比較清閒或工作性質很輕鬆，若地格為凶數則減半。

4、凡地格生總格；為陰陽生者，太太對家中經濟有幫助，但地格與人格互剋則減半。

5、其餘陰生陰或陽生陽，若陰陰同五行或陽陽同五行者，則幫助力比較少。

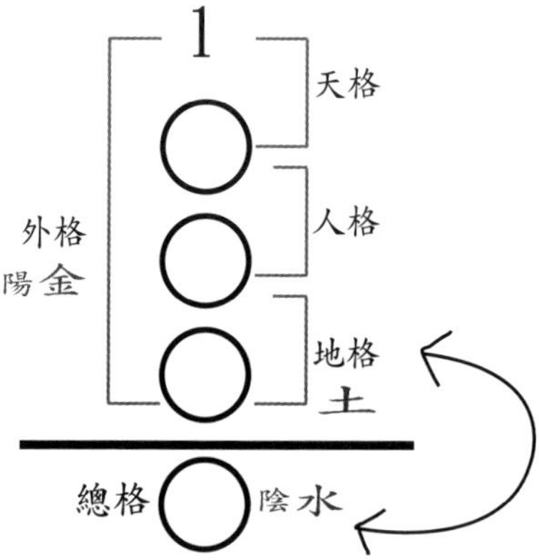

舉例說明

◎容易衝動或意氣用事，而壞了大事者之姓名：

凡天格與外格互剋，且為陰剋陰或者陽剋陽，同時天格與總格互剋，且為陰剋陰或陽剋陽者，脾氣很難控制，常有一怒不可收拾之缺點。

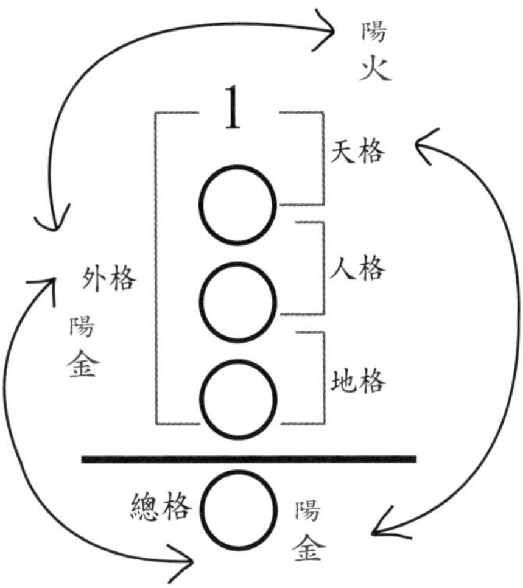

舉例說明

◎身體上疾病之看法：

木被剋洩太過（金、火過多）為肝、膽及四肢之毛病，火為血液循環，土為胃、脾，金為呼吸系統及肺部、大腸，水為腎臟及泌尿系統。

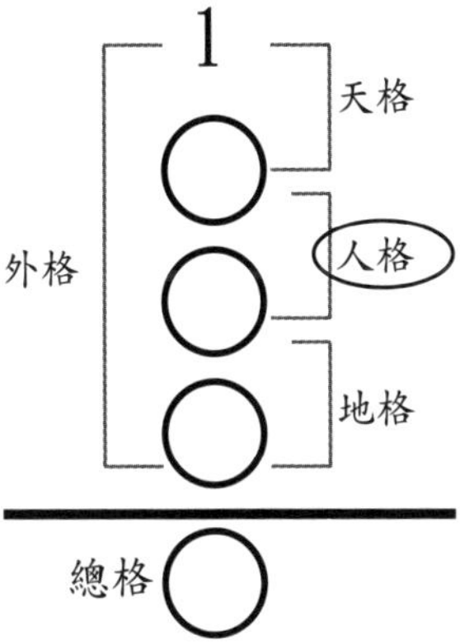

以人格為中心
被它格較多之
五行來剋就會
有上述之毛病

舉例說明

女人外格有十劃、二十劃，同時地格被人格或天運五行剋害者，大都有流產、早產或開刀生產，嚴重者子女長大亦容易有夭折之慮。

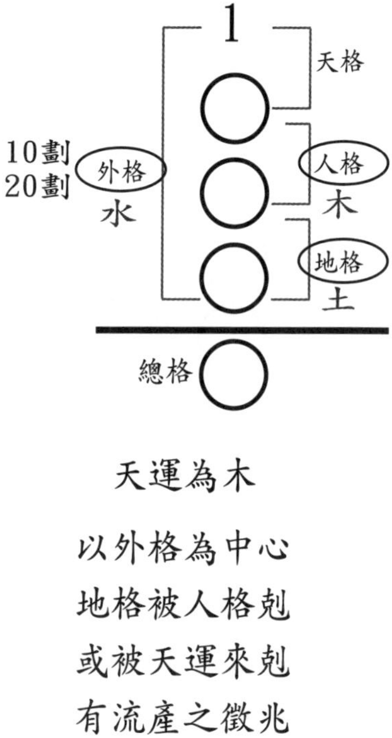

舉例說明

◎也可以用三才論疾病：

天格為脖子以上包括頭部、腦部、太陽穴之毛病。

天格被人格同性相剋（陽剋陽、陰剋陰）之人，會有頭暈、頭痛之疾。

人格為中部（五臟六腑），有肺部、心臟、胃脾、肝膽、大腸、小腸等器官，須配合人格之五行屬性及被剋、洩的嚴重性而判斷之。

地格為肚臍以下的泌尿系統及腳的毛病，陽剋陽主外傷、開刀，陰剋陰主內疾及長期病痛。

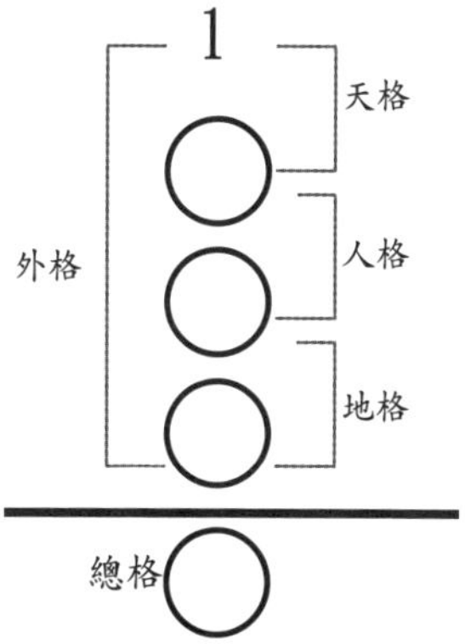

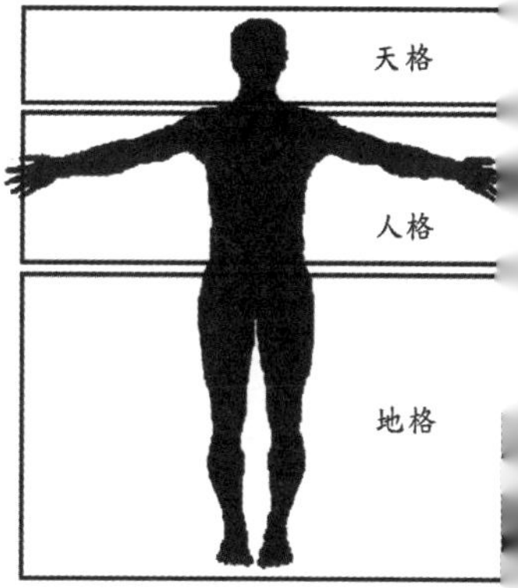

無論男女，在大運被天運五行剋害的期間內，且為陽剋陽、陰剋陰時，精神都很容易疲勞，而且個性傾於孤癖，很不信任別人，凡事只能自嘆自怨。

舉例說明

◎為人是慷慨或吝嗇的看法：

1、慷慨之人：在第八名富貴格之前，但天格與外格互剋，為陰剋陰或陽剋陽者，花錢較海派，投資也欠缺考慮比較隨性，因而時常破財。

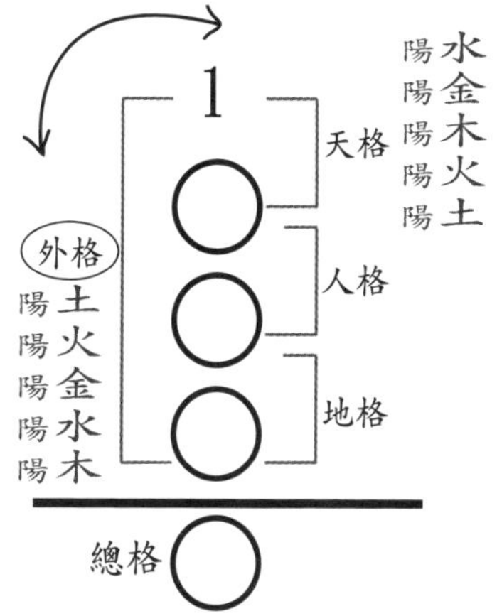

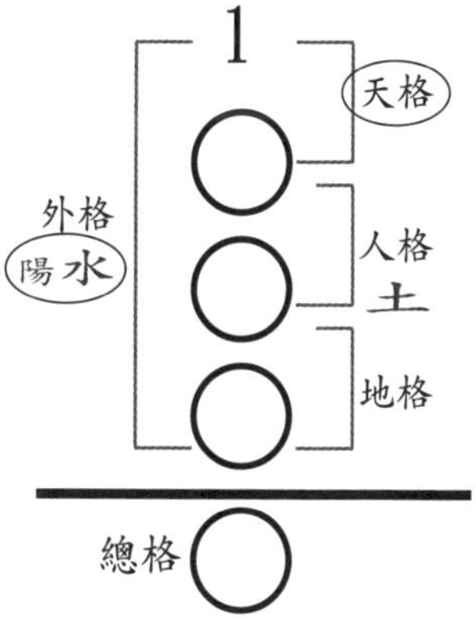

2、吝嗇之人：在第九名富貴格之後，而天格與外格為陰陽相生者，為人花錢很節儉，做人做事考慮再三，一生事業或職業穩定性較高，這種人多少都會有不動產，但大運被剋洩者，只能勤儉度一生。

舉例說明

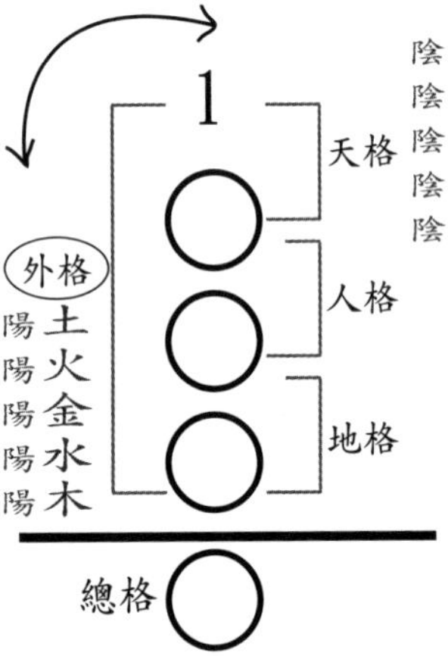

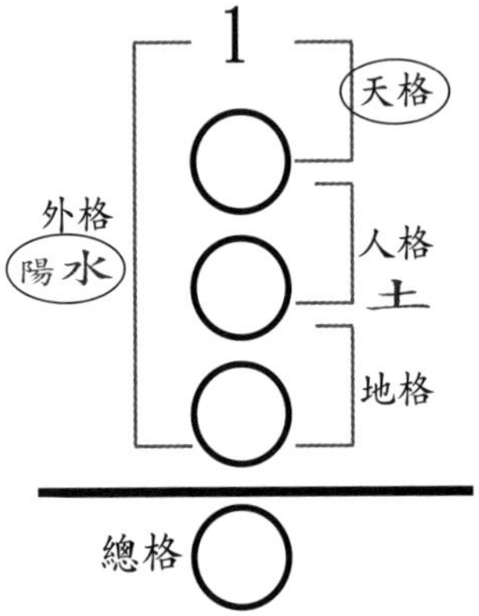

◎早婚與晚婚的看法：

1、比較會早婚之人：地格為陽金或陽火及限於二十九劃之陽水。陽土、陽木次之，其中為陽金者，大都為戀愛結婚，但地格受他格或天運五行剋害者則反。

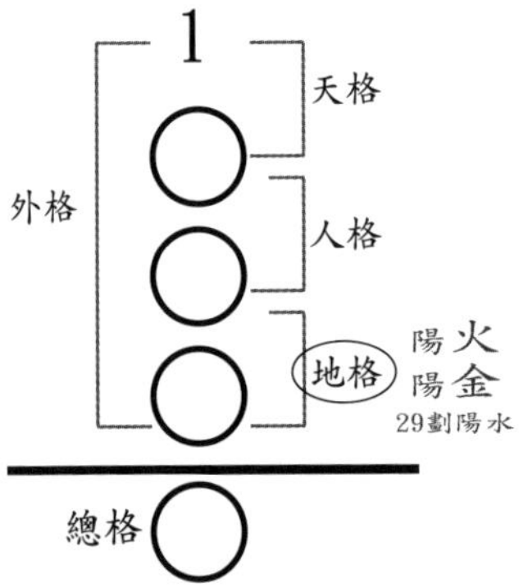

2、比較會晚婚之人：地格為陰的五行，且被他格或天運五行剋害者，大都有晚婚之徵兆，其中最嚴重的是地格十劃及二十劃之人，地格十六劃及二十四劃則無上述現象，又地格受天運五行生助者，亦會提早結婚。

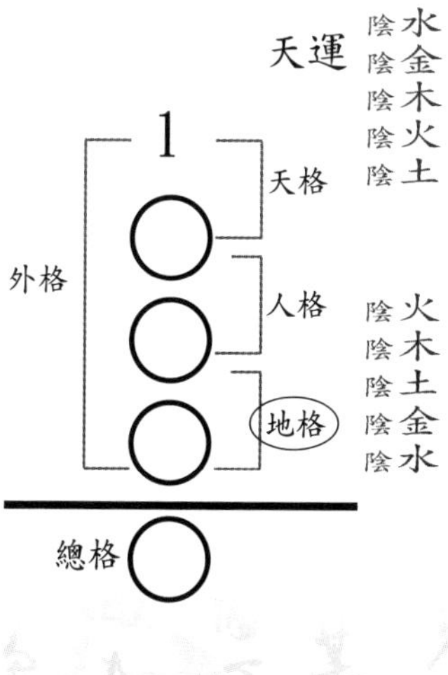

女名第二個字不可取五劃及七劃之字

1、女名姓的下一個字如果取五劃、十五劃者，人格必定被天格同性相剋（陰剋陰或陽剋陽），因此其人丈夫的個性會很固執或較為霸道，同時天格與外格及天格與總格又同性相剋，或者大運五行被天運五行剋害時，婚姻會產生危機。

2、女名姓的下一個字如果是取用七劃、字七劃者，人格必定剋天格，且為同性相剋，此人個性必有凌夫之意，大都目無夫君（人格部十五、十六劃較輕），若天格與外格及總格與天格又是同性相剋，或者大運不幸被天運剋害時，亦必有離婚之兆，除非先生的個性很溫和。

桃花運的看法

1、五格之中（天格除外），其他四格有兩格以上屬陽火或陰土者為小桃花，三格以上有陽火、陰土者為大桃花，男女都容易有外遇。

2、外格及地格同時生助人格，且都是陰陽相生者，男人亦容易有婚外情。

3、男女總格有四十三劃之人，婚前婚後都有桃花運。地格被天運五行剋害者則無。

4、女人總格有三十劃之人，再參考前面第一項之陽火、陰土之多寡，亦可加強桃花運之判斷。

總而言之，筆劃吉凶只會影響一個人的些許個性及社交能力好壞，與財運事業無關，萬一，五格有相剋時，陰陽相剋謂之剋合，亦為吉相，取名應以大局為重，不必太迷信於三才五格能救人之說。

如果有人中年前後才改名時，二十五歲至三十六歲前須注意人格、外格、總格受天運生助或比助，三十七歲後特別重視外格及總格受天運生助及財運等級佳即可。

婚姻不好之人，須注重其婚姻格（男女有別）陰陽相生且意志線不可被剋害為要點。

姓名人格大凶數分析

命名、改名時，人格部位不可取用15、25、35劃之數字，因為此種數字是有違自然界之循環規律與法則及河圖洛書之基本理論公式，因此容易產生健康欠佳、意外災難、災禍、自殺、他殺、短命、子女不聽管教、叛逆、淪入不良少年、刑災入獄、事業不振、先盛後衰、不是創業之人才、婚姻欠佳、剋夫、剋妻、剋子、自剋、破婚、死別等橫禍災難。

※先天八字與人格配置良好者，稍有緩和之趨勢，但比率為萬分之一。

運用天運派姓名學來印證下列許多實例

以上所列之公式為五格與五行之生剋作用，但還須考慮到陰陽的調合與偏枯問題，以相生及比和來說，陰陽生或陰陽比和為最佳配置，孤陰孤陽為次之。

(1)

	姓名	劃數	五格	說明
			17 天格	長輩、思想、父母 女性丈夫、希望、 女性婚姻觀念 （後天流年主1～12歲）
	賴	16		
12 外格 外緣、社交 意志力、成功運 （後天流年主37～48歲）			30 人格	主自我內在個性 性格、人生命運中心 六親關係 （後天流年主25～36歲）
	綾	14		
			25 地格	家庭、妻子、部屬 子女、幼運 男性婚姻觀念 （後天流年主13～24歲，61～84歲）
	英	11		

總格 41

人生行為表現及後天環境之考驗
財運、耐心、情緒精神病痛健康
（後天流年主49～60歲）

而相剋則相反，**陰陽剋若數理吉以不凶論**，**【陰剋陰】**為內在因素，身體上屬於疾病或開刀，**【陽剋陽】**為外在因素，身體上屬於外傷或外來的急災禍害，在任何一格相剋，而宮位所代表的含意，亦多會發生很明顯的不利現象。

以上人格與地格雖是土剋水為凶，但在易經數字上卻是5、0同途為吉。

以上天格與外格雖是金剋木為凶，但在易經數字上卻是2、7同火為吉。

希望讀者能明白這一點。

五行之循環規律：

1・6	同居北方	水	1・6同宗	不凶 吉
2・7	同居南方	火	2・7同道	不凶 吉
3・8	同居東方	木	3・8為朋	不凶 吉
4・9	同居西方	金	4・9為友	不凶 吉
5・0	同居中央	土	5・0同途	不凶 吉

第十五節 天運派姓名論吉凶舉例說明

舉例說明姓名吉凶

下面就以實例說明此人之姓名如用天運五行派姓名學來解析會是如何：

45年生 吳橋恆 07 16 10 天運五行為：火

◎名字特質判斷：

請查第八節：天運五行之五格生剋情形

◎在天格與人格之關係：

第十四、天格與外格相剋時，意志不堅定，容易受人或事而迷惑，行為較放蕩不節儉，

愛慕虛榮，很好面子。

第五、人格剋天格：對長上之教誨容易產生反抗心理，主觀意識也較強烈，陰陽剋則無妨。

請查第八節：天運五行之五格生剋情形

◎人格與外格之關係：

第二、外格生人格：多得朋友及親友之助力，較能樂觀奮鬥，一生具有財運轉化之作用。

請查第八節：天運五行之五格生剋情形

◎人格與地格之關係：

第三、人格生地格：較疼愛子女且能照顧家庭，但地格凶或無力者則無，恐有反常現象。

請查第八節：天運五行之五格生剋情形

◎天格與人格之關係：

第八、人格部為吉劃數，但剋天格時，能白手起家，但無財運配置或大運被天運剋制時，凡事少成。

請查第八節：天運五行之五格生剋情形

◎人格與外格之關係：

第十一、外格與總格相生時，外格生總格者又被人格生扶，財運更佳。

第九、外格與總格相生時，財運不錯或物質享受佳。

第六、外格為吉且生人格，在外能得朋友的幫忙，受到別人的擁戴，出外創業都得貴人之助。

請查第八節：天運五行之五格生剋情形

◎總格與人格之關係：

第四、總格與人格比和者，為人較坦白，表裡一致，信用較佳，創業也較能順利。

看起來像是樂於解決別人困難，為人豪爽，喜歡和人閒聊，不耐獨處生活，有桃花運之傾向，但戀愛運多波折，配偶個性較強且固執。

一生不畏辛勤，主觀強且不認輸，常有不滿足的現象，早年就可當上主管或老闆，財運尚佳。

對父母有孝心，但言行表現卻相反，容易被人誤解。

交友廣闊各階層的人士都有朋友，容易得到別人的幫助，無論上班或自己創業，都能得到別人的歡迎。

37歲至48歲行運至外格11劃之陽木反生天運之火，是屬洩財之大運時期要小心應對，有財來財去終成空之靈意。

查第六節：天運五行對應姓名五格所代表吉凶感應

◎姓名天運之五行評分：

以天命五行為**客體**，以姓名五格為**主體**

客體生主體	吉	得分90分
兩者同五行為（比合）	平平	得分75分
客體剋主體或主體剋客體為	凶	得分45分

☆天格代表：**思想、智慧、名望、丈夫、長輩、人際關係、女性婚姻觀姓名流年一歲至二十四歲之行運，但要兼看地格才準確。**

天運五行與天格的對應關係：（吉）五行相生（平）五行比合（凶）五行相剋

（一）在思想上

（凶）：反覆多變，滿腦子歪主意，較易走偏路……得分45分

（二）在智慧上

（凶）：故步自封，認為對自己無所助力，而加以排斥……得分45分

（三）在名望上

（凶）：易怨天尤人，怪東怪西，行事作為較讓人非議……得分45分

（四）長輩對待

（凶）：顯然得不到父母親或長輩的疼愛與照顧……………得分45分

（五）人際關係……

（凶）：雖有熱情之心，不會看場合，往往熱臉貼冷屁股，吃力不討好……得分45分

（六）女性婚姻觀

（凶）：先天夫運不佳，可以談談戀愛，等心智成熟，經濟穩定，再談婚姻，愈晚婚愈好……………………………………得分45分

☆人格代表：**一個人的性情，內在性格，命運好壞，六親關係，婚姻對待，後天流年二十五歲至三十六歲之行運。**

「人格」

生「總格」表示會善待自己，做事可以貫徹始終。

剋「天格」表示有自己的想法，與長輩的認定有所出入。

剋「外格」行動派表示想到什麼就做什麼，易得罪人。

天運五行與人格的對應關係：（吉）五行相生（平）五行比合（凶）五行相剋

（一）以心情角度

（平）：凡事得過且過，需要有人鞭策鼓勵……得分75分

（二）婚姻對待情況

（平）：關係平平，常有爭執，但能床頭吵床尾合……得分75分

（三）六親之間的對待

（平）：平輩之間不會幫忙，易有紛爭，要靠自己打拼……得分75分

（四）情緒內心世界

（平）：想要得到的東西，會用盡一切方法，只要成功不擇手段……得分75分

☆地格代表：部屬，子女關係，少年運，家庭及男性婚姻觀，後天流年十三歲至二十四歲之行運。流年主六十一～八十四歲運勢。

天運五行與地格的對應關係：（吉）五行相生（平）五行比合（凶）五行相剋

（一）部屬關係

（吉）：待人親切，愛護部屬，如同家人，部屬向心力強，能成為事業上的助力……得分90分

（二）子女關係

（吉）：感情融洽，無代溝，年老時可得子女奉養……得分90分

（三）男性婚姻觀

（吉）：異性緣佳，容易找到有錢的老婆，或得到妻子的助力，事業成功……得分90分

☆外格代表：**社交能力，成功機運，意志力，外緣，配偶個性。後天流年三十七歲至四十八歲之行運。**

天運五行與外格的對應關係：（吉）五行相生（平）五行比合（凶）五行相剋

（一）代表外緣，社交能力

（凶）：天生吃虧型，自己勞心又勞力，卻得不到肯定，一生多小人陷害……得分45分

（二）成功機運

（凶）：從外交能力看來，您未來成功機運有待加強……得分45分

（三）個人意志力

（凶）：從您的意志力看，成功的機率不高，得加油一點……………………得分45分

☆總格代表：**一切行為表現，後天環境考驗，財運狀況，健康狀況，精神狀況**。

「總格」

名字最後一字也代表：一個人對家庭的態度。

生「人格」表示「言行一致」。

生「天格」表示會欣然接受長輩的幫助。

後天流年四十九歲至六十歲之行運。六十一歲後由天、地、人每格再主十二年。

天運五行與總格的對應關係：（吉）五行相生（平）五行比合（凶）五行相剋

（一）先天健康、精神狀況

（平）：大病不犯，小病還是有…………………………………………………………………得分75分

（二）事業、財運方面

（平）：成功須等待機會，雖認真打拼，財來財去，成為富翁還要再等………得分75分

（三）後天環境

（平）：工作及創業環境平平，如想成功快一點，頭腦要有點創意…………得分75分

※註：天格為姓加一劃人人平等，不會影響運程吉凶，此運應列入地格看運程才能準確。

第十六節　天運派姓名學命名法條

一般人在命名、改名時，需注意以下要訣：

1、命名時先考慮天運來生人格、外格、總格。

2、取富貴財格。

3、人格、外格、總格來剋天運。

4、女性之大凶數為17、19、20、21、23、26、27、28、33、34、39。人格及地格之數理，不可取用17～39之筆劃，因為人格為本人自己，地格為家庭及子女。

5、中間字有5、15、7、17筆時，必定天格與人格互剋「以女性來講，天格為丈夫」，容易埋下日後的婚姻危機。

• 三才、五格之數理及**陰陽**五行的配置良好，以求精神生活的愉快及家庭婚姻的和諧。

• 財運不可逢**剋洩**，否則三才數理的配置再好，一生也難得發展，且勞多利少，只能辛勤度日。

• 各流年大運之五行，不可被**天運**五行剋害或破洩，否則再好的姓名配置或財運，在被剋漏的大運期間內，亦難有所發展。

• 流年大運須研判不同年齡之實際需要，去配合各人天運五行所賜的生扶力，才能事半功倍，事業意外順利發展，家庭圓滿幸福。

• 以天運五行對照大運五行佔50％。財運配置強弱佔20％。

• 三才及五格數理吉凶總共佔30％。

• 如果「凶數」喜逢「吉數」來剋制，「凶數」反而消失，會變成大吉數。如果「吉數」受到強烈之「凶數」來相生時，反而暗示「吉數」會消失，會受到「凶數」之作用變大凶數，這是命理學上必須考慮的變化格局。

因此在為人取名時，必須依照八項要點做最適當的調整。不得已之時三才相剋可取陰陽之剋，而有時為了格局的需要，數理有一～二格稍差也不必在乎，最主要各格之五行不可被**天運**剋害，這些概念一定要新。

以往命名改名都一直強調須配合八字喜用神，如果能善用天運派加81數或六書十二生肖派那就更加完美了。

本中心有開發一套運用多種派系來命名的軟體，是一套精準實用的工具，有需求者請來電。

看完天運五行派姓名學後，尚有不明瞭的地方，可來電洽詢或購買一套教學DVD反覆學習，相信您未來一定是一位天運五行派姓名學老師。

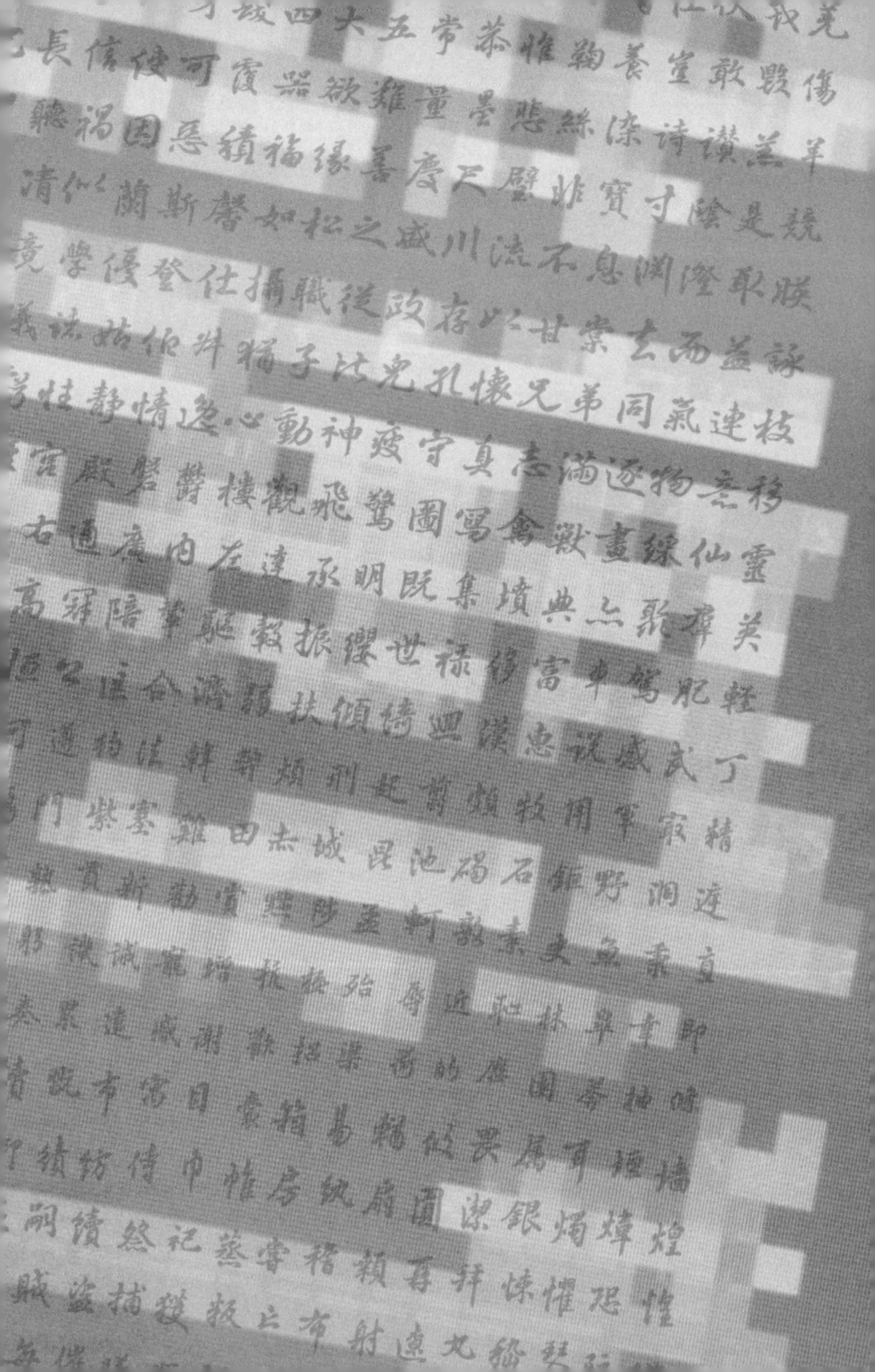

長信使可覆器欲難量墨悲絲染詩讚羔羊
聽禍因惡積福緣善慶尺璧非寶寸陰是競
清似蘭斯馨如松之盛川流不息淵澄取映
學優登仕攝職從政存以甘棠去而益詠
性靜情逸心動神疲守真志滿逐物意移
宮殿盤鬱樓觀飛驚圖寫禽獸畫綵仙靈
右通廣內左達承明既集墳典亦聚群英

第六章 陽宅形家姓名學

第一節　陽宅形家姓名筆劃算法

以陽宅形家筆劃學論述

此種論法在坊間極少人在用，可說是只有專家才會用，恭喜您可以用人間極品學術來診斷自己的姓名，建議您好好品味一番。

陽宅形家姓名筆劃正確算法

一、主格數算法：◎單姓者，以姓氏劃數再加名一。

◎複姓者，以姓氏兩個字之總數相加。

二、副格數算法：◎單姓者，名字的第一個字加名字的第二個字。

◎複姓者，以姓氏兩個字之總數相加名字的總數。

三、外格數算法：◎單姓單名者，外格數為姓加一。

◎複姓，以姓氏兩個字之總數相加再名字最後一字。

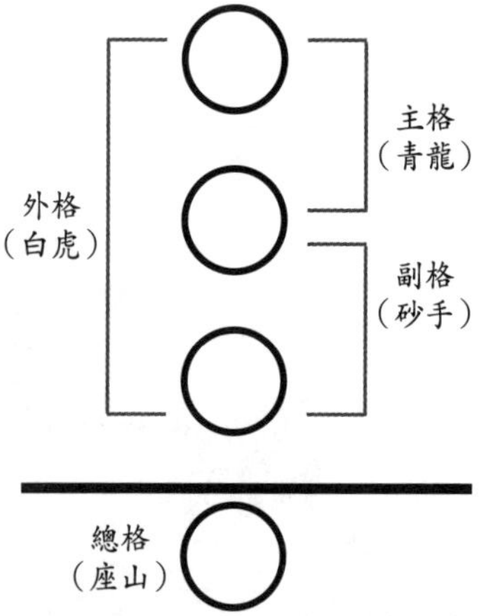

四、總格數算法：姓與名字之總劃數相加即是。

主格運：管大環境、在家庭中的風格、腦中思想、內在性格傾向、主客觀意識形態。

副格運：管夫妻關係、戀愛運及家運、做事過程、人生規劃、脾氣性格。

外格運：外在的人際關係、行動力、行為表現、成功運。

總格運：最終的本質、整體的表現、一生財運總歸納。

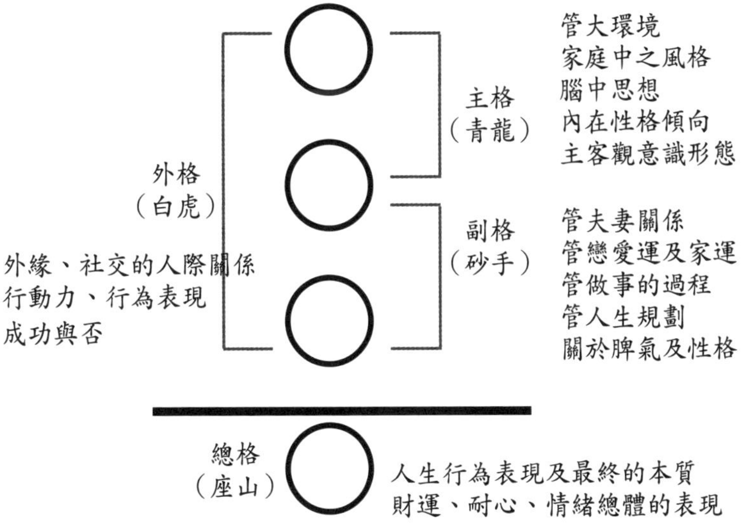

單姓複名算法

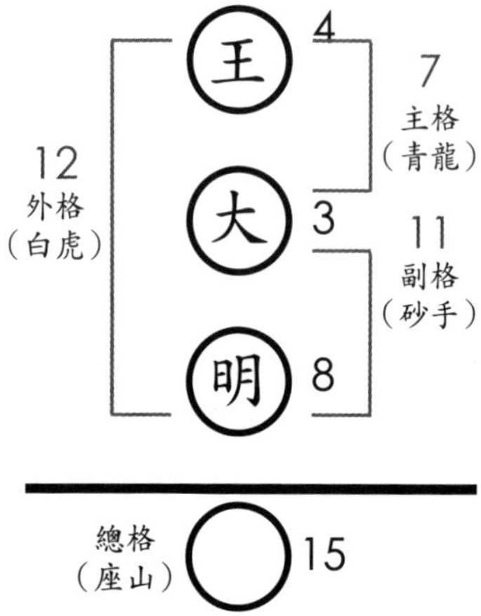

單姓單名算法

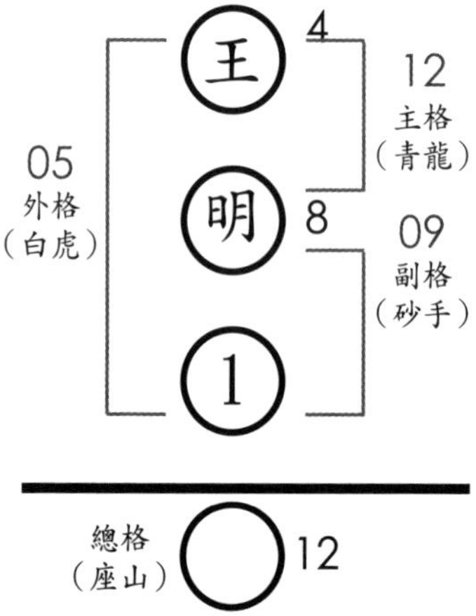

複姓複名算法

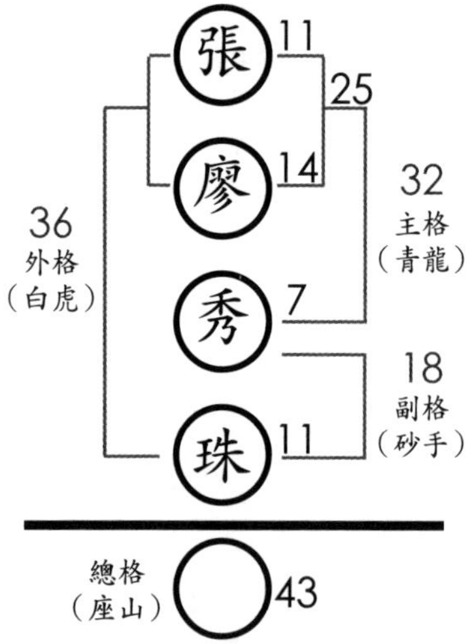

複姓單名算法

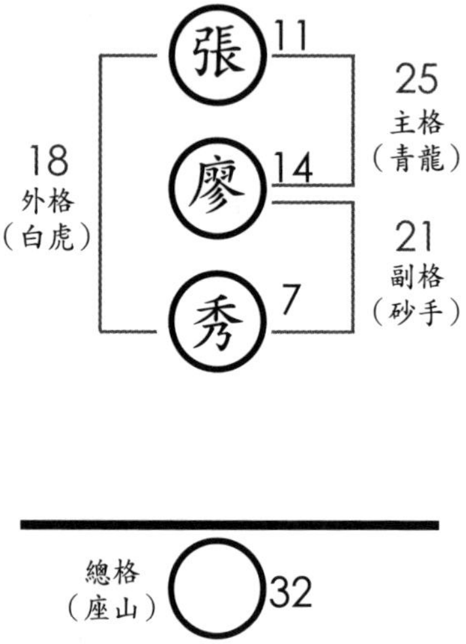

第二節　陽宅形家姓名學各格代表意義

◎主格運解說：

主格運：管大環境，在家庭中的風格，腦中思想，內在性格傾向，主客觀意識形態。

◎副格運解說：

副格運：管夫妻關係，戀愛運及家運，做事過程，人生規劃，脾氣性格。

◎外格運解說：

外在的人際關係，行動力，行為表現。

◎總格運解說：

最終的本質，整體的表現，一生財運總歸納。

第三節　陽宅形家姓名學1數代表意義

單數特性論　1數代表王數

◎四格中有11劃—會有以下現象

尊數王數；重視實際，較不易相信別人，帶隱藏性的好勝心，能無形中掌控工作業務亦不佔別人之便宜或欠人情債，有責任心，愛面子，風神，比較不重視人情世故，有擔當為興家之格，會扛家計重擔，有時也會淪為臭屁之人，得失心重，高談闊論，暗權，表面溫和，慾望藏內，伺機爭取權力，掌握他人。

長子可用於龍邊之數，但要有後山靠才能發揮長子顧家之責任，此數之人自尊強，又好勝，女性則有男人之志，女性較重權利，事業心比男性強。若配副格運軟數或凶數，則易有晚婚之傾向。

◎四格中有21劃—會有以下現象

男帶大男人主義，愛出風頭，一生好強，有強烈之野心。女性易成女強人，一生較易背夫債或為娘家操不完之心，如配合總格運33劃或他運逢19動數則易有婚變。

男：會跟妻吵但不會有意氣之爭而離婚，中年得志，獨立，權威之數。

女：易為職業婦女，容易超越丈夫的成就，因此婚姻關係需多協調，看起來霸氣十足不服他人，喜表現，管人，很能吃苦耐勞，但有好高騖遠的傾向。

21劃財運不錯，重物質享受，事業屬於早發型，不論男女均有桃花之傾向，對感情較不易克制自己情緒。女性因成就超越丈夫，而易造成家庭不和，大部分為職業婦女之命運。

◎四格中有31劃—會有以下現象

小刀之數，容易受傷，31劃外表斯文，做事急，內心隱藏野心與霸氣，口才佳，暗帶血光，或帶酸痛症，男女異性緣佳，帶隱藏性暗桃花。

男：柔情似水，做事流於女性化像是風流才子，較不會講道理，同時較莽撞，愛爭辯，得理不饒人，易犯官司，易有血光，骨折之厄，略帶神經質，但在社會上能得到良好的名聲與地位。

31劃個性柔中帶權，一生貴人多，社交手腕圓滑，事業財運都不錯，但暗帶血光數，若配副格運凶或軟數，則論外強內柔，且易有血光或酸痛之病症，女性有晚婚之傾向。

女：女強人型，做事較乾淨俐落，不拘小節，豪爽，感情不好就散，感情易受挫，活躍，積極主動，人緣佳，外交能力強，異性緣多，家庭運尚稱圓滿。

◎四格中有41劃—會有以下現象

溫和主義者，做事不急不緩，喜好付出或與人共享，但女性早婚則婚姻不美滿，男女皆不適合從政或自行創業。能得祖德庇蔭，一生多得長上與部屬的幫助，頗愛面子，本能上是一個會照顧弱小之數，常照顧別人但得不到回報。

女：少用此數，因為會有姐弟戀，以致人財兩失，在團體中可得到名聲，也較雞婆，最好不要做別人的保證人。

此數是領導，統御，能幹，幫夫，踏實能慷慨助人，逢凶化吉之數。

41劃自信強，雖有名望，但個性易反覆，猶豫不決，不適合創業，適合任公職或到大企業工作，宗教信仰強，亦因強數大，故女性婚姻不美滿，宜晚婚。

◎四格中有51劃—會有以下現象

做事較沒有原則，雖內心有強烈之慾望，但行動與積極度都不夠，想得多但做的少，帶浮沉盛衰交加，先甘後苦之命。

51劃一勝一衰，領導能力各方面都較弱，機會、貴人不多，賺錢應盡量守成入庫，否則晚年易失敗，尤其為子女之事而煩，宜自重自保平安。

◎四格中有61劃—會有以下現象

名利雙收，因個性自傲，強勢，能憑自己實力開創成功事業，但有家庭風波之事件，61劃忌因名利雙收，而造成內外不和，如家庭反目或兄弟不和，宜修德慎行。貴人運強，做事穩健，驕傲不遜，利己主義，家庭尚欠圓滿，吉處藏凶。

◎四格中有71劃—會有以下現象

構想、理想雖多，但行動力不夠，做得少，帶養神耐勞之數。

◇在主格運中筆劃數為1，11，21，31，41，51會有以下現象

主格運：管大環境，在家庭中的風格，腦中思想，內在性格傾向，主客觀意識形態。

尾數1劃在主格運有共同點，如自尊性，自信及好勝心都強，且有主見、有理想，但因過分自信反而有固執之傾向，如死要面子，如果與總格運配吉數，則事業前途能出人頭地。唯此尾數之人，大都有貪財且多情，男性吉，女性不吉，因女性較有男性化之個性。主動，積極，創造，計畫，富貴，吉祥之運。

有責任心，愛面子，風神，比較不重視人情世故，人際關係稍欠圓滿，有擔當興家之格，凡事都會事先安排，按步就班進行，穩健可靠，重實際，屬於創業天才型。首領數，容

易當幹部主管，喜歡支配別人，不喜受約束，不斷進修，對身邊的人要求高，女慎用，否則易成女強人。可積極向外發展，必能在社會上一展長才。在形家上論龍砂長且高之勢，或左方有金形貴山來應。

◇在副格運中筆劃數為1，11，21，31，41，51會有以下現象

副格運：管夫妻關係，戀愛運及家運，做事過程，人生規劃，脾氣性格。

副格運論後天努力之成果，與家庭、夫婦、兄弟姐妹，及異性之感情，亦論周圍人事之人際關係，在陽宅則論龍砂之延伸性，強弱之局勢。尾數1劃在副格運除21劃個性自負、自傲、愛出風頭外，其他論性質溫和。男性大都能對女性謙虛溫和，對太太亦能體貼，但配偶之個性較好強。女性則喜歡表現自己才幹，對丈夫喜歡耍個性，好勝心較強，但配偶之自尊心強，且愛面子，因此婚姻較不美滿。

其中數字21跟31劃，若總格運會33或39劃則易有婚變之現象。

男人有此數：對女性溫文有禮，風度翩翩，注重情調且相敬如賓。子女聰明又孝順會在社會揚名。女孩有此數：對先生喜歡用命令、支配的口氣，在家中掌權，一切包辦，有條不紊，井然有序，看起來嚴肅中顯才幹。

在陽宅形勢上論龍砂延伸性長又高，或外局左方或左前方有金形之貴山。

◇在外格運中筆劃數為1，11，21，31，41，51會有以下現象

外格運：外在的人際關係，行動力，行為表現，成功運。

外格運論其人在外之人際關係，與朋友或同事之社交運，是否順利發展，是否有貴人相助等，尾數1劃在外格運論，其人在外喜愛出風頭，但有貴人相助，亦能積極發展人際關係。

如配合主格運及總格運吉數，則可獲貴人幫助或提拔成功，特性上可積極向外發展，到處受人尊敬歡迎，各階層朋友都有，一生多貴人提拔照顧，人際關係融洽而圓滿。在陽宅論為虎砂長且高之地勢，或右側有金形之貴山應，如能配合三房及總格運吉則能因長輩之助而成功。

◇在總格運中筆劃數為1，11，21，31，41，51會有以下現象

總格運：最終的本質，整體的表現，一生財運總歸納。

總格運代表大環境可論其人事業成就之多寡及晚運之吉凶，一般論必須配合主格運，副格運及外格運綜合論，其準確性較高，如總格運雖吉，其他如主格運，副格運皆凶，則其吉亦不應，其理亦在此。

尾數1劃在總格運，如配合主格運吉，則論中年以後，能在社會建立良好名望與地位，如配他運不吉者，則因其自尊心太強，而影響其主觀性強，愛面子，不服輸，而易陷於獨斷獨行中，宜含養謙和之美德。陽宅形家論前明堂，後靠有金形之貴山且俊美。

單數特性論　2數代表失意數

◎四格中有12劃—會有以下現象

外表斯文，口才十分尖酸苛薄，口袋空空也要打扮得亮麗之外表，遇到利害關係發生時，快速改變。講話有心酸的感覺又有一點無奈感，是一個事事追根究底之人，表面雖溫和，但內心有怨氣，一生任勞任怨，對現實生活容易不滿，自尋煩惱，在做事方面一向優柔寡斷，有時很鬱卒，處事遇到困難易半途而廢，今生可從事研究工作。是標準的輔佐型、策劃型人物，也是屬完美主義，有一點挑剔，言語比較尖銳。外表斯文，彬彬有禮，口才十分尖酸苛薄。

◎四格中有22劃—會有以下現象

外柔內剛親和力強，帶反覆無常之個性，有時溫和一切隨緣，但有時又苛薄，要求多或心生不滿，而讓人摸不著頭緒，一般論男好色，女美貌或愛美。

此數為完美虛榮之數，做事雖仔細，但有點潔癖，重整齊潔淨，個性起伏不安，易輕信他人言論，在外做事較保守，有虎頭蛇尾情形，如遇桃花則有婚姻危機。

可從事企劃、幕僚、文藝、寫作等工作，是一個有品味、有貴氣、有異性緣的人。

◎四格中有32劃—會有以下現象

是個能言善道，靠嘴吃飯，一生中需防口舌之爭，否則易造成別人之傷害，為人冷靜又帶圓滑，一生不為人下，必為老闆之格，（女）易有婚外情，因富有同情心，善於結交朋友。可從事企劃、規劃、設計、思考性之工作，一生易接近宗教，城府深。

32劃冷靜分析，能力強，但經常反反覆覆，猶豫不決，行動力不夠，需要輔助，宜做他人軍師，如不喜歡與人交談，能安份守己，貴人相助。

◎四格中有42劃—會有以下現象

一生中充滿幻想，是屬才藝之數，比較喜歡生活在自己的空間，在做事方面必須持之以恆才能成功，喜結交說話投機之朋友，感情較豐富，外柔內剛型，多才多藝，喜歡追求高尚的理想，比較被動，一生機會多，但易得易失，中年之後運勢較平坦。

42劃任勞任怨，能力強有創作力，多才多藝，但耐力不足易守成，尤其是男性有機會也不敢衝。

◎四格中有52劃—會有以下現象

此生有先見之明，講話很靈驗，有時個性會太衝，凡事比別人先想到，可做軍師類工作。

聰明能幹，善謀略，待人寬厚，貴人多，一生中易有外傷、車禍、隱疾，需注重保養身體。

52劃為人熱心，親和力強，且有服務他人之本質。

◎四格中有62劃—會有以下現象

反應快，耐力差，虎頭蛇尾，好面子，好逸惡勞。

62劃失意數，男對感情不穩定，女性對戀愛較消極。

◎四格中有72劃—會有以下現象

為人熱心外表樂觀，內心空虛煩悶之傾向。

◇在主格運中筆劃數為2，12，22，32，42，52會有以下現象

主格運：管大環境，在家庭中的風格，腦中思想，內在性格傾向，主客觀意識形態。

2數在主格運之共同點，容易生悶氣，內心矛盾自尋煩惱，帶空虛煩悶之傾向，做事不積極，不果斷，常有三心兩意，構思與行動不協調失衡。

其中32數則較例外，32數論冷靜，圓滑辯才無礙，主一生中有憂心勞神之傾向，事與願違，孤獨，分離，空虛之憾。

講話有心酸的感覺，有一點無奈，事事追根究底之人，表面溫和，內有怒氣，任勞任怨，做事優柔寡斷，鬱卒，朝令夕改為人作嫁，不宜創業。

可從事研究工作；是輔佐、策劃型人物，完美主義者，喜挑剔，言語尖銳。好面子，肯為人服務犧牲，優先處理別人的事，自己事情擺一邊，擅交友，口才好。

意志弱，容易空虛苦悶悲觀，內心消極退縮，容易放棄大好機會。求知慾強，博學達理，熱心助人，容易多管閒事。想的多做的少，理想高卻缺乏執行勇氣，易自暴自棄半途而廢。形家上論龍砂地勢往下傾斜或比本宅低之建物或拖建之房舍，也代表高低起伏之屋形。

一般論與朋友、同事共處宜平等心相待，不要妄想支配對方。

◇在副格運中筆劃數為2，12，22，32，42會有以下現象

副格運：管夫妻關係，戀愛運及家運，做事過程，人生規劃，脾氣性格對方之野心。

其中22劃異鄉較有朋友及貴人，男性對感情較不穩定，沒有好氣氛，故婚姻不美滿。女性對戀愛態度消極有晚婚之傾向，但32劃則例外，論感情穩定，家庭美滿，女性對戀愛較明智，若與他運配凶則易有晚婚之虞，子女們多才多藝，溫順斯文，膽子較小，容易身體有病。

女人有此數：對戀愛容易心存幻想而失戀，其實沒想像中的好，婚後會柔順些，處處會為先生、小孩著想。

男人有此數：對女性易冷易熱，好像比較怕老婆，婚姻不美滿，但會默默忍受。

形家論龍砂延伸往下傾斜，愈來愈低。

◇在外格運中筆劃數為2，12，22，32，42會有以下現象

外格運：外在的人際關係，行動力，行為表現，成功運。

一般尾數2劃在外格運之特性，講話率直不加修飾，容易遭人誤解，好心沒好報。

其中22劃則反覆無常，但女性則外表美麗很吸引人。

其中32劃則論講話直率坦白，容易受人信服，誠心待人而不求回報，是溫和性之領導人才，能虛心接受別人的意見，可得貴人幫助，事業順利發展；如果從事社交或業務方面的工作，最能發揮長才。形家論虎砂向下傾斜，或虎邊無靠。

◇在總格運中筆劃數為12，22，32，42，52會有以下現象

總格運：最終的本質，整體的表現，一生財運總歸納。

男性論叛逆性高，又堅持己見，一意孤行，精神多勞，凡事少成，身體亦較虛弱，若主格運吉生扶則可反敗為勝，女性論個性外柔內剛，而32數是唯一論冷靜，圓融辯才無礙…形家論無後靠，且地勢往下傾斜，靠山空，流年逢到則易破財或被人倒債。

第五節　陽宅形家姓名學3數代表意義

單數特性論　3代表偏財數桃花數

◎四格中有13劃—會有以下現象

平安數，個性開朗但略顯浮燥，火爆脾氣，論桃花帶財數。異性的親和力很強，桃花多，但貴人亦多，尤其是異性貴人，人際關係愈好，財運愈佳。

13：好奇心強，能力也不錯，為人太過自信，個性剛強，易被激怒，興趣也很廣泛，但不專精，做事主動，積極進取，為人熱心，稍嫌急躁，擅口才，擅交際，有迷人的氣質。

◎四格中有23劃—會有以下現象

足智多謀型，事業心強，有時想太多而失去機會，宜加強實踐力，多重性格，一生易為情所困，故男風流，女帶嬌，不論男女皆論財數，但女性有凌夫之意，宜事業家庭二選一，否則易生波折。

婚姻較不穩定，感情生活比較不如意。男孩子比較柔情似水，吃軟不吃硬，懂得應用群眾心理是天生的領袖格，具多重個性，反應快，但叛逆性強，喜做領導統御工作，永遠不服輸。

女孩子帶嬌氣尊貴（最大的桃花格），但脾氣稍大了一點，需用智慧溝通，較男性化。

◎四格中有33劃—會有以下現象

帶官緣，貴人運旺，但婚姻生活宜多費心經營，尤其女性，若配主格運21則有婚變，帶大男人主義。

33：男：熱情又熱心，女：雞婆（宜從事自由業，如公益保險、直銷），因為人熱心之故，所以事業與家庭無法兼顧，此數為有財之數，但容易被長輩綁住，結婚後會較有成就，個性為外剛內柔，個性上競爭性強，具有強烈的企圖心，還好有耐性，愛計較，主觀帶情緒化，要求他人也比較嚴格。

◎四格中有43劃—會有以下現象

帶散財運，一生多風浪，須看命運流年及配他運吉，可創造佳績，否則先吉後凶，男疑心數，女性若配9劃動數，易有紅杏出牆之事。

43：在事業角度而言，易因投資不當或野心大而虧損，要從無做到有（白手起家）。

男：最大的桃花劫（慾望過度）所引起，如從事公關事務較易成功，結婚後外面大概還會有另外一個女人；在做生意方面最好用現金，否則會因信用過度擴張而失敗。

女：在感情上沒有自主性，易被感情折磨，異性緣佳，但疑心病重，一生多情，容易有桃花糾紛，外華內虛，責任心重，恩怨分明，主觀重。

◎四格中有53劃—會有以下現象

表面數，有名無實，外表死要面子，擺門面，但心中帶憂愁，人際關係易出問題，易犯小人，有災禍宜快速處理，否則易有劫難，若主格運及他運配吉，有機會創佳績，女性如配他運動數，流年逢到易紅杏出牆。

53：這個數表面好看而已；錢財或身體方面皆是表面上好看而已，年輕時不怎麼樣，走老運時比較容易賺到錢，早、中年易常換工作，需有過人的意志，否則容易自暴自棄，行為上表裡不一致，外表好看，內在心酸。

女人53數丈夫中年易中風，會留財產，一生狀況會先盛後衰，外在華麗，內心落寞，空虛，自閉，宜修身養性。

◎四格中有63劃—會有以下現象

榮華富貴數，注重生活享受，喜歡指揮他人，不受長上之拘束，女性若副格運配吉數，則一生很幸福。63：進取向上，理想高遠，交友廣闊，善良積德。

◎四格中有73劃—會有以下現象

靜逸之數，有理想及創業之毅力，但做事有虎頭蛇尾之現象，女性若副格運配凶數，則婚姻欠美滿。

◇在主格運中筆劃數為13，23，33，43，53會有以下現象

主格運：管大環境，在家庭中的風格，腦中思想，內在性格傾向，主客觀意識形態。

數字3在後天八卦為震卦，故尾數3劃在主格運之特性，論做事積極，為人樂觀豪爽，好比炎熱之太陽，活力洋溢，喜愛從事各種活動，一生中為人外向、好動，喜歡管別人，人緣好及財運佳。

男性：為人倔強。

女性：為人妖嬌貴氣。積極參與社交應酬，活躍在商場上，積極培養人際關係，這輩子不耐獨處；為人度量寬大，樂於助人解危，樂觀豪爽是個好夥伴，很容易忘記別人的過錯，樂於助人，才華洋溢，人緣好，一生多桃花，魅力佳，為首領數，可排除萬難成就事業，一生多貴人助，一切能逢凶化吉。

做事積極為人樂觀，女性具有才華及魅力，但個性好勝不服輸，一生多勞碌，婚後亦難得清閒，男女皆異性緣佳，形家論龍邊有漸漸上升之拜堂水地勢。

◇在副格運中筆劃數為13，23，33，43，53會有以下現象

副格運：管夫妻關係，戀愛運及家運，做事過程，人生規劃，脾氣性格。

男性論言語幽默，頗得異性歡心，有早婚之傾向，女性則生性熱情有魅力，有才華但好勝心強，婚後常依個人意見行事，逢他運有9劃之動數，則易有桃花事件。在形家論龍砂外有拜堂水勢，帶外財之地理形勢。

◇在外格運中筆劃數為13，23，33，43，53會有以下現象

外格運：外在的人際關係，行動力，行為表現，成功運。

外格運3劃大部分帶桃花，尤其是13劃較明顯，43劃則論交際較複雜，常有麻煩是非之事。如能配合主格運或總格運吉數，則可知人善用，適合擔任主管或領導階層之人，或者從事企劃工作之人，可名利雙收，形家論虎砂方面有拜堂水勢，或收虎水過堂之地勢，論有外財之形勢。

◇在總格運中筆劃數為13，23，33，43，53會有以下現象

總格運：最終的本質，整體的表現，一生財運總歸納。

男性論外向好動，工作衝勁十足，不願受人拘束，一般名利心較重，與主格運配吉則能得貴人相助，而名利雙收，一般財運甚佳。女性論工作能力與個性比較男性化，有時因工作忙而無法兼顧家庭及婚姻，大都為女性事業家型或職業婦女，形家論前明堂收拜堂水之地勢，其中43劃則論明堂起伏不平且後靠不平穩，或明堂拜堂水呈歪斜之地勢。

第六節　陽宅形家姓名學4數代表意義

單數特性論　4代表無緣數軟中帶剛

◎四格中有14劃—會有以下現象

無運，父母無緣，無貴人助，出事無人救，孤獨煩悶不如意，男性注意為朋友犯官司或意外凶死，女性則多病，開刀，如他運配凶恐有短命，刑罰。14：自命清高之人，不喜歡與別人糾纏不清，個性為軟中帶剛硬之人，跟長輩較無話可說，為人耳根輕，容易被人牽動，又容易發脾氣。

女性容易聽信別人之謠言，個性硬，耳根輕，易發脾氣，容易被自己打敗，說服力強，有愛心，一生可靠嘴吃飯，唯六親緣薄，又有點情緒。

◎四格中有24劃—會有以下現象

口才佳又善辯，如能說話圓滑一點，才不致招來小人，事業也能更上一層樓，天生財運不錯，論財數，白手成家之格局，但必須配總格運吉才應。

24：為正財之數；一生看財較重且重視物質生活，為人耳根輕，錢財易得，但節儉又帶勞碌，動中取財，出手大方，一生為錢財奮鬥，可白手成家。是一個善辯，心直口快，凡事躬親，自尊心強的人，一生貴人多。

◎四格中有34劃—會有以下現象

神經數，具敏感度高之神經質，主觀性強，言行不一，且個性深沉，老年得志，少年辛苦之命格。34：看似神經質，為人報復心強，懷疑心也重，凡事會再三求證，所以不輕易相信別人，很怕臨時出狀況，做事很慎重，一生中容易有意外的打擊，但都能急中生智，個性深沉。做事方面如能承襲他人，依靠攀附或提拔，便能成功，否則易受打擊，而招致失敗。

◎四格中有44劃—會有以下現象

一生帶口舌，講話宜懂得修飾，否則容易與人爭。女性屬熱心雞婆個性。44：個性剛烈，但很孝順可稱孝子之數，（女）會煩惱娘家之事，個性上顯得恰北北，安穩於家方可成功，喜投機性工作，有財進財出的情況。

思想不切實際，個性執著毫不掩飾表現於外，愛恨強烈，人際關係較差。

◎四格中有54劃—會有以下現象

同34劃論神經數，有憂鬱不安傾向，理想高而有眼高手低之傾向，言行不一，個性深沉。54：勞多功少，苦多樂少，自視高與人相處欠佳，性急，怪癖，思想脫離現實。

◎四格中有64劃—會有以下現象

帶浮沉之數，有憂鬱之傾向，理想高遠而凡事阻礙多，主觀性強，喜我行我素。

64：因循怠惰，缺乏活動力與耐性，不安定感，徒勞無功。

◎四格中有74劃—會有以下現象

性格憂鬱，喜我行我素，慎防突來之失敗打擊。74劃怨嘆之數，有眼高手低之傾向，少年不努力，老大徒傷悲，無能無為，坐吃山空，尤其晚年不幸，且有意外之災。

◇在主格運中筆劃數為4，14，24，34，44，54會有以下現象

主格運：管大環境，在家庭中的風格，腦中思想，內在性格傾向，主客觀意識形態。

尾數4劃一般論凶，無緣數，易患得患失，在主格運論性格上有憂愁善感，不安定，孤獨自命清高，頭腦好反應大，但脾氣不好，又具自我主觀，不喜別人管束，喜歡我行我素，脾氣不發則已，一發一鳴驚人。

對事情有理想，惜有始無終，個性論做事謹慎細心，理想高，完美主義之人，男性若能注重外表，裝扮有體面，女性如能打扮則往往事事如意順利，若能配合他運財數適當，可得穩定性發展，若流年大運逢傷破則成敗一瞬間。

您的人生到中晚運時，利祿亨通又有學者的才華，並且會得到賞識，但在中年以前較易脫離現實，精神陷入苦悶，人際關係差，主觀意識又太強，宜趁早改進。

憂鬱，早熟，情緒變化大，有時容易有無名火；慾望大，卻不易實現，怨天尤人，心生不滿，精神緊張，不耐喧譁，早運辛苦。形家論龍邊地勢太陷，弱陷空沒靠，其中24劃則論龍邊平平寬敞。

◇在副格運中筆劃數為4，14，24，34，44，54會有以下現象

副格運：管夫妻關係，戀愛運及家運，做事過程，人生規劃，脾氣性格。

感情及婚姻不穩定，有途中破緣之危機，男性對婚姻生活傾於幻想，女性則對丈夫常有不滿，喜歡藉機發牢騷，婚姻生活不美滿。但24劃例外，婚姻生活尚稱圓滿，如與主格運配吉則有利於財運，且婚姻氣氛較佳。

男人有此數：對女性要求高，婚後不滿現況，常想往外發展，而招惹家庭糾紛。

女人有此數：佔有慾強，喜歡小題大作，考驗先生，製造家庭狀況來滿足自己。

◇在外格運中筆劃數為4，14，24，34，44，54會有以下現象

外格運：外在的人際關係，行動力，行為表現，成功運。

不善於交際，生活單純，且在外格運常有吃虧上當之事情，不適合當主管、管理太多部屬，宜從事單純工作，以免麻煩而受累之事，吃力不討好。

在事業工作上不擅交際應酬，沉默寡言，生活單純，一向自食其力，很想積極向外發展，但往往力不從心，雖然努力迎合別人，卻仍得不到回報，甚至牽扯是非紛爭受牽累。此生在工作上不適合管理太多部屬，不善於交際，形家上論虎砂下陷，空缺無。

◇在總格運中筆劃數為4，14，24，34，44，54會有以下現象

總格運：最終的本質，整體的表現，一生財運總歸納。

男性論精神生活很苦悶，雖有才華，但不持久，大多勞而無功，易遭人誤會與排斥，常有懷才不遇之感嘆。待人誠懇多禮，社交尚稱如意，有時吃暗虧也不在乎，管理部屬甚得人緣，亦能受支持與愛護。

女性則因個性太剛直，易得罪人而吃暗虧，形家論後無靠，且地形有下陷之形勢，明堂無吐唇，且地勢下陷，其中24劃論地勢平。

第七節　陽宅形家姓名學5數代表意義

單數特性論　5數代表量數，忠厚正直的個性

◎四格中有5劃—會有以下現象

量數，愛家，長輩緣強，進入社會易得上司照顧，個性穩重，斯文有禮，做事有點不積極，屬慢郎中型，認真，不多話，斯文有禮，喜好面子。

◎四格中有15劃—會有以下現象

是屬溫厚正直之人，帶有貴氣之數，無法接受別人的批評，較會爭辯，一生中易受感情束縛，有時做事無精打采，看起來較懶散。

外表看來斯文有禮，氣質佳，對愛情執著，人緣佳，名聲好。

15畫量數，貌似員外，很有理財觀，做事雖慢郎中，木訥，但沉著穩重，5數中最大好運。15劃男性帶忠厚老實之樣子，長輩緣佳，升遷機會亦順。女性則能幹，猶如「阿信」一般肯吃苦耐勞，上司緣佳。

◎四格中有25劃—會有以下現象

是屬野心之數，做事野心大，企圖心大，給人有愛爭辯的感覺，一向有時間觀念，但在

感情方面拖泥帶水，很愛表現，容易受異性牽動而改變。

有點固執，勤儉，不圓滑講話易傷人，觀念主觀，博學多能，自視高。

25劃固執，個性十分內斂保守，如35歲前未發，則凡事宜守為安，本身喜愛面子又求好心切帶勞碌命。

25劃固執，守成又能理財及守財，年輕若創業則起伏較大，晚運事業趨於穩，此數男性英俊且氣質非凡，但說話太直接，易得罪人而不知。女性論漂亮但掌控慾強。

◎四格中有35劃—會有以下現象

是一個沒煩惱、做事無要無緊之人，有時會表裡不一，看似溫和沒魄力，一生中沒什麼煩惱可言。

女：重小利，每樣錢都想賺。

對事物開創性強，計畫多，工作狂熱，善良忠厚，博學不專一，朋友多，但須注意身體較易有開刀的機會。

35劃溫和之數，財運普通，屬中等命格，進退保守，處事嚴謹。女性則帶勞碌命，多半職業婦女，宜從文書或工職之工作。此數暗帶刀數，若他運配置凶時，則論開刀，尤其在35數後。

◎四格中有45劃──會有以下現象

富貴數，逢凶化吉之數，（女）為自利數，（男）為一張嘴之數，從事政治人物，公關業ok，少年辛苦，中年後平順發展，為智慧賺錢格，女人嫁給雙5數之人是好丈夫，但不會有好事業，溫和大方，愛面子，易錯失良機，須與人合夥較易成功，待人謙恭誠懇。

45劃量數，少年辛苦，中年後平順發展，屬白手起家創業，喜好投資房地產而賺錢，為智慧賺錢格。

45劃大富大貴之數，但小心中年易有危機，若其他運格配吉，則做事能事半功倍，付出一分努力，三分收穫。女性相當有福氣，能得丈夫之照顧，獲得貴人給予工作之協助。

◎四格中有55劃──會有以下現象

平易近人，朋友多助，六親緣稍淡，做事平實，按步就班型，吉之極而反生凶，個性保守，容易失足，年輕時宜守財，年老才不需擔心，處事須有不屈不撓之意志，冷靜沉著應付困難，方可克服難關為吉。

◎四格中有65劃──會有以下現象

善良，謙恭，有理想又有抱負，寬以待人，嚴以律己，多得長上提拔。65劃富貴之數，個性穩重，常常會絕處逢生，逢流年佳時生活無憂。

◎四格中有75劃—會有以下現象

量數，愛家，長輩緣佳，為人寬厚，斯文有禮，喜愛面子，年輕時宜懂得理財，才能無後顧之憂。

75劃欲速不達，進不如守，年輕時運氣不錯，但中年則有工作危機，做事缺乏勇氣，享福不久之數，宜年輕時要懂得理財，才能無後顧之憂，論性情溫和之，斯文有禮，對部屬寬厚，亦能受到尊敬。

有5數之人較適合公職或薪水階級，如想經商宜從小資本做起或小資本之行業，不宜從事大企業較難有成就，注重生活品質及身分地位，是個循規蹈矩工作認真的人，待人寬厚，人緣好。一生中貴人運強。

◇主格運中筆劃數為5，15，25，35，45會有以下現象

主格運：管大環境，在家庭中的風格，腦中思想，內在性格傾向，主客觀意識形態。

論性情溫和之量數，斯文有禮，喜愛面子，對部屬寬厚，亦能受到尊敬與歡迎，此尾數5劃之人較適合公職人員或薪水階級，如想經商宜從小資本做起或小資本之行業，不宜從事大企業較難成就也。

但25劃有點例外，個性固執，求好心切，帶勞碌數。形家論龍邊有靠且漸高延伸之趨勢。

◇在副格運中筆劃數為5，15，25，35，45會有以下現象

副格運：管夫妻關係，戀愛運及家運，做事過程，人生規劃，脾氣性格。

男性對家庭觀念重，婚姻生活能圓滿和順，如其他運格配吉，則婚姻生活必能幸福。女性則論心地善良，有配貴夫傾向，夫妻感情善於協調，如他運配吉則夫榮子貴。

其中25及55劃則因對家庭責任心重，對婚姻生活稱有爭執之象，女性則好勝心強，若他運配吉，則家庭生活尚稱如意。在形家論龍砂外有漸漸平平上升之趨勢，厚又長之地勢。

子女謙恭有禮，又有責任感，在社會上易成名，侍奉雙親至孝。

男人有此數：對女性溫柔體貼，注重家庭生活，能得賢內助，婚姻美滿和睦。

女人有此數：有幫夫運，易配貴夫，心地善良，處處為人著想，幫助別人，有夫疼愛，婚姻美滿。在形家論龍砂外有漸高上升之勢。

◇在外格運中筆劃數為5，15，25，35，45會有以下現象

外格運：外在的人際關係，行動力，行為表現，成功運。

大都口才好，能言善道，能得別人信服，在任何工作場合均能與人相處融洽，交友相當廣闊，為人豪爽各階層人士都有其朋友。但55劃則有點在外有花錢浪費之現象。

在工作事業上，大都口齒伶俐，能言善道得人信服，具領導才華。不論當老闆或受僱於人，都能與同事相處融洽，而受大家喜愛與支持。交友廣闊，深入各階層，且能適時提供幫助。形家論虎砂平平上升又寬又長。

◇在總格運中筆劃數為15，25，35，45，55會有以下現象

總格運：最終的本質，整體的表現，一生財運總歸納。

男性論為人穩重謙虛，易受人歡迎，思想新穎多變化，故較不能長期安份於一個工作，格局佳時，可成功發展，多利雙收。

女性則論戀愛運較早，婚後夫妻感情融洽，但必須與夫配數合才論，能榮夫益子之數，但25劃數之女性則因個性較倔強，而影響夫妻生活，一般尾數5劃之女性大都心地善良有量。形家論明堂有平平上升又寬又長外加橫案或土形之案山來朝應，後靠論有土形之靠山，其中25劃論陽宅有後靠土形之大樓，後山俊美。

陽宅形家姓名學實際論斷說明

請直接翻書至第三節以後：陽宅形家姓名學各數代表意義。

在形家四格中，主格7劃，副格11劃，外格12劃，總格15劃。咱們就在書中找出以下解釋。

單姓複名形家姓名論法

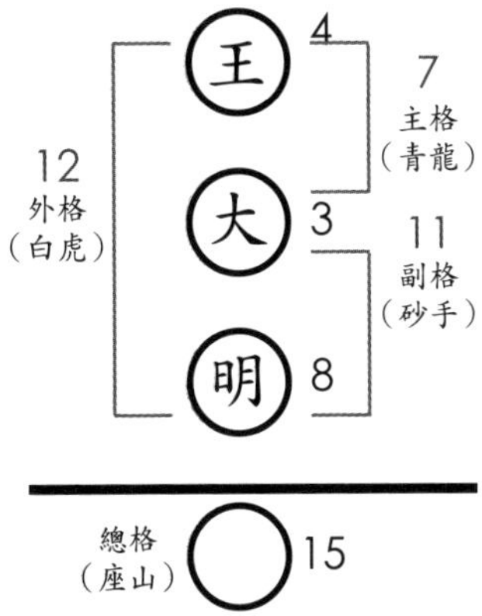

◎四格中有7劃—會有以下現象

頭腦靈敏，但個性孤傲，六親緣薄，熱愛自己，喜獨居，宜適合單打之行業能成功，若與人合夥事業易失敗。

7劃智數，聰明超群，獨立性強，且有勝利之運格，外表表現冷默無情，講話很直接，無形中易得罪人，故易犯小人，但其人財運不錯，若能稍微改變表達之態度，不僅事業易成，財運也會更好。

◎四格中有11劃—會有以下現象

尊數王數；重視實際，較不易相信別人，帶隱藏性的好勝心，能無形中掌控工作業務亦不佔別人之便宜或欠人情債；有責任心，愛面子，風神，比較不重視人情世故，有擔當為興家之格，會扛家計重擔，有時也會淪為臭屁之人，得失心重，高談闊論，暗權，表面溫和，慾望藏內，伺機爭取權力，掌握他人。

長子可用於龍邊之數，但要有後山靠才能發揮長子顧家之責任，此數之人自尊強，又好勝，女性則有男人之志，女性較重權力，事業心比男性強。若配副格運軟數或凶數，則易有晚婚之傾向。

◎四格中有12劃—會有以下現象

外表斯文，口才十分尖酸苛薄，口袋空空也要打扮得亮麗之外表，遇到利害關係發生時，快速改變。講話有心酸的感覺又有一點無奈感，是一個事事追根究底之人，表面雖溫和，但內心有怒氣，一生任勞任怨，對現實生活容易不滿，自尋煩惱，在做事方面，一向憂柔寡斷，有時很鬱卒，處事遇到困難易半途而廢，今生可從事研究工作。是標準的輔佐型、策劃型人物，也是屬完美主義，有一點挑剔，言語比較尖銳。外表斯文，彬彬有禮，口才十分尖酸苛薄。

◎四格中有15劃—會有以下現象

是屬溫厚正直之人，帶有貴氣之數，無法接受別人的批評，較會爭辯，一生中易受感情束縛，有時做事無精打采，看起來較懶散。

外表看來斯文有禮，氣質佳，對愛情執著，人緣佳，名聲好。

15畫量數，貌似員外，很有理財觀，做事雖慢郎中，木訥，但沉著穩重，5數中最大好運。

15劃男性帶忠厚老實之樣子，長輩緣佳，升遷機會亦順。女性則能幹，猶如「阿信」一般肯吃苦耐勞，上司緣佳。

然後在形家四格中找出各格主要代表意義。

【主格7劃】咱們就在書中找出以下解釋：

◇在主格運中筆劃數為7，17，27，37，47會有以下現象

主格運：管大環境，在家庭中的風格，腦中思想，內在性格傾向，主客觀意識形態。

形家7尾論智數，刀數，故其聰明才智佳，但個性剛強，為人主觀，好勝心及競爭心強烈，創業易成功，且忍耐力強，不怕失敗，性子急，口齒伶俐，易無意中得罪人，喜歡當老闆不喜受牽制，一生財祿尚豐，有過一段人生叛逆期，如不回頭易成問題少年。

功成名就一生中易掌大權，建立大事業，可能在少年時有過鬥毆被捲入是非之爭，長大官司糾紛，人際拖累多，較孤獨，倔強，容易被義氣所害。

此數屬智慧刀數，但不一定會開刀，只是較容易受傷，不一定是車禍或開刀。

一般姓名學尾數7劃，只有27與77論吉帶凶及57劃論凶帶吉外，其他尾數7皆論吉數，形家7尾論智數，刀數，故其聰明才智佳，但個性剛強，暗帶權威之霸氣，為人好勝特別強烈。

如單7尾配動數如19劃，論車禍、開刀，一般開刀機率大。論性格主觀，好勝心強，頭腦靈敏喜歡強辯行事，忍耐力及鬥志力旺盛，凡事喜歡自己決定，不願受到他人的干涉或牽制，適合創新行業之開發工作，因主格運尾數7劃本身帶刀，帶權之霸氣，忌逢他運有動數或驛馬數以及尾數7劃，則有開刀或車禍之機率發生。

若單7數配驛馬數6數則有車禍之血光，若單7數配30數霸數則論開刀，若雙7數配驛馬數26，36，46，則易有意外之災，若雙7數配動數則有開刀之應，形家論龍邊之建築物有缺口或帶壁刀之建物。

【副格11劃】咱們就在書中找出以下解釋：

◇在副格運中筆劃數為1，11，21，31，41，51會有以下現象

副格運：管夫妻關係，戀愛運及家運，做事過程，人生規劃，脾氣性格。

副格運論後天努力之成果，與家庭、夫婦、兄弟姐妹，及異性之感情，亦論周圍人事之人際關係，在陽宅則論龍砂之延伸性，強弱之局勢。尾數1劃在副格運除21劃個性自負、自傲、愛出風頭外，其他論性質溫和。男性大都能對女性謙虛溫和，對太太亦能體貼，但配偶之個性較好強。女性則喜歡表現自己才幹，對丈夫喜歡耍個性，好勝心較強，但配偶之自尊心強，且愛面子，因此婚姻較不美滿。

其中數字21跟31劃，若總格運會33或39劃則易有婚變之現象。

男人有此數：對女性溫文有禮，風度翩翩，注重情調且相敬如賓。子女聰明又孝順會在社會揚名。

女孩有此數：對先生喜歡用命令、支配的口氣，在家中掌權一切包辦，有條不紊，井然有序，看起來嚴肅中顯才幹。

在陽宅形勢上論龍砂延伸性長又高，或外局左方或左前方有金形之貴山。

【外格12劃】咱們就在書中找出以下解釋：

◇在外格運中筆劃數為2，12，22，32，42會有以下現象

外格運：外在的人際關係，行動力，行為表現，成功運。

一般尾數2劃在外格運之特性，講話率直不加修飾，容易遭人誤解，好心無好報。

其中22劃則反覆無常，但女性則外表美麗很吸引人。

其中32劃則論講話直率坦白，容易受人信服，誠心待人而不求回報，是溫和性之領導人才，能虛心接受別人的意見，可得貴人幫助，事業順利發展；如果從事社交或業務方面的工作，最能發揮長才。

形家論虎砂向下傾斜，或虎邊無靠。

【總格15劃】咱們就在書中找出以下解釋：

◇在總格運中筆劃數為15，25，35，45，55會有以下現象

總格運：最終的本質，整體的表現，一生財運總歸納。

男性論為人穩重謙虛，易受人歡迎，思想新穎多變化，故較不能長期安份於一個工作，

格局佳時，可成功發展，多利雙收。

女性則論戀愛運較早，婚後夫妻感情融洽，但必須與夫配數合才論，能榮夫益子之數，但25劃數之女性則因個性較倔強，而影響夫妻生活，一般尾數5劃之女性大都心地善良有量。形家論明堂有平平上升又寬又長外加橫案或土形之案山來朝應，後靠論有土形之靠山，其中25劃論陽宅有後靠土形之大樓，後山俊美。

單數特性論　6數代表驛馬數貴人數

◎四格中有6劃─會有以下現象

很容易與人打成一片，重事業輕家庭，自小喜歡往外跑，事業在家鄉難有成就，宜異鄉發展易成功，一生貴人多。

6劃貴人數，宜異鄉或國外發展，以一技之長發展事業，到任何地方都能夠成功，屬於早發型，奔波忙碌安穩餘慶之格，形家論明堂前，馬路外收逆水局之地勢。

6：要像馬一樣，馬不停蹄，算是驛馬之人，如果不動，渾身不對勁，不動就無錢可賺，要出外鄉才可賺到錢，可從事【動】的事業，如業務員、司機等均可。

◎四格中有16劃─會有以下現象

貴人數，朋友及異性緣極佳，個性溫和，重情義，但因任性之性格，故青少年易鬧事，事業宜在異鄉發展。

16劃貴人數，易出生在知識程度高之富貴家庭，可能上輩子有做善事，一生逢凶化吉，絕處逢生，朋友多，貴人亦多能得助，但暗藏霸氣，外表溫和，但內心有孤獨感，孤傲之個性，但還樂觀，屬於貴人得助，名利雙收之格，形家論門前有馬路，收馬路中地勢高之拜堂，或外局之朝拜水之地勢。

16：此數為貴人之數，此數之人最易患車關，喜歡和朋友往外跑，到處玩，若配局不當，最容易發生車關，為人聰明，反應快，自尊心強，有領導能力，重承諾，謙和有禮，人緣佳。

◎四格中有26劃—會有以下現象

帶驛馬，一輩子閒不下來，做事任性，帶叛逆性格，不順心時，易換工作，尤其在20～30歲時，一生忌賭及少管閒事。

26劃帶勞碌，驛馬，宜往外地發展，能有異鄉貴人，若在自己家鄉發展則成就不高。個性帶叛逆，富有俠義精神，但因多變動，若與他運配凶則易陷於放逸，淫亂，短命，無眷屬之緣，但有不出世怪傑、烈士、偉人、孝子、異常人，為變怪異奇之格。形家論收面前路外局之朝拜水地勢。

26：顧前不顧後，勞碌，怪傑之數：閒不住，是他的特性，勞中帶財，做事欠缺周詳計畫，衝，衝，衝，先做再說，非有堅強意志，不易成功，真是勞心又勞力之人，易得肝病，典型從失敗中學習經驗之人。

◎四格中有36劃—會有以下現象

奔波勞碌，常因工作忙而忘了吃飯，一生記住不要替人做擔保及好管閒事，以免擔責任又惹得一身腥。

36劃奔波漂泊，風浪不靜之格局，宜在異鄉發展事業，有老大哥性格，人人都可跟他交朋友，但常莫名引來小人，易犯小人，一生帶勞碌命，婚姻，感情容易變質，形家論門前橫路或帶微反弓路。論後靠山空，或有馬路橫過。

36：生意人之數，易與人搏感情，自己成功的機會較多，也可總稱為做生意之人，女生可用，易賺大錢也講義氣，孝順，是一個重義氣，好管閒事，外實內虛，情緒不寧，不平之鳴之人。奔波勞碌之人。

◎四格中有46劃—會有以下現象

喜愛獨自深夜工作及尋找工作靈感，習慣過夜生活之人，個性安逸內斂，難有知己好友，宜學習表達情感及圓滑之態度，交友及事業才有順利發展。

46劃論意志薄弱，積極性不夠，白手起家成功率不高，且財運普通，若想突破，宜自我鞭策，增強動力，否則一生機運不佳，形家論面前有低陷之橫過馬路，後山不但沒帶或有低之馬路橫過。

46：沉船老苦之數，人心不足蛇吞象，錢賺很多，滿船載不回來，也因野心大，亂投資會造成失敗，可置不動產。自立自強，剛強，獨立奮鬥，容易遭受朋友的連累，一生中逆境多於順境。

◎四格中有56劃—會有以下現象

不善於表達，行動力也不足。工作時缺乏持久忍耐性，進取心不夠，遇到挫折則不能再起，喜換工作。

56劃則論進取心薄弱，動力能量不足，且在公家機關或大公司工作，可以在穩定中成長，形家論門前之馬路雖寬但地勢低，且後靠無又低傾斜。

56：早運辛苦，不得祖蔭，六親緣薄，無妄之災，缺乏耐心與勇氣，人際關係差。

◎四格中有66劃—會有以下現象

在外人際關係不能持久維持良好，與人交往時間，愈久愈不能和睦共處，不重信義。

66劃內外不和，常陷於進退兩難，災厄重重之慘境，如能重義氣與人和睦相處，晚年或可避免破滅之虞。形家論前馬路低，且後靠無又低下傾斜。

66：孤獨，孤高，做事無魄力，親緣淡，小人多。

◎四格中有76劃─會有以下現象

論家財破散，骨肉離散，貧病交破，短壽之命也。形家論前後有低陷之馬路。76劃熱心助人，但做事任性，不如意時，經常換工作，凡事無成就，宜在異鄉發展較有貴人。

6尾：驛馬貴人之數

◇在主格運中筆劃數為6，16，26，36，46會有以下現象

主格運：管大環境，在家庭中的風格，腦中思想，內在性格傾向，主客觀意識形態。

屬精打細算，愛財取之有道型，又好面子，桃花頗多。

好動，為人逍遙自在，慷慨大方，但稍有懶散拖延情形，人緣好，樂助人，應酬多，勤奮認真，決定之事不容易更改，意志堅忍，一意孤行，這種個性容易大成大敗，為人不甘平淡，一生變化大，傾向投機，有橫發事業出現，易有出人意料的成功機會，一夜如遇貴人，成名滿天下。

如遇小人一生多難，浮沉不定，多疾多糾紛，起伏難定。除6，16外，其他6數易犯小人之陷害。

帶半貴人數，驛馬，其人好動，帶奔波勞碌格局，工作個性固執，做事任性，愛好自由，心地善良，講義氣，不愛受約束，在外人緣好，尤其在異鄉逢貴人較多，故宜在異鄉發展，除6及16劃外，其他尾數6劃因朋友多而犯小人，尤其注意朋友之陷害而拖累自己。

形家論隔一間後有路，6，16劃隔一間房子後有路，26劃隔兩間後，36隔三間後再接馬路，但46劃則例外帶下陷之馬路。

◇在副格運中筆劃數為6，16，26，36，46會有以下現象

副格運：管夫妻關係，戀愛運及家運，做事過程，人生規劃，脾氣性格。

男人有此數：戀愛運多能得女性歡心，善於安排休閒生活，但情場多生波折，配偶脾氣較剛烈。

女人有此數：具魅力，桃花運旺，追求者多，婚姻美滿。

子女聰明多才氣，能得父母歡心，容易在社會上成功，如交上壞朋友，子女頑固，不易與父母溝通，容易讓父母煩心，宜多注意管教問題。

形家論左前方看的到路且龍砂動，6及16劃之人較喜歡結交朋友，對朋友講義氣，朋友緣極佳，有異鄉緣，貴人亦多，若有事業可往外鄉發展。

男性戀愛運較順利，如得異性之歡心，如選擇配偶之主格運忌逢19劃或21劃，則婚姻較不美滿。

女性則論人緣佳，子女亦優秀，如不與主格運19或21劃相剋，則婚姻大都很圓滿。26，36，46…等較容易結交小人，也易犯小人而被陷拖累，形家論左前方看到路且龍水拖出。

男性則戀愛不太順利，家庭欠美滿，因男主大部分在家待不住愛跑，如不與主格運19劃動數相剋，或配偶之主格運相剋則婚姻尚稱和樂。女性婚前易與情人賭氣，對婚姻態度消極，子女也較為內向固執，若主格運相吉且吉數則反吉。

◇在外格運中筆劃數為6，16，26，36，46會有以下現象

外格運：外在的人際關係，行動力，行為表現，成功運。

在性格方面特立獨行，主觀意識強，對於不喜歡的人不會假以辭色，而容易無形中孤立自己。

為人幽默風趣與人交往融洽，交遊廣闊，認識三天就能成知己，在社交場合很受歡迎，桃花運多，豔福不淺。

從事業務工作，面對面與客戶接洽，都能讓公司業績大為提升，但只適合從事單純工作，不宜管理太多部屬，或從事社交性的行業容易因桃花而分心，異鄉發展則必須配合主格

運吉凶而論成功與否。

尾數6劃中及16劃之性格幽默而風趣，與人交往相當融洽，異性緣佳，在社交場合較受歡迎，若從事事務方面之工作很受客戶之欣賞，能使業績達到更輝煌的成果。

其他26，46，56等等以上之尾數6劃，則論性格固執，講話直率，容易遭人反感，宜從事較單純工作，如極力往外發展則是非多。其中36劃則論性格古怪，與人來往很難融洽，在社交場合易受排斥，故較不適合從事業務方面之工作，否則業績難達理想。

形家論虎邊帶路，其中6及16劃，路外收逆水之形勢，故利異鄉發展成功。其他6尾數則虎邊鄰地勢低之馬路，且順水流出之地勢，異鄉發展必須配合主格運吉凶而論成功與否。

◇在總格運中筆劃數為16，26，36，46，56會有以下現象

總格運：最終的本質，整體的表現，一生財運總歸納。

如與主格運配凶則為財來財去，此數幼年較辛苦，年紀越大運氣越好，26數男性因固執又理想高，雖有突破萬難之勢，但一生挫折較多，成敗常在一瞬間，女性則因稍有古怪之性質，物質生活時好時壞。

尾數6劃中只有6，16為吉數，26劃為凶帶吉，其他皆論凶。

6及16劃，男性一生常有意料之外之好運，待人豪爽大方，愛面子之傾向，花錢比較慷慨，如與主格運配凶或他運配不吉，則流年逢到財來財去總是空，此數幼年較辛苦，屬於早發型，年紀愈大運氣愈好。女性大多賢淑能幹，有配嫁貴夫之傾向，如主格運與副格運配吉則婚後夫妻生活和樂美滿。

26劃：男性因固執又理想高遠，雖有突破萬難之勢，但一生挫折較多，成敗常在一瞬間。女性則因稍有古怪之性質，精神生活常受困擾，物質生活時好時壞，一生命運起伏不定。其他尾數6劃，男性則因愛面子，而待人豪爽大方，花錢浪費不節制，常為金錢而煩。女性則因固執又倔強之個性，婚後夫妻生活欠美滿，若逢主格運，副格運，稱尊數則有婚姻之危機。

6數在形家論明堂前馬路外收逆水局之地勢，16，26數在形家論門前有馬路收馬路中開地勢高之拜堂，或外局之朝拜水之地勢，36數在形家論門前橫路或帶反弓路，帶動之形。

第九節　陽宅形家姓名學7數代表意義

單數特性論　7數代表刀數，智慧，重義氣

◎四格中有7劃—會有以下現象

頭腦靈敏，但個性孤傲，六親緣薄，熱愛自己，喜獨居，宜適合個體戶之行業能成功，若與人合夥事業易失敗。

7劃智數，聰明超群，獨立性強，且有勝利之運格，外表表現冷默無情，講話很直接，無形中易得罪人，故易犯小人，但其人財運不錯，若能稍微改變表達之態度，不僅事業易成，財運也會更好。

◎四格中有17劃—會有以下現象

天生具有開創格局，屬於白手起家型，中年有成，一般在35歲左右即可獨當一面，當老板或主管負責人，由於命中亦帶勞碌，常因工作之需，常常充實自己，吸收專業知識。

17劃倔強，固執，但意志堅決，有突破萬難之魄力而成就大業。一生中為人默默付出，凡事靠自己，永遠是別人之貴人，平時應學習表達情感與配偶相聚，如此婚姻才能維繫下去。

17：智慧之刀，個性強，愛面子，不認輸，自我之心強烈，頭腦好，反應快，用智慧賺錢，太固執時，財務方面容易出問題，有時因只想賺錢卻被人出賣而動怒，日後人生規劃可偏重讀書，設計研究方面之工作。

一生中主觀意識重，堅毅剛強，敢表現，敢突破，易為情所累。17劃，智慧之刀，倔強固執，凡事靠自已，有突破萬難之魄力而成大事業。

◎四格中有27劃—會有以下現象

兄弟數，個性好強，事業心重，一般中年以前會發，亦屬白手起家型。但積極度不夠，事業發展也會因而受限，宜從事軍人或警察行業之人。

27劃兄弟數，為人精明且主觀意識強，有領導能力，但心腸太軟，有時還是會容易受騙，男性暗帶桃花，若犯桃花時，不敢讓他人知道。此數都以智謀，努力而博得名利，在中年即達成功之域。

27：男人有此數：重義之數，容易被朋友出賣，錢被借不還。

女：倔強，痴情之人，痴情反被痴情誤，遇挫折時，易想不開。

女—會有以下現象重情，男—會有以下現象重義，是優點也是缺點，脾氣倔強不服輸，容易與人起爭執，不達目的心不死。堅持去做會成功，但不會長久，因不服輸的個性，小病不醫，拖太久變成宿疾，要好好注意才是。為人孤獨，一生追求自我，六親緣薄，只相信自己，不願向別人低頭，外剛內柔型。

◎四格中有37劃—會有以下現象

帶刀數，一方之霸之格局，具權力慾望，頭腦靈敏，獨力性強，35歲以前能發，但必須要有強壯之身體才會發。男性冒險性強，遇到危險較多，只要有錢賺，就算走險路也會放手一搏。女性則比較保守，較少冒險，行事會按步就班進行。

37劃帶權數，帶刀，為一方之霸之格局，隱藏性不外顯，有俠義心，吃軟不吃硬，對朋友或老闆忠誠度高，與26及36劃個性不同，26劃帶固執叛逆，亦是吃軟不吃硬且朋友是人人都好，36劃則霸氣外顯，愛面子，有老大哥之個性。

總格運37劃之人有領導能力，容易創造財富，也會有成就，但不會刻意去搶鋒頭，女性比男性溫和且保守，行事按步就班進行，但忌姓名虎過堂帶動數生氣時用刀殺人。

37：成功專業之數，事業有成後，易犯桃花，比較屬大器晚成，事業專精，個性獨立，此數為最大刀數，身體不好時，因病開刀，在事業上，可換老闆，但不宜換職業，須從事有技術的工作，長期經營才會成功。

為人冷漠，講話太直，易受人誤解，具神祕感，有隱藏性的野心，待機而發，貴人運強。

◎四格中有47劃—會有以下現象

天生推銷高價位產品高手，如推銷珠寶或房地產類高價產品，屬於暴發財之格，但因個性不認輸，老年未必會好。

47劃不敗數，與人合作事業，進可取，退可守乃自由自在，屬於安逸格，如有長輩提拔，得朋友贊助，可成大事業，但女性有時會跟另一半唱反調，且積極度不夠，所以想要得到任何東西，得付出更多代價，不見得一分耕耘一分收穫，是辛苦格。

47：不服輸之刀；一生向前看，無法清閒，愛跟人比較，天生推銷高手。

男：個性不認輸，易怒，肝不好。

女：別人做的到，她也要做的到，吃不胖（會賺錢，但會做死）易得自律神經失調，女性不宜用。

一生貴人多助，交際廣，樂善好施，財運豐盛，家運美滿。

◎四格中有57劃—會有以下現象

魄力數，冒險性強，尤其是男性，女性則保守，男性因冒險性強，喜走法律邊緣，金錢方面易出問題，錢進錢出起伏大，年輕時起伏較大，若能懂得理財，晚年則能無後顧之憂。

57劃雪中青松之象，性剛毅，帶點孤傲有魄力，常自覺懷才不遇，內心常感不甘心，有怨氣，於生涯中雖曾遇大難一次，然後轉敗為勝而享受吉祥繁榮，但注意年老內心孤獨，憤世嫉俗之傾向。女性中年多災厄，晚年稱意之運勢。

57：長青之數；天資聰穎，主動積極，事業心強，不重物質享受，嚴以待人，晚運佳。

◎四格中有67劃—會有以下現象

中年以前可白手起家，個性孤傲，習慣隱藏情緒與感情，雖心腸軟，感情豐富，但卻不懂得表達出來。

67劃白手起家，草木逢春成長發達之運數，有自立獨行之能力，事事如意，獲得成家立業，但忌貪慾，如果有，則反招至悲運。女性溫和保守，行事按步就班，賢能有美德。榮夫益子。

67：領導統御長才，善策劃，協調，組織能力，喜掌握他人。

◎四格中有77劃—會有以下現象

有樂極生悲之象，六親緣薄，熱愛自己，不宜與人合夥事業，吉凶參半之格，與人合作事業，因人多事雜，避免被小人作弄而破敗，一般命運幸福至中年，然後陷落不幸，悲嘆之運，宜中年時多勞苦，晚年才幸福。

7尾：刀數，智慧，重義氣

◇在主格運中筆劃數為7，17，27，37，47會有以下現象

主格運：管大環境，在家庭中的風格，腦中思想，內在性格傾向，主客觀意識形態。

形家7尾論智數，刀數，故其聰明才智佳，但個性剛強，為人主觀，好勝心及競爭心強烈，創業易成功，但忍耐力強不怕失敗，性子急，口齒伶俐，易無意中得罪人，喜歡當老闆不喜受牽制，一生財祿尚豐，有過一段人生叛逆期，如不回頭易成問題少年。

功成名就一生中易掌大權，建立大事業，可能在少年時有過鬥毆被捲入是非之爭，長大官司糾紛，人際拖累多，較孤獨，倔強，容易被義氣所害。

此數屬智慧刀數，但不一定會開刀，只是較容易受傷，不一定是車禍或開刀。

一般姓名學尾數7劃，只有27與77論吉帶凶及57劃論凶帶吉外，其他尾數7皆論吉數，形家7尾論智數，刀數，故其聰明才智佳，但個性剛強，暗帶權威之霸氣，為人好勝特別強烈。

如單7尾配動數如19劃，論車禍、開刀，一般開刀機率大。論性格主觀，好勝心強，頭腦靈敏喜歡強辯行事，忍耐力及鬥志力旺盛，凡事喜歡自己決定，不願受到他人的干涉或牽制，適合創新行業之開發工作，因主格運尾數7劃本身帶刀，帶權之霸氣，忌逢他運有動數或驛馬數以及尾數7劃，則有開刀或車禍之機率發生。

若單7數配驛馬數6數則有車禍之血光，若單7數配30數霸數則論開刀，若雙7數配驛馬數26，36，46，則易有意外之災，若雙7數配動數則有開刀之應，形家論龍邊之建築物有缺口或帶壁刀之建物。

◇在副格運中筆劃數為7，17，27，37，47會有以下現象

副格運：管夫妻關係，戀愛運及家運，做事過程，人生規劃，脾氣性格。

在子女方面稍頑固，身體強健，個性剛，不易接受父母意見，在社會上尚有表現。

男人有此數：喜歡狂熱大膽追求女性，造成轟動，戀愛專情卻多波折。男人副格運7數者配偶個性較剛毅。

女人有此數：戀愛前衛倒追男人也無妨，喜歡強烈征服，支配男人，容易捲入三角戀愛糾紛中。

一般論個性固執孤傲，主觀意識強烈，凡事喜歡靠自己，不願依靠他人而獨立做事，不宜和朋友或客戶有金錢往來，以免引起糾紛。其中17劃之人較例外，其人個性善良，內斂，會隱藏情緒，對朋友付出，但朋友很難得知受到恩惠或好處，時間久了毫無回報，心裡常不是滋味，自己又不好意思說，建議可以藉酒壯膽，來表達隱藏心聲及真正想法。

尾數7劃在副格運之男性論配偶之個性較強烈，如與主格運配吉大都有早婚之象，如配運不吉則夫妻多爭執。女性亦同論。

◇在外格運中筆劃數為7，17，27，37，47會有以下現象

外格運：外在的人際關係，行動力，行為表現，成功運。

一般論口齒伶俐，容易得罪人，喜歡支配別人而不願屈居人下，雖具有創業之毅力，但必配合總格運吉數及排行老三才能成功。

形家論虎邊帶壁刀，或右前方有壁刀建物且虎過堂帶刀，一般論帶刀會總格運6數則有車禍之應。

◇在總格運中筆劃數為17，27，37，47，57會有以下現象

總格運：最終的本質，整體的表現，一生財運總歸納。

男性做事恩怨分明，性急個性又剛強，人際關係較不和諧，大多喜歡自己做主，不願接納別人的意見，做事多變化，所以成功或失敗常在一瞬間。

女性脾氣倔強，事業心重於家庭，大多為職業婦女，婚姻亦有晚婚之傾向，婚後仍為職業婦女繼續在社會上忙碌不休，如他運配吉則可成為女事業家，否則大都為職業婦女。形家論前堂不寬，後靠山論逼，如建物逼進或大樓壓迫，或是後靠建築物不整齊帶壁刀。

第十節　陽宅形家姓名學8數代表意義

單數特性論　8數代表軟數堅忍數雷公性

◎四格中有8劃—會有以下現象

聰明，頭腦靈活，喜歡動腦想點子，屬於創造型，有不服輸之個性，靠自己打拼事業，行動力強，帶勞碌格局，但賺錢不輕鬆，多半需要勞心勞力，付出很多。熱愛家人，只要家人吃得飽，過得快樂，願意付出一切。

8劃帶勞碌，一生多需靠自己努力，多半能成為別人之貴人，自尊心強不容易接受他人援助，認為別人不可信，還是自己最可靠，事業運佳，且多半靠自己努力，屬於開創格，故必須在同行裡做突破、改革，推出獨樹一格或概念才能成功，唯患得患失之心重，一旦遇到挫折而灰心則有破運之慮。

◎四格中有18劃—會有以下現象

愛面子，愛擺派頭，17劃者賺錢自己用，而18劃則賺錢給別人用，大都是給六親用。早年發跡，女性較能幹勞碌，男性則愛表現，男女都要注意容易遇上中年危機，經營事業要考慮周全，小心別衝過頭。

18劃頭腦相當靈活，講義氣，個性雷公性，好打抱不平，愛好面子，重視外表，會用昂貴之服裝飾品表現自己身價，喜歡展現自己之能力與才華，屬於早發型。然自尊心強，缺乏包容力，恐堅剛過頑，凡事三思而後行則名利雙收。女性最好婚後事業家庭擇一，否則會很勞碌。

◎四格中有28劃—會有以下現象

官司數，比較容易捲入法律訴訟之糾紛中，個性任性帶叛逆之性格，如在35歲前能成功，則老運佳，否則日後運氣不順，且在社會工作比較沒有自信，甚至對自己都沒信心，建議此數之人，宜在公家機關任職為佳。

女性多陷於孤寡或病患之慮，且婚姻不美，但外表喜歡漂亮美麗。

28劃個性任性，易與人打成一片，但有時喜歡與人唱反調。小心不要玩得太過火，否則還是會傷感情。男性易因朋友惹官非，宜逆向操作，多花時間陪伴家人。一般來看，28與27劃一樣，與親人感情較淡，或聚少離多。

故女性婚後對自己不要太嚴苛，對先生不要管的死死的，多學習尊重與包容，姻緣路家庭生活才幸福，否則多陷於孤寡及家庭生活不美滿。總格運28劃注意流年逢到應生意失敗或被倒債。

◎四格中有38劃—會有以下現象

完美數，人人都好，個性安逸，樂天易知足，不喜與人競爭或爭奪，只要是朋友都認為是好人，常為朋友之事兩肋插刀，尤其是男性朋友重於妻兒，做事心急，常未經考慮就要創業，時常被騙上當，一生錢財易失。

女性則好強，受不了別人讚美。

38劃完美數，懂得享受人生，愛幻想，思多行少，有惰性，積極度不夠。會交際公關，個性溫和，人人好。是和平主義，不喜歡與人競爭。錢用完再賺即可，安逸之性情，有文藝才華藝術氣質，如能對藝術方面多努力，能有相當成就，但缺首領之才幹及統率之威望，雖有其志而乏其力，故難貫徹目標，而陷於不平，失意而難成功。

◎四格中有48劃—會有以下現象

在總格運論城府深，性情沉著，但在主格運，則愛面子而吹牛，平時外出時打扮得十分光鮮亮麗，此種人喜歡以光鮮一面來面對世人，自尊心十分強。

48劃權力慾望，性情沉著，城府深，且有智慧，具競爭格，競爭心愈強得到愈多，重視金錢，賺錢動腦不動手，能適應任何環境享天賜之福而成功。可為人之顧問亦為眾人所尊敬，但忌因過份相信人而上當，故用人時須注意。

◎四格中有58劃—會有以下現象

先苦後甘，半凶半吉之運數，若能懂得經營人際關係，借力使力，可增加貴人運，並且突破命格，增加很多機會。個性多半樂觀，故年輕時要懂得理財，才可讓晚年更有依靠。

◎四格中有68劃—會有以下現象

具智慧聰明，思慮周詳，意志堅固，有果斷之才幹，信用厚重，有回天之力創造發明之機能，願望達成多利雙收。唯有時過分熟慮，致失先機，或成憂柔寡斷而至失敗。

◎四格中有78劃—會有以下現象

劫財數，為吉帶凶，因凶相潛入其內。早中年能發達或享受富貴幸福之早發型，但至中年以後漸自衰退而陷入苦境，屬於前半生幸福，後半生困苦之運勢。

◇在主格運中筆劃數為8，18，28，38，48會有以下現象

主格運：管大環境，在家庭中的風格，腦中思想，內在性格傾向，主客觀意識形態。

尾數8劃屬軟數，個性剛毅木訥，頑固而無通融性，有堅強之耐久力，對事則愛打抱不平，性情帶雷公性，做事心急，時時被騙，一般錢財外借要不回。

吃苦耐勞且做事腳踏實地，比較不注重物質生活，大都靠自己努力奮鬥而成功發展。

格局若無財數配置者則凡事少成，且大都勞多利少。一般以8，18，48及68論吉，28論凶帶官司數，其他吉凶各半。在形家論龍邊失，無靠或軟之意，尾數8形勢上只比尾數4吉一點，但比尾數2及6劃差，其中8，18及48則論形勢平平。有雷公的特性，個性急做事不喜歡拖泥帶水，好打抱不平，脾氣來的快去的也快，是屬個性急之人，易吃朋友虧，心臟跳動快，宜注意心臟、血壓的問題。

是標準軟中帶硬的個性，不服輸，有才華，容易驕傲自滿。格局中若無財數配置則凡事少成，且大都勞多利少，一生中願吃苦，也可以忍耐，踏實穩健做事，易受信賴，但不擅言詞，為人一板一眼，相處久了就知為人誠信，有克服困難的恆心，在社會建立好功名。

如果執意不改自滿的個性，又不擅人際，容易失敗。在形家論龍邊失，無靠或軟之意，8數形勢上比4數吉，但比2及6差，其中8，18，48則論形勢平平，28論凶帶官司數。

◇在副格運中筆劃數為8，18，28，38，48會有以下現象

副格運：管夫妻關係，戀愛運及家運，做事過程，人生規劃，脾氣性格。

尾數8劃之人交朋友以來者不拒又不懂得如何篩選朋友，警覺性又太低，經常為朋友付出過多，才發現受騙或是被利用。

如28劃之人耳根特別軟，經不起朋友之一再勸說，可能因此下錯誤投資決定而損財。或錢財借人要不回等，容易犯小人。

但38數則例外，此數人親和力強，擅長交際，有異性緣，一生貴人多，亦容易得到朋友之協助。

男性做事及對婚姻態度較嚴謹，配偶個性稍倔強，除28及78婚後夫妻常有爭吵，其他數家庭生活尚稱平順。

女性則對戀愛過於執著，雖追求者多，但容易因考慮過多，而失去良機或良緣。不過一旦結婚後，家庭生活尚稱圓滿，其中18及28劃較例外，18劃女人幹練，帶勞碌格，喜歡靠自己本事行事，有時會強出頭，或氣勢壓過另一半，有人說「無能的男人，是能幹女人造成的」，故宜在婚姻事業做出抉擇。

28劃之女人婚後很會照顧自己娘家，有任何好處都不會忘記帶回一份。

子女倔強能吃苦，會讀書，從小對自己要求嚴格，將來能夠光耀門楣。

男人有此數：對女性佔有慾強，耐心夠，不隨意傾心，但目標一訂，持久奮戰，以時間毅力證明一切，終於贏得美人芳心。

女人有此數：對戀愛理智。雖然追求者不少，仍會冷靜選擇適合結婚的對象。

8數之人耳根軟，易受騙，失財又要不回來，形家論龍砂外失無延伸，或下坡之勢。

◇在外格運中筆劃數為8，18，28，38，48會有以下現象

外格運：外在的人際關係，行動力，行為表現，成功運。

尾數8劃在外格運除28及58劃較例外，在外社交運不甚圓滿或不如意，待人好爭好強，得理不饒人，常惹麻煩是非，管理部屬比較嚴肅，容易引起反感。其他尾數8劃則論社交運尚稱如意，待人很守原則，善惡分明，管理部屬比較嚴肅。形家論虎邊失或溜下坡之形勢。

◇在總格運中筆劃數為8，18，28，38，48會有以下現象

總格運：最終的本質，整體的表現，一生財運總歸納。

男性個性堅忍具有突破困難之毅力，但因內在個性傾於固執，很容易陷入一意孤行之局面，尤其是28劃不論在主格運或總格運，易一意孤行，我行我素，且易判斷錯誤而陷入困擾。

其中28數流年逢之應生意失敗或被倒，女性大都是精明能幹，能與男人並駕齊驅，自創事業，婚後也能幫助丈夫共創家業，一般婚後婚姻生活稍欠圓滿。形家論明堂下坡，往下溜之形勢，形勢介於2尾與4尾之中間，但48數則論平平之形勢，28數則有溜走之狀況與4尾相當呈下陷之意，男人流年逢之剋應為生意失敗或被倒，女人若與動數相會則應驗車禍。

第十一節　陽宅形家姓名學9數代表意義

單數特性論　9數代表動數官數

◎四格中有9劃—會有以下現象

聰明，反應快，學習力強，為人熱情有活力，不論身在何處，常把歡樂帶給身邊之人，且喜愛展現自己卓越的能力，忌因光芒太露而觸犯小人。

9劃動數，帶官訟數，聰明鬼才型，野心大，但機運不佳，波折多，一生易大起大落。如他運配置吉祥者，能隨環境改變而順應環境，也懂得如何表現自己之優點，將獲取機會，往往有出例外之怪傑，偉人或大富豪。9劃論動數，好動帶冒險性，也有賭性，因此易有橫財，卻也易一夕間賠光，且一生要注意血光之災。

◎四格中有19劃—會有以下現象

聰明，但鬼點子多，屬於運用智慧賺錢之人，反之也可說是智慧犯罪者。

天性好賭如炒作股票之老手，常認為原本就是零，只要能打拚就是我的，拚輸再回到原點。故一生起落較大，亦因重情義而招小人背叛或招來無妄之災，且注意血光之災。

男性較喜歡風花雪月生活，小心被人誘惑亂投資，以免有被倒之慮，此數與他運流年配吉應吉，配凶論凶19劃動數，個性容易衝動，外表強悍有魄力，有俠義心，但交友複雜易走偏，易因小人破財或生官非，財運易暴起暴落，如白月娥，藝名白冰冰一樣。一生注意車禍及血光之災。

尤其夫妻子女有生離死別之挫折，宜修身，養身，造福田而增加貴人運保平安，此數流年或與其配數，配吉應吉，配凶則應凶。

◎四格中有29劃─會有以下現象

聰明，應變能力強，個性能屈能伸型，朋友眾多三教九流各個階層類型都有。對事情觀察入微，而且適應力相當強，命中帶暗財，有獲得意外之財的好運氣。由於個性能屈能伸，又有官緣，若能從事官職，公職則易有成就，從政治也非常適合。

29劃權數，有領導格，頭腦靈活，反應又快，又能察言觀色，雖在朋友中不愛表現，但很會維繫人際關係。男人可得妻財，但要注意眼高手低，要對家人多付出與疼愛。女人一生有暗財，不需要太辛苦付出便能得到，財運很好。但忌任意從事，恐致弄巧成拙。至於婦女，易流男性化，成女強人嫉妒之心，宜戒心之。

◎四格中有39劃─會有以下現象

聰明，天生具有耐磨之個性，為達到目的不擇手段且耐性十足，只求成功，不擇手段，那裡有錢賺，再遠再早都會爬起來往那裡鑽，這種態度，很容易成為別人的小人，也易犯小人。男吉，女性不吉。

39劃足智多謀，野心大，敢於爭取機會，尋找商機，而獨立創業，對金錢及權力之慾望高，能早年發展成功。無奈貴重至極之中，都藏凶機，所謂貴極則反之意，故最好少用，因中年後容易神經質，男性易婚變，女性若無早婚則不易結婚，但婚後易陷孤寡。

◎四格中有49劃─會有以下現象

聰明且喜歡炫耀自己之智慧，一有新思想，立刻告訴別人，因此馬上就有許多人模仿他，一生屬軍師格，不適合當老闆。

49劃吉祥含凶之數，擅於經營人際關係，一生能得助力，不需付出太多即可獲得成果，一生命運遇吉則吉，遇凶則變大凶，故大成大敗。男性異性緣強，但小心犯桃花，女性婚後亦有異性緣，易惹來家庭風波，最好能保持距離。

◎四格中有59劃─會有以下現象

聰明，個性缺乏忍耐及勇氣，又喜歡浪費時間和金錢在吃喝玩樂上，中年有危機，晚年又不好，宜任公職或到有保障之大公司工作，避免中年危機的機會。

◎四格中有69劃─會有以下現象

精神缺乏霸氣與企圖心，做事不果斷，猶豫不定，且失意，又多病導致精神異狀，而陷失敗或短命之命運。

69劃病災非運之數，精神缺乏霸氣與企圖心，行事鈍拙又猶豫不定，屢陷危地，挫折頻臨，失意且多病致精神異狀，動搖不定或失敗連連之命運。

◎四格中有79劃─會有以下現象

挽回乏力，勞而無功之數，能伸而不能屈，知進而不知退，有勇無謀，精神缺乏霸氣與企圖心，猶豫不定，一旦遇到挫折精神便喪失，無挽回之力氣，導致失敗命運。

79劃有勇無謀，精神意志不穩定，失信用又犯小人而遭到失敗之命運。

9尾：官數，陽動之數

◇在主格運中筆劃數為9，19，29，39，49會有以下現象

主格運：管大環境，在家庭中的風格，腦中思想，內在性格傾向，主客觀意識形態。

反應快，年紀愈大愈吃香，也是是非之數，意外之數，特別容易有車禍，血光之災之刑傷特別明顯。

此數屬【謀後而動】，越老越吃香，小朋友如有19數在外格，非常活潑好動，有過動之象。此數也是貪數，會因貪財貪利益而與人掛勾引發官司問題，易受朋友拖累，宜提防。

為人一生多善變，點子多，模仿力強，易暴起或暴落，喜掌握大權。

為人堅毅仁厚，喜歡指揮別人，不喜屈居人下，主觀強烈，聰明敏銳誤打誤中，容易養成專斷獨行，易犯官非，為追求名聲，追求名利，不甘寂寞，容易結交朋友且朋友多，較喜歡參加社團，喜歡刺激性生活，一生中較會有車關，在特質上是一個智多星，變化多端，思想超越現實，但易受打擊，失望。

具有天賦才華，但脫離現實，憤世嫉俗，身體容易有刑傷，精神生活常不安定，不重物質生活，是典型理想主義者。

動數，好動，片刻不能靜止，個性聰明好勝心強，常以個人之意見為所欲為，但有時又變動不定。理性發達，有謀略之才能及活動力，但9為極數，進一步就突入10之空虛數，若退一步則被8劃之頑剛運所不容，故易造成浮遊不定，孤獨窮迫，徒勞無酬，自然產生身心疲憊之感，家破敗產隨數字愈大愈具誘導力。一般論9，19為凶帶吉，29，39論吉數，其他皆論吉。在形家論龍邊有延伸，但插有不寬之小路或防火巷。

◇在副格運中筆劃數為9，19，29，39，49會有以下現象

副格運：管夫妻關係，戀愛運及家運，做事過程，人生規劃，脾氣性格。

在子女運方面，子女們較孤獨聰明，雖然與父母感情不是很親密，但也不致交惡，在社會尚能出人頭地。

男人有此數：對異性拙於應付，時冷時熱，容易受冷落而退縮，容易喜新厭舊，多桃花。

女人有此數：則對戀愛積極，但容易對情人產生挑剔與不滿。

朋友相交滿天下，貴人與小人兼而有之，且容易近朱者赤，近墨者黑，交友層次相差懸殊，宜慎選朋友，多接觸層次高之人，尤其是9及19劃之人。

29劃交友雖廣闊，但貴人助益多，且貴人不斷。39劃則對朋友好惡分明，是個直腸子的個性，其他尾數9劃與9，19同斷。一般尾數9劃之人，在外應酬是家常便飯，故錢財不易留住，只有29劃的人一生帶暗財，人際關係又佳。

婚姻方面，男性除29劃與39劃之人，對異性緣佳，戀愛積極，對自己所喜愛之人也能順利達到願望，家庭生活則依主格運及對方之主格運交叉討論論吉凶。

其他尾數9劃則男性有拙於應付異性之傾向，感情易冷易熱，情緒亦不穩定，一般婚姻生活欠融洽，女性方面亦除29及39劃之人，對感情方面比較熱情，且身體健康佳，如他運配凶則家庭陷入爭吵不安，或有晚婚之兆，其他尾數9劃則身體健康欠佳，感情方面比較消極，如主格運配凶易有晚婚之兆。形家論龍砂外或左前方有小路，或防火巷。

◇在外格運中筆劃數為9，19，29，39，49會有以下現象

外格運：外在的人際關係，行動力，行為表現，成功運。

喜歡支配別人，不喜受人牽制，樂於幫助別人，頗能得到別人欣賞與景仰。此數是曲高合寡之數，處理人際事物頗多不適，喜歡單純寧靜安逸的生活，不擅人際交往，容易捲入朋友是非糾紛中，而蒙受損失。口才好，做事積極，對朋友的事情相當熱心，交友廣闊，遇到困難能獲貴人相助而化解。

除29及39劃，論交際手腕尚佳與主格運配吉則易得貴人或親友之助，反之與主格運配凶則易受他人拖累，捲入是非或財務之損失。其他尾數9劃則論交際手腕差，易犯小人，精神生活易受困擾，常有意料之外之打擊。若與主格運或他運配凶，則易受人拖累，捲入是非或遭受財務上損失，如會刀數則易有血光之災，為桃花數易有桃花事件。形家論虎砂有縫或防火巷。

◇在總格運中筆劃數為9，19，29，39，49會有以下現象

總格運：最終的本質，整體的表現，一生財運總歸納。

男性論聰明好動，有俠義心，好勝心強，又多才多藝，但運程比較多災多難。理想雖高，但凡事少成，而使精神生活陷於苦悶中，注意交友，否則易犯小人，也易被劫財或血光之災。大運及流年配吉仍可成功發展。

其中29及39劃運程論順利或有意料之外發展，大運及流年配凶則徒勞無功。

女性論常有家庭生活的問題而勞苦不安，精神生活亦常感操勞煩悶之境。其中29及39劃個性傾向於男性化，有男人的創業魄力及能力，喜歡參與丈夫的工作或創業，大都事業重於家庭，若能取得丈夫之諒解，否則婚姻不美滿。形家論面前帶路，其中19劃則面前有防火巷之壁刀。

29劃亦同論，但不太明顯必須虎強龍弱才論，但在主格運及外格運論宅旁有離縫如防火巷之類。

單數特性論　0數代表空數

◎四格中有10劃—會有以下現象

反應靈敏，很有預知能力，可惜比較消極，膽子不夠大，常常拿不定主意，但野心大又不能安於現狀，一生工作到老，不論賺錢或拓展事業都低調進行，注意不要被借，易被倒，如跟會亦易被倒會。

10劃一般多出自於窮人之家庭，一生嚐盡苦楚辛酸，有智慧，故須以智取財，不宜勞力取財，要懂得自我充實，否則財運不穩定及注意血光、病痛。此數具有謀略，智慧，心思細，內斂，內心空虛，可靠智慧賺錢之數。

個性是保守消極謙和忍讓，精神容易空虛寂寞，能隨遇而安，喜歡追求哲學宗教心靈，適合單純閒散生活，積極展開社交圈則容易捲入是非糾紛，並受人牽累。外實內虛常為小事煩惱，心胸開朗，發揮長才則易成功。有才華卻不見容於社會，多災多疾多糾紛，空虛困苦。

◎四格中有20劃—會有以下現象

空數一般腸胃較差，頭腦敏銳透徹，特立獨行，主見強烈，但行動力、堅強力、積極性都不夠，容易思多行少，但懂得規劃、企劃，屬於軍師型人物，若配他運吉則可成功，一般論無吉凶，依配數而論吉凶。

20劃空數，破滅衰亡之數，雙親緣薄，具理性且善於規劃，賺錢機會雖多，但辛苦勞碌，適合往異鄉發展，不要從事投機性之投資，以免失敗產生危機，宜自幼鍛鍊忍力，養成精力，處事謹慎，對錢財有儲蓄概念，以備老運。一般論較無吉凶，做事小心，若配數吉可成功。

20：此數乃為鐵齒之數：信念非常執著，做事很小心，要改變觀念可不容易，自我意識又強，較容易碎碎唸，其最大優點是：凡事想好計畫才去做，對於宗教很有興趣，也有暗桃花之嫌。這輩子考慮多而做的少，為人自負，剛強，心直口快，是非多。

◎四格中有30劃—會有以下現象

霸數，魄力數，個性柔中帶剛，足智多謀，事業容易發展，天生思多行少，利用資金以一當十，誇張愛面子。女性求財慾望比男人要強，也較有偏財運。

30劃霸數，魄力數，形家上格局組合，龍過堂論後山飽滿，若虎過堂則論明堂暗堂。論有智慧敢競爭，外柔內剛，35歲後能確認自己目標方向，配他運吉則有所成就，男人帶偏財，可得妻助，女人則金錢慾望重，適合晚婚。

30：魄力之數：有氣魄、有擔當之數，具有冒險投機的傾向。

男性：對於感情較不專（多情），感情不順時會逃避現實，而造成一事無成，變成沒志氣之人。

女性：雖然珍惜感情，但最不喜歡男人花心，婚姻也是坎坷難行。是一個絕處逢生，貴人運強的數，精明練達，善策劃、經營。

◎四格中有40劃—會有以下現象

聰明，頭腦冷靜，但個性很深沉，天生運氣不錯，不過本身積極度不夠，沒有行動力，遇到運勢起伏時，容易發生問題，一生易有波折，運氣佳時，財運不錯，反之則因衝勁缺乏，對一切都不夠積極，錢財也無法入庫。

40劃空數，一般男人，外出身上不多帶現金，亦又論手上現金空空，但不動產財有，若無不動產則現金可能空。人英俊，智謀拔萃，然而有傲慢態度，引起失敗，遭難之運，宜謙讓處世，則一生機會多，有長輩緣，如能到公家機關或大企業工作較好，且從事智慧型的工作。

40：沒安全感之數。

女性：怕有遇人不淑，節節失守之象，被打右耳乃伸左耳，女性忌配到桃花數。

男性：如年過40賭色不沾，得享晚年，雖表面好看，但內心孤寂，做事有勇無謀（憨膽，不怕死）。看來頭腦優秀，有智慧，但無權力之象，為幕僚輔佐之才，不宜投資，精神稍欠空虛。

◎四格中有50劃—會有以下現象

雖有才智，但無行動力，遇到運勢起伏時，容易發生問題，少年運勢平平，必須到老年才能順利，如配他運凶數時，則易有殺傷、離愁、刑責等之變動。

50劃空數一成一敗之象，即僅花一朝之夢，一生易自尋煩惱，身心難兩閒，有異鄉緣，事業婚姻到外地都會有好發展，宜學習判斷拿主意，才不至於影響婚姻，如年輕時要不要離婚而猶豫到50、60歲才放棄婚姻，猶豫不定的個性，讓另一半摸不透亦猜不透，會讓人很沒有安全感。此數晚年失敗，致離愁破家，被殺傷，孤寡之命運，女性則極愛美，喜奢侈，好誇虛榮。

50：人生半百，望能自省，清者子孫奉孝，濁者孤獨而居，事業心重，剛強，心性複雜，驕傲，愛現，防小人。

◎四格中有60劃—會有以下現象

反抗，叛逆心強，不服輸，與人寡合，一生遭遇困境、打擊多。

60劃個性搖擺不定，出爾反爾，難決定目標，故難有成就，若初期對事業有確立者，加上配數吉，則可獲小成。

60劃空數，算無謀之數，人生方針不定，一生奔波忙碌，宜到異鄉發展，以及到公家機關或大公司企業上班。年輕時宜多存錢及理財，晚年才能無後顧之憂，否則一生無一成就，且陷於困苦，煩惱，病弱，刑罰等命運。女人無建家之才能且一生勞苦。

◎四格中有70劃—會有以下現象

空數，空虛寂寞之象，遇事有逃避退縮之情形，不敢對現實直接解決問題，隨貧苦困難而招致久病不起之患，甚至殘廢、植物人、低能等運程。

70劃空數，出生貧困之家，一生慘淡不安，隨貧苦困難而招致久病不起之重患，甚至殘廢，盲目低能或世上無用之人，或命運黑暗多劫，難免殺傷，廢疾，刑罰，離散等，憂愁不絕也。

◎四格中有80劃—會有以下現象

空數，吉星入遁，波浪之重疊不絕，出生貧困之家庭，一生艱難辛苦，若能及早修行積善德，早入隱遁之生活者，可以安心立命，化凶為吉。

◇在主格運中筆劃數為10，20，30，40，50會有以下現象

主格運：管大環境，在家庭中的風格，腦中思想，內在性格傾向，主客觀意識形態。

此數具有謀略，智慧，心思細膩，內斂，內心空虛，可靠智慧賺錢之數。

個性是保守消極謙和忍讓，精神容易空虛寂寞，能隨遇而安，有不滿不溢言表，喜歡追求哲學宗教心靈，適合單純閒散生活，積極展開社交圈則容易捲入是非糾紛，並受人牽累。外實內虛常為小事煩惱，心胸開朗，發揮長才則易成功。

有才華卻不見容於社會，多災多疾多糾紛，空虛困苦。

零乃是空數也，女性慎用之，因為眼睛容不下一粒沙，如果失去自己所持有技術能力，或擁有的東西（人、事、物）時會有玉石俱焚的傾向，個性上也不容意易接受失敗。

這一輩子如果沒有自己的舞台很難生活下去。此個性為非你死、便我亡之個性，千萬不要犯太大的錯誤，否則難以收拾。

數字9及0劃之尾數，一般論五行皆屬水，尾數9劃好比洪水之流勢，漫山遍野，擊岩移石，沒有靜止之象，所以心性不能守靜，具有相當之活動力，且性情淡泊，不執泥於事物外在之美點。

尾數0劃好比井中水，又如湖沼之水，很沉著樣子，平常蓄存停滯在一定範圍內之狀，外在缺活動之表情，但頭腦敏銳透徹，富有判斷力及謀略，所謂不鳴則已，一鳴驚人，平時老實忠厚，一下子變得冷酷無情，令人出乎預料之外。

頭腦敏銳透徹，心機深沉，即才智雖強，但缺活動性，一旦時機來臨，又會變為大海，似洶濤駭浪，係好權愛財之性。適合研究開發之工作，不論學歷高低，大都有文學或技藝方面之才華。形家論龍邊空，地勢平平無靠，但30劃則論龍長又高之勢。

◇在副格運中筆劃數為10，20，30，40，50會有以下現象

副格運：管夫妻關係，戀愛運及家運，做事過程，人生規劃，脾氣性格。

子女們有意志消沉的傾向，個性保守不思創新。

男人有此數：對異性較消極，渴望迷人的對象，卻不敢主動追求，對母姊型、能幹型女性較有好感。

女人有此數：對異性過於理想化，容易陷入孤寂空洞幻想中，對現實生活甚不滿意卻無勇氣改善創新，而日度一日，容易有憂鬱的傾向。

尾數0之人，一般有選擇朋友之智慧，交友相當理性謹慎，均屬君子淡如水，但有時因自己才智過度外顯，而招至紛爭與犯小人，尤其流年逢動數小血光，破財之災。

一般男性對感情之事較消極，對喜歡之人總是默默想念，如與主格運配凶，則有晚婚或家庭多是非之象。

女性則心情容易陷於孤寂空洞之幻想中，家庭難培養愉快和樂之氣氛，如與主格運配凶則有晚婚或生產時有早產、流產開刀之兆，其中20劃之配偶易有開刀之現象，形家論龍砂延伸中斷，空無繼續延伸之勢。

◇在外格運中筆劃數為10，20，30，40，50會有以下現象

外格運：外在的人際關係，行動力，行為表現，成功運。

在外做事有一點孤傲執著，雖精於學理，但拙於人情，與人相處常會感嘆做人困難。在工作上適合單純技術、學術研究工作，若擔任管理眾人工作或向外發展的業務時，容易捲入是非糾紛，平白受辱之情形。

性格孤傲高且固執，講話直率，得理不饒人，除非主格運及總格運偶數，才不會與人起爭執，尊重包容對方，否則容易引起親友之反感，而遭到精神勞苦與財運空虛之打擊。

◇在總格運中筆劃數為10，20，30，40，50會有以下現象

總格運：最終的本質，整體的表現，一生財運總歸納。

一般尾數0劃之人，頭腦敏銳，有時太聰明反被聰明誤，平時老實忠厚，一下變得冷酷無情，令人出乎預料之人，一般財運不穩定。

男性對平靜的生活比較沒有興趣，喜歡追求投機而橫發之行業，創業過程挫折較多，若他運配吉則可相當發展，但一生常會碰到意外困境，如會刀數7則開刀血光之災。女性大都理想高，而生活於不平不滿之中，容易陷於孤獨無助而徬徨不安，他運或流年配運吉則反吉。

形家論後山或明堂平平無高低之地勢，但30劃則例外，虎過堂論明堂暗堂，龍過堂論後山飽。

陽宅形家姓名學實際論斷說明

請直接翻書至

第三節以後：陽宅形家姓名學各數代表意義

在形家四格中，主格22劃，副格21劃，外格23劃，總格33劃。咱們就在書中找出以下解釋。

◎四格中有22劃—會有以下現象

外柔內剛親和力強，帶反覆無常之個性，有時溫和，一切隨緣，但有時又苛薄，要求多或心生不滿，而讓人摸不著頭緒，一般論男好色，女美貌或愛美。

此數為完美虛榮之數，做事雖仔細，但有點潔癖，重整齊潔淨，個性起伏不安，易輕信他人言論，在外做事較保守，有虎頭蛇尾情形，如遇桃花，則有婚姻危機。

可從事企劃、幕僚、文藝、寫作等工作，是一個有品味，有貴氣，有異性緣的人。

◎四格中有21劃—會有以下現象

男帶大男人主義，愛出風頭，一生好強，有強烈之野心。女性易成女強人，一生較易背

單姓複名形家姓名論法

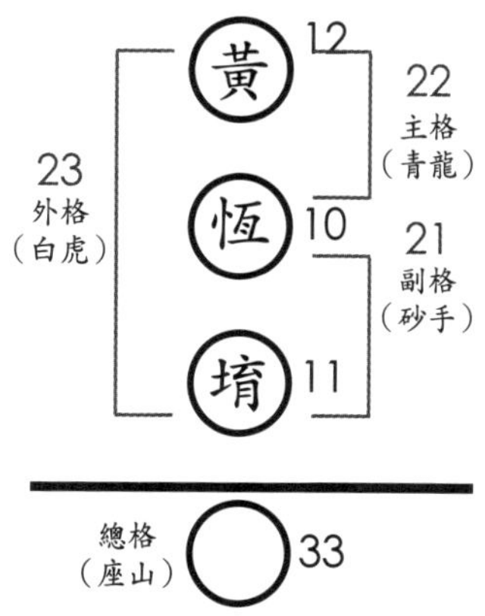

夫債或為娘家操不完之心，如配合總格運33劃或他運逢19動數則易有婚變。

男：會跟妻吵，但不會意氣之爭而離婚，中年得志，獨立，權威之數。

女：易為職業婦女，容易超越丈夫的成就，因此婚姻關係需多協調，看起來霸氣十足，不服他人，喜表現，管人，很能吃苦耐勞，但有好高騖遠的傾向。

21劃財運不錯，重物質享受，事業屬於早發型，不論男女有桃花之傾向，對感情較不易克制自己情緒。女性因成就超越丈夫，而易造成家庭不和，大部分為職業婦女之命運。

◎四格中有23劃—會有以下現象

足智多謀型，事業心強，有時想太多而失去機會，宜加強實踐力，多重性格，一生易為情所困，故男風流，女帶嬌，不論男女皆論財數，但女性有凌夫之意，宜事業家庭二選一，否則易生波折。

婚姻較不穩定，感情生活比較不如意。男孩子比較柔情似水，吃軟不吃硬，懂得應用群眾心理是為天生的領袖格，具多重個性，反應快，但叛逆性強，喜做領導統御工作，永遠不服輸。女孩子帶嬌氣尊貴（最大的桃花格），但脾氣稍大了一點，需用智慧溝通，較男性化。

◎四格中有33劃—會有以下現象

帶官緣貴人運旺，但婚姻生活宜多費心經營，尤其女性，若配主格運21則有婚變，帶大男人主義。

33：男：熱情又熱心，女：雞婆（宜從事自由業，如公益保險、直銷），因為人熱心之故，所以事業與家庭無法兼顧，此數為有財之數，但容易被長輩綁住，結婚後會較有成就，個性為外強內柔，個性上競爭性強具有強烈的企圖心，還好有耐性，愛計較，主觀帶情緒化，要求他人也比較嚴格。

然後在形家四格中找出各格主要代表意義。

【主格22劃】咱們就在書中找出以下解釋：

◇在主格運中筆劃數為2，12，22，32，42會有以下現象

主格運：管大環境，在家庭中的風格，腦中思想，內在性格傾向，主客觀意識形態。

2數在主格運之共同點，容易生悶氣，內心矛盾自尋煩惱，帶空虛煩悶之傾向，做事不積極，不果斷，常有三心兩意，既構思與行動不協調失衡。

其中32數則較例外，32數論冷靜，圓滑辯才無礙，主一生中有憂心勞神之傾向，事與願違，孤獨，分離，空虛之憾。

講話有心酸的感覺有一點無奈，事事追根究底之人，表面溫和，內有怒氣，任勞任怨，做事憂柔寡斷，鬱卒，朝令夕改為人作嫁，不宜創業。

可從事研究工作；是輔佐、策劃型人物，完美主義者，喜挑剔，言語尖銳。

好面子，肯為人服務犧牲，優先處理別人的事，自己事情擺一邊，擅交友，口才好。

意志弱，容易空虛苦悶悲觀，內心消極退縮，容易放棄大好機會。求知慾強，博學達理，熱心助人，容易多管閒事。想的多做的少，理想高卻缺乏執行勇氣，易自暴自棄半途而廢。形家上論龍砂地勢往下傾斜或比本宅低之建物或拖建之房舍，也代表高低起伏之屋形。

一般論與朋友、同事共處宜平等心相待，不要妄想支配對方。

【副格21劃】咱們就在書中找出以下解釋：

◇在副格運中筆劃數為1，11，21，31，41，51會有以下現象

副格運：管夫妻關係，戀愛運及家運，做事過程，人生規劃，脾氣性格。

副格運論後天努力之成果，與家庭、夫婦、兄弟姐妹，及異性之感情，亦論周圍人事之人際關係，在陽宅則論龍砂之延伸性，強弱之局勢。尾數1劃在副格運，除21劃個性自負、自傲、愛出風頭外，其他論性質溫和。男性大都能對女性謙虛溫和，對太太亦能體貼，但配偶之個性較好強。女性則喜歡表現自己才幹，對丈夫喜歡耍個性，好勝心較強，但配偶之自尊心強，且愛面子，因此婚姻較不美滿。

其中數字21跟31劃，若總格運會到33或39劃則易有婚變之現象。

男人有此數：對女性溫文有禮，風度翩翩，注重情調且相敬如賓。子女聰明又孝順會在社會揚名。

女孩有此數：對先生喜歡用命令、支配的口氣，在家中掌權一切包辦，有條不紊井然有序，看起來嚴肅中顯才幹。

在陽宅形勢上論龍砂延伸性長又高，或外局左方或左前方有金形之貴山。

【外格23劃】咱們就在書中找出以下解釋：

◇在外格運中筆劃數為13，23，33，43，53會有以下現象

外格運：外在的人際關係，行動力，行為表現，成功運。

外格運3劃大部分帶桃花，尤其是13劃較明顯，43劃則論交際較複雜，常有痲煩是非之事。如能配合主格運或總格運吉數，則可知人善用，適合擔任主管或領導階層之人，或者從事企劃工作之人，可名利雙收，形家論虎砂方面有拜堂水勢，或收虎水過堂之地勢，論有外財之形勢。

【總格33劃】咱們就在書中找出以下解釋：

◇在總格運中筆劃數為13，23，33，43，53會有以下現象

總格運：最終的本質，整體的表現，一生財運總歸納。

男性論外向好動，工作衝勁十足，不願受人拘束，一般名利心較重，與主格運配吉則能得貴人相助，而名利雙收，一般財運甚佳。女性論工作能力與個性比較男性化，有時因工作忙而無法兼顧家庭及婚姻，大都為女性事業家型或職業婦女，形家論前明堂收拜堂水之地勢，其中43劃則論明堂起伏不平且後靠不平穩，或明堂拜堂水呈歪斜之地勢。

以上的所有解釋，在本書所附贈的軟體中都可詳細列出，請善加運用。

看完陽宅形家派姓名學後，尚有不明瞭的地方可來電洽詢或購買一套教學DVD反覆學習，相信您未來一定是一位陽宅形家派姓名學老師。

如果需要本中心的老師為您命名或改名，請來電諮詢。

如命了一個新名字再加刻一顆印鑑更加分不少，本中心有幫客戶及同行代刻開運印鑑，請來電諮詢。

第七章
姓名筆劃資料表

第一節　姓氏筆劃

【二劃】

卜、丁、刀、力、刁、匕、乃。

【三劃】

于、干、弓、子、土、川、女、上、山、大、丈、勺、千、士。

【四劃】

王、孔、戈、毛、方、卞、巴、勾、壬、牛、水、犬、尤、文、尹、元、支、公、仇、井。

【五劃】

石、央、甘、田、自、申、包、丘、平、司、令、巧、左、古、冉、史、永、由、台、右、卡、正、丙。

【六劃】

朱、向、任、朴、安、伍、羊、牟、米、年、曲、匡、西、臣、吉、衣、多、伏、后、伊、百、全、合、守、戎、印、共、艮、仲、再、同、危。

【七劃】

冷、宋、巫、車、谷、池、貝、甫、江、利、吳、成、何、伸、辛、束、完、孚、杜、克、呂、汝、余、言、角、赤、李、岑、兵、杞、佟、良、君。

【八劃】

艾、果、林、幸、居、汪、周、宗、金、京、官、東、季、武、岳、尚、來、房、宓、牧、狄、沙、於、易、始、明、孟、松、卓、青、沈、兒、盂、昌、屈、忠、杭、和、呼。

【九劃】

禹、宣、保、哈、南、施、柏、查、柯、政、姜、侯、泉、姬、姚、涂、封、秋、韋、紀、計、風、段、勇、帥、皇、河、俞、柳、羿、狐、咸、紅、首。

【十劃】

奚、柴、祖、栗、時、晁、晏、夏、芳、洛、秦、城、家、恥、席、袁、高、花、芮、徐、恭、宮、皋、凌、孫、晉、員、恩、容、師、留、宰、洪、耿、烏、殷、貢、桑、翁、祝、桂、馬、桃、班、唐、倪、蚋、豹、索。

【十一劃】

粘、乾、參、區、國、許、將、邢、范、常、寇、曹、涂、張、麥、強、章、畢、符、戚、婁、那、英、胡、庸、梧、康、梅、商、苗、麻、梁、鹿、從、崔、崖、尉、海、浦、茅、苑、茆、婁、習、庚、偕。

【十二劃】

紫、黃、程、童、馮、盛、阮、曾、項、賀、邱、荊、堵、甯、單、祁、郤、黑、粟、覃、堯、彭、喬、喻、邵、舒、閔、傅、雲、景、焦、費、富、辜、邴、斐、荀、屠、欽、買、超、啊、棘。

【十三劃】

楊、賈、雷、莊、路、解、詹、湯、雍、游、楚、靳、塗、郁、農、廉、虞、湛、裘、義、嵩、莫、溫、雋。

【十四劃】

銀、寧、廖、郝、福、郤、僮、趙、臺、齊、管、翟、賓、壽、端、榮、鄐、熊、銚、褚、甄、裴、連、郎、華、聞、郟、鳳、赫、浙、臧。

【十五劃】

墨、樂、董、郭、黎、劉、葉、歐、萬、滿、諒、審、廣、葛、魯、樊、樓、厲、談、鞏、練、標、滕、閭、院。

【十六劃】

陳、衛、賴、霍、縣、錫、穎、潘、駱、鄂、龍、盧、蓋、陶、錢、穆、鮑、蒲、諸、陸、閻、蒙。

【十七劃】

蔡、蔣、韓、鄒、鄔、謝、鍾、應、繆、陽、隨、糠、蓬、勵、翼、隸、轅、鞠、館、隆、蔚、賽。

【十八劃】

顏、鄢、簡、戴、豐、儲、魏、闕、聶、瞿、蕭、璩、叢、歸。

【十九劃】

龐、醮、鄧、關、薄、鄭、薛、譚。

【二十劃】

羅、嚴、藍、釋、鐘、竇、繼、爐、覺。

【二一劃】

饒、顧、瓏、巍、鐵、酈、續。

【二二劃】

藺、蘇、龔、權、邊、隱。

【二三劃】

蘭、顯、巖、驗、欒。

第二節　名字筆劃

【一數】

一、乙。

【二數】

二、人、又、了、乃、力、几、入、丁、匕、刀、卜。

【三數】

三、上、小、丈、山、己、下、工、土、士、已、乞、也、巾、久、亡、弋。

【四數】

毛、尹、尺、刈、不、切、分、屯、水、丑、火、爪、丐、勾、巴、中、幻、勿、丹、爻、父、心、片、引、化、予、云、牙、戈、互、升、戶、牛、井、午、犬、及、支、王、手、文、友、仁、什、气、曰、斗、仇、斤、弔、今、反、亢、之、方、壬、欠、木、月、日、介、天、仍、太、允、元、夫、止、比、尤、少、凶、公、孔、內、廿。

【五數】

令、兄、充、右、冬、冊、以、史、台、可、司、召、正、只、仟、出、外、囚、刊、功、北、包、半、占、句、去、古、卯、叩、平、市、布、左、巧、尼、奴、仔、央、由、札、世、失、甲、申、白、目、示、石、矢、皮、立、禾、田、尻、丙、仙、巨、弁、矛、皿、疋、仕、穴、弘、幼、必、末、旦、戊、打、本、母、民、未、永、玉、玄、瓜、甘、瓦、生、用、田、充。

【六數】

名、地、回、好、寺、宇、字、亙、吉、印、寺、守、再、光、牟、舌、色、竹、自、耳、老、劣、刑、共、先、任、休、后、合、匠、向、同、因、妃、安、多、在、帆、州、宅、式、戎、旨、收、戍、庄、全、列、劦、百、各、血、艮、臼、臣、羽、衣、虫、舟、至、早、曳、机、次、屹、年、肉、考、死、行、灰、亥、仿、羊、存、知、夙、牝、交、兕、兆、伊、吏、吐、旬、伉、西、系、曲、朱、旭、扔、打、扒、扑、求、犯、汁、汀、氾、丞、企、价、有、此、圭、仰、仲、伏、伍、伎。

【七數】

汐、汽、汕、汎、汗、污、汝、江、池、汙、村、私、究、角、良、豆、赤、邑、身、貝、究、希、延、弟、戒、攸、杆、束、杜、炙、男、秀、成、秃、忌、忍、忐、忑、忖、志、忘、忙、忝、犴、步、余、伴、伺、估、低、佑、些、串、呆、扣、托、兵、兌、初、亨、佐、佚、伸、佃、佛、伶、冶、判、位、何、作、住、伯、体、克、免、冷、別、利、君、努、吹、呂、均、坡、宏、局、吾、呈、告、坐、壯、妙、吟、完、助、尾、吞、李、吳、坑、坊、言、孝、床、岑、岐、宋、廷、形、改、杏、巫、我、役、弄、序、巧、更、材、車、甫、杖、谷、每、弟、杉。

【八數】

汪、沐、汰、汶、汽、汾、泌、沂、沆、沃、沌、沖、沙、沛、汲、沚、汴、汨、決、沍、沅、沒、忻、忸、忮、忱、忡、快、忪、忤、沓、社、祀、祈、忠、念、忿、忽、阜、玖、玕、狂、狃、狄、扯、扱、抄、抃、扼、找、批、抉、扳、把、抆、抑、抓、投、抖、抗、抔、折、承、肋、肌、艾、事、依、佼、供、佳、佻、侍、侃、侑、侈、刷、制、協、冽、具、免、來、京、乳、佩、使、佶、享、並、卦、受、周、例、兩、典、刻、過、其、兒、味、叔、卷、卒、到、剎、刺、卓、取、和、命、固、坦、夜、奉、姊、妾、官、孤、定、居、坡、坤、奇、姑、姓、妹、孟、宗、金、坪、奈、始、宙、尚、岳、岸、帖、岡、幸、宜、季、垂、妻、弩、徂、所、岩、帑、庚、底、弦、征、帛、岱、房、或、彼、虎、府、往、戔、枝、政、斧、昌、昂、旻、果、服、松、杷、板、放、於、昏、昇、明、舍、采、門、雨、長、臥、竺、盲、物、炎、空、直、版、朋、杻、杯、林、青、易、昆、昔、旺、杭、杵、炊、牧、的、知、穹、糾、武、育。

【九數】

況、沮、沬、河、沱、油、治、沼、沽、泗、泄、沸、泊、泌、泑、沿、泓、泔、法、洄、泠、泡、泣、泥、波、注、泝、泳、決、泯、泮、泫、泉、面、炸、怏、怳、怔、怖、怕、怗、怡、怦、性、怪、怯、佛、頁、怎、怒、思、怠、急、怨、玦、衫、玫、狎、狐、狉、狗、狙、祊、抨、扶、拱、押、抽、拂、挂、抵、抱、披、拈、拆、拋、拌、拉、拐、拍、拒、拔、拓、拘、拙、拚、招、拗、拖、拏、祈、拜、肛、肝、肚、肘、肓、昱、韋、垚、芋、芒、芎、芍、皆、表、炤、俠、信、俗、俄、保、侯、俊、侵、促、便、侶、係、亭、冒、削、勁、勃、厚、成、垣、奎、冠、前、敕、勇、哄、品、昧、姜、威、奏、型、哉、奕、南、勉、則、俞、契、垠、春、昨、故、染、柔、查、映、昭、架、柑、衵、桔、柚、是、星、施、柏、柯、枸、柴、柳、析、桂、柘、柄、炫、炭、盆、省、炳、炬、界、盃、相、眇、紀、甚、皇、砂、姝、科、穿、紅、癸、畏、盈、看、眉、秋、紉、紂、約、耐、肖、致、咫、食、首、香、音、風、計、飛、訂、軍、酋、面、罕、耶、虹、要、重、貞、美、革、衍。

【十數】

洳、洵、洶、洪、洙、洗、洞、洮、洩、洫、洋、洄、洎、酒、洛、洧、洲、津、洽、流、洿、狩、狡、狠、衲、祐、祕、按、祚、祛、祝、神、祠、祟、迂、迅、迄、挑、珍、玲、玷、玻、珈、珂、拷、拾、指、持、挖、恨、恢、恰、恆、恃、恒、恫、恂、恬、恪、恍、恕、恙、恩、恥、恣、息、恐、衰、衲、袂、恭、挈、邕、邙、邛、衷、衽、衾、袁、釜、股、肢、肥、肩、肪、肫、肯、肱、肺、芝、芰、芙、芡、芨、芩、芬、芯、芷、芸、芹、芼、芾、芥、芮、芰、芳、芭、娟、高、集、倣、倜、修、倖、芻、乘、倥、借、倔、俯、俳、俱、倚、倒、值、倍、俸、俵、倖、倭、倫、倡、釗、釘、原、城、唐、娥、宴、宰、展、兼、剛、埋、哲、員、婆、家、容、峨、剖、哥、圃、夏、孫、宮、射、峽、峻、師、座、徑、島、席、庭、徐、扇、差、庫、弱、徒、旆、時、晏、朔、枚、桓、栖、株、桎、桃、栗、根、栽、效、旁、晃、晉、格、桂、桑、栓、桐、料、旅、咬、書、案、起、殊、氣、畔、殉、烏、烈、畝、殷、特、烘、畜、砧、矩、益、秦、童、真、破、秩、砥、眠、骨、砲、秣、馬、笈、笊、芴、粉、純、紐、耕、者、紜、紗、紡、素、閃、針、財、馬、鬼、蚊、訓、貢、軒、配、笑、級、納、缺、耄、耗、紛、耿、討、臭、虔、記、託、紛、倖、翁。

【十一數】

涓、涔、涕、浪、浥、浦、浣、浙、浚、浩、浪、浮、浸、海、浹、涂、涌、涉、涇、消、涎、涘、狹、狻、狷、狺、猛、狼、狽、袋、租、祥、迍、迓、近、袖、袗、袞、袪、被、珪、珩、珥、班、悖、悌、悚、悛、悟、悄、悃、悅、恿、祭、票、您、悠、許、雪、貫、紺、粗、聊、粕、紘、紳、粒、紬、終、細、絆、魚、符、笠、移、竟、閉、赦、羞、紹、紫、般、設、累、笛、習、翊、麥、寂、野、規、舷、鹿、處、頃、責、麻、章、畦、研、眺、珠、貨、販、雀、頂、聆、插、挾、捕、捉、捆、捐、捂、挹、振、挫、挪、鳥、捋、捌、皎、挽、產、眸、笙、眷、犀、窕、阡、邢、邦、那、邪、胃、冑、胎、背、眼、胕、胖、胙、胞、胛、略、胡、胥、服、眩、瓶、苞、苙、苛、苜、茆、茉、苻、茄、英、革、梅、苔、梢、茁、范、茂、望、毬、乾、側、健、苧、區、唯、偵、偲、偉、偶、偕、停、副、國、梨、焙、凰、婚、婁、問、堂、婦、寅、崔、尋、寂、崇、帶、條、庶、將、曹、梓、御、掘、皓、毫、梧、強、晚、梧、迎、械、徠、旌、崖、巢、庵、敗、庸、彪、晤、斛、旋、常、晨、專、彬、得、徘、斌、款、教、張、彫、寄、密、基、啟、敕、卿、動、參、務、返、敘、族、晝、晦、彩、宿、啄、既、莓、唯、斜、執、爽、率、苑、梗、剩、勘、埜、若、莫、埼。

【十二數】

涪、淞、液、淡、涸、涵、涯、涼、淀、淄、淋、淇、淑、淆、淒、淘、淖、淙、淚、清、淹、淳、淮、淺、淫、淦、淪、淨、深、混、添、淩、涑、淼、黃、迢、迤、迴、迨、迪、迫、迭、述、迦、悱、悵、悴、悸、悼、悽、悶、閨、閑、軸、釣、閒、黑、雁、項、間、開、軫、量、雅、雲、順、躰、鈔、貯、貰、超、絕、衆、觚、詔、越、蛙、評、買、貴、賀、貿、貼、詞、註、街、翔、脅、蛤、硯、筋、絢、絮、舜、粟、舒、草、給、筏、絞、絲、筆、策、絜、稅、窗、筑、粧、等、晞、答、筒、童、窘、硬、稍、發、盛、稀、盜、程、竣、筐、番、短、登、情、惋、惆、惟、惕、惜、倦、惚、惠、惑、袷、焰、裁、現、球、琅、理、琇、琉、猋、猖、猗、猙、猛、猝、猜、無、捧、捨、捫、捩、据、捲、捷、捶、捻、捽、掂、掀、推、控、掩、採、措、掬、掠、授、掉、掫、排、掖、掘、搶、掎、掇、殼、犁、掌、棉、棣、棒、棚、植、森、阪、阮、防、棠、胭、胯、胱、殖、胳、胰、胴、胸、脂、脈、脆、脊、腦、晴、能、茗、莨、脅、茹、媒、帽、單、場、備、棍、割、創、善、期、堯、尊、報、勞、斯、景、堤、奠、寒、惡、剴、掛、筍、探、貳、裂、喨、閔、復、媚、斐、黍、弼、堡、喬、喻、暗、嵎、巽、寓、幄、捺、棧、敢、堪、散、敦、晰、最、智、欽、邱、替、朝、富、須、扇、幾、嵐、勝、喜、掄、壺。

【十三數】

湃、湘、湄、湍、涑、溫、湎、渾、渙、渚、減、渝、滂、渠、渡、渣、渤、渥、渦、渫、渭、渲、測、渴、游、渺、湫、港、飯、鼠、馳、鼓、鈺、楨、暖、琚、琛、琢、琦、飭、頒、鼎、雍、飲、馴、話、鳩、預、頌、湖、湟、湛、湧、良、莨、滑、湲、湯、琮、迴、迷、迸、迺、迻、退、送、适、逄、逆、逅、禊、祿、禋、禍、禎、福、琬、惰、惱、惴、惶、惷、想、愜、惹、愚、意、惺、惻、愀、愊、愎、悟、愕、愁、感、愈、慍、琳、愆、愛、程、裕、裔、裘、裙、補、琨、猥、煖、獻、猱、猴、猶、猷、鉞、電、揀、揄、撥、措、提、插、揖、揚、揣、揠、換、揮、揭、摯、揪、握、揲、撰、鉦、路、阻、阽、阿、陂、邽、郁、部、郅、郇、郊、莎、荳、荷、荼、荽、荻、莩、莪、莫、莆、莉、脛、跳、農、脣、豊、傳、僅、莒、脰、脫、脬、脯、脩、塊、幹、莨、莧、勤、廉、催、詩、詢、詠、暄、莘、鉛、塘、爺、暗、業、詹、義、琬、蛾、逃、握、稜、督、碇、榆、羨、唇、筧、暉、敬、煎、楡、楊、群、盟、算、絹、誇、椿、歲、靖、邦、債、極、嗣、煌、楡、勢、稚、募、莊、媼、圓、解、肆、睦、煥、照、虞、衙、肅、臺、楓、楚、殿、稗、蜀、試、蜂、豎、脛、跡、新、聘、琵、奧、鈴、雌、幹、傾、傷、勦、暑、殿、彙、楠、楫、禁、椰、裟、僊、熙、嵯、揉、資、號、詮、會、陣、聖、鉅、雉、暇、酪、廊、郁、當、稔、雷、淵。

【十四數】

源、溽、滁、準、溜、溘、涌、溝、溢、溥、溲、溯、滓、溪、滌、滔、溫、溱、溺、溶、涇、滃、滄、滇、滋、滅、滎、逋、逍、逐、透、述、遞、途、逖、逗、這、通、逛、逝、逞、速、造、逡、逢、連、愧、愫、愴、愷、慎、愾、慄、慆、慊、慌、慍、愿、慇、慈、態、滕、鼻、鳳、與、裨、裯、裱、裾、裴、詔、製、飽、琿、瑁、瑕、瑑、瑗、瑙、瑚、瑛、瑞、瑜、猺、猻、猴、猾、獅、猖、猷、構、摧、損、搐、搓、搔、搗、搘、搜、搞、搢、搪、搦、搨、搥、搭、搰、搬、魁、飾、閥、銘、銀、搵、搶、陋、陌、降、限、陔、郗、郛、郝、郎、郊、郡、郢、郤、脹、胼、脺、腆、腊、腋、腑、腓、脾、腔、腕、閤、閣、領、銔、腐、莽、颯、菁、菅、博、菉、菌、菖、菜、萍、萎、萌、菠、菸、菹、菰、菱、萇、菲、華、菽、銚、貌、赭、誨、誠、輔、賓、豪、荊、齊、團、塾、獎、嘉、圖、壽、嘗、境、嫗、嫡、察、僖、僥、僧、僚、彰、暢、偽、像、實、僮、嶄、暝、對、僑、僭、僕、廓、旗、滎、榎、準、槐、槙、爾、監、構、榧、碩、歌、盡、犒、熊、算、箔、綺、綬、綸、碧、箇、誦、綾、粽、翡、誥、綜、維、禦、種、箏、箋、誌、認、綿、綽、聚、艇、置、粹、綱、綺、罫、肇、端、圖、精、誓、誡、輕、蜜、綠、榔、稱、舞、箕、銘、蓟、槍。

【十五數】

漪、漫、滹、滸、滿、漁、漱、漲、演、漓、漏、滴、滾、滲、漕、漠、漢、漣、漚、漳、漙、漸、漉、漂、漆、溉、漿、潁、遊、逭、週、迸、遂、逵、逸、慢、慣、慥、慘、慌、慵、慷、慟、慨、慮、慰、慫、慼、慾、憑、進、慚、緩、締、緒、緣、緘、綽、緻、練、瑰、瑲、瑳、愿、瑤、瑪、瑠、慕、祿、禖、褐、褊、褌、複、褚、興、璋、磐、摑、摒、摔、摳、摸、摶、摧、摘、摟、窮、瞑、慧、範、箭、箴、鄉、慶、緩、編、罰、糊、皚、摩、慳、羲、署、摯、裸、獍、獎、製、箱、蝶、舖、摺、蝗、摻、樣、霈、震、霆、腰、腹、腸、腮、腫、腦、腥、腱、葆、萬、葑、蒂、葡、葬、葭、蒽、葵、葷、荻、萱、萸、葦、落、部、郭、郵、郯、除、院、陣、陛、陟、陞、陘、稍、篁、節、價、僻、儉、槽、概、樟、標、樓、槻、諄、諒、誼、調、諏、寮、墨、熱、廠、殿、駕、鞍、霄、篇、諗、談、論、賦、頤、鞏、醇、閱、銳、棲、賞、酵、輪、德、樂、歎、嘻、敷、暮、劍、影、數、踐、輝、輩、幣、德、暴、劈、彈、審、嬌、廟、犢、層、徵、履、磁、膝、鍋、儀、嬉、塵、衝、歐、窯、磊、確、皺、幟、鋤、嘯、趣、葛、鋒、弊、歎、畿、著、增、賜、賣、敵、稼、穀、魄、蝕、蝠、蝙、劇。

【十六數】

潘、潞、潔、澌、潢、潦、潰、潤、澀、澈、澹、潑、澍、澎、潮、潯、潭、澗、道、達、遁、違、遄、遇、遊、運、遍、過、遏、遑、遐、遒、逼、憍、憐、憔、憎、憤、憚、憧、憬、憮、慘、憫、撫、撥、播、撩、撮、撐、撈、撥、撐、搭、撚、撞、摻、撤、撅、撲、撓、撕、環、瑾、璀、璃、璇、璉、儕、禧、燈、憨、陶、陷、陸、鄂、鄲、都、鄖、陪、陰、陲、陳、陴、陬、隨、龍、錢、賴、錦、膊、膂、膀、腿、膈、諳、諺、諤、諭、謁、錫、蹄、蒔、蒙、蒞、蒐、蒲、蒻、蓀、蒿、蓉、蓆、蓂、蓐、蓍、蓋、蓄、謂、頻、鴛、儦、錠、餘、輯、醒、熹、辦、獎、獗、霏、憲、錚、鋸、褫、諫、禨、諸、褪、禱、豫、頭、鞘、鴨、橋、錦、親、蓓、器、學、儒、儘、勳、圜、奮、儔、叡、瞻、壇、壁、導、整、曒、橙、戰、曆、樵、櫺、機、穎、瓢、環、為、縣、螢、篤、輪、燉、燒、簑、縞、篠、歷、熾、燎、積、磧、燕、橫、樹、樽、儕、融、築、盧、衡、磨、罵、窺、籌、燐、曇、噯、穆、噴、罷、糖、冀、嶮、翰。

【十七數】

澡、噬、澳、激、澧、濁、濂、濆、濇、澮、澱、澹、遛、遜、遞、遠、遙、遣、遢、遘、憶、濃、憾、懂、懆、懈、懊、懍、應、懃、懇、懋、優、償、儡、操、擋、擔、擒、撿、撼、擐、擂、據、擅、齋、陽、擇、隄、隅、隆、隈、隍、隊、階、陜、鄔、鄒、鄉、獨、獪、蔡、蔗、蔬、蔭、蓬、蔦、蓮、蔕、蔣、蔞、蔚、蔔、蔓、蓴、蓰、蔑、蔀、蓿、華、蓼、優、償、儡、檜、檐、檢、檣、檄、檀、橿、縫、縮、縹、總、績、鍾、鍔、鍬、鍛、鍊、繁、鍵、謙、謝、駿、黛、鮮、褸、襁、膚、霜、霙、簣、簇、膠、膛、聳、膝、螺、艱、矯、歛、氈、瞰、瞥、餅、錨、鮫、餞、鞠、臨、燦、韓、聲、縱、聰、擎、隸、瞭、瞬、嶺、穗、磯、彌、嶽、燧、趨、罄、壕、嶼、醞、谿、翳、擊、襄、瞰、禮、聯、徽、燭、鍼、斂、擇、禪。

【十八數】

簡、禱、襖、襚、邀、遭、適、遮、遯、遲、襟、襠、濘、濛、濡、濤、濯、濱、潛、濮、濬、濟、濠、濫、濕、懟、濾、儒、雙、額、鵝、璐、燿、璜、璠、璞、環、璧、璫、獼、獰、獵、擯、擣、擢、擦、擬、擠、藜、蕪、蕩、蔽、蕢、蕝、蕘、蕕、蕊、蕉、蕎、蕚、膳、膩、膨、膰、隔、隕、隘、隗、鄞、鄗、闕、瞿、鎌、豐、戴、簡、謹、鎧、鎮、蟬、織、簞、簪、瞼、鎚、蕨、礎、雛、鞭、轉、儲、叢、斷、歸、蟲、騎、繡、翼、覆、鵨、爵、糖、醫、檻、鄒、鵑、曜、鎖、謳、樺、鵠、鯉、雜、顏。

【十九數】

瀏、瀑、濺、瀉、瀆、濾、瀋、遴、遵、遶、遷、選、遺、遼、蕭、薈、蘊、薄、蕾、薩、薐、薑、薪、薏、膽、膿、膝、臀、臆、臉、臊、獷、鄭、擷、擺、擻、擾、攜、攀、隙、障、際、鄧、鄯、鄱、鄰、薊、繹、鏑、蟹、鯨、繫、盧、櫟、嚮、曠、櫓、櫛、簷、簾、稽、薩、膺、簸、鵬、麓、鶉、霧、願、贈、證、獲、鏗、獸、關、薛、櫟、櫓、韻、贊、鵲、璽、類、識、麒、鏡、勸、繩、繪、薦、懲、璵、蕘。

【廿數】

懶、懷、懿、懸、瀚、瀝、瀕、瀨、瀧、邁、邂、遽、避、邀、還、邅、邃、藉、薺、藍、獺、犧、壤、礦、騰、寶、馨、闡、譯、艦、羈、嚴、臍、臘、鄴、隤、攏、瓊、瓚、鐙、警、露、礬、薯、薰、藏、艦、襦、藐、議、辮、罷、覺、贍、霰、鐘、礪、黨、飄、礫、孃、繼、籌、釋、艦、耀、艨。

【廿一數】

瀰、瀾、鶴、藥、藤、藕、藝、藩、藪、邇、邈、巉、攔、攖、攘、櫻、險、瀲、隧、隨、轟、隩、儷、顧、籐、屬、殲、霸、鐳、贐、纖、纏、譽、驅、饌、饒、巍、護、續。

【廿二數】

灌、懼、鰻、襯、響、隱、鑒、讀、臚、襲、覽、瓔、攏、攝、隰、隮、聽、疊、權、歡、儼、蘇、蘊、蘋、鬚、蘆、霽、藿、藹、藷、藺、藻、餐、讚、麟、鑑、㒤、邊。

【廿三數】

灘、灑、鑠、攤、鷲、蘭、巖、驛、體、變、驚、戀、攢、攣、髓、籤、蘗。

【廿四數】

瓚、鑫、玁、攩、隴、鑒、鑪、靈、鷺、靂、罐、釀、翹、鷹、矗、蠶、靄。

【廿五數】

衢、灞、攬、觀、籬、灝、靡、鑰、鬉、蠻。

【廿六數】

灣、矚、邏、鬱、黶、酈、讚。

【廿七數】

纜、鑽、虆、驥、鑾、觀、鑿。

【廿八數】

驢、灨、鸚、鑼。

【廿九數】

驪。

【卅數】

鸞、鸝。

【卅一數】

籲。

祥荷坊易經開運中心服務項目

一、命理諮詢附八字詳批或紫微詳批	2000元
二、命名、改名（用多種學派）、附八字流年命書一本	3600元
三、一般開市、搬家、動土、擇日、附奇門遁甲擇日	1200元
四、嫁娶合婚擇日附新郎、新娘八字命書一本	3600元
五、剖腹生產擇日附36張時辰命盤優先順序	3600元
六、陽宅鑑定及規劃佈局附男、女主人八字命書一本	6000元
七、開運印鑑附八字流年命書一本	4500元
八、吉祥印鑑	1800元
九、開運名片附八字流年命書一本	3600元

十、八字命理、陽宅規劃、姓名學初階班招生	電洽
十一、多種教學VCD、DVD、請上網瀏覽	電洽
十二、姓名學、八字、奇門遁甲、紫微、擇日軟體、請上網瀏覽	好用軟體特價
十三、各類開運物品或制煞物品、請上網查閱	電洽

特別優惠專案：歡迎網路加盟，可邊學命理，邊經營網路商城

PS：凡購買本書者，舉凡上列所有服務項目及本中心所有開運吉品一律9折優惠

服務處：台中市西屯區西屯路二段297之8巷78號（逢甲公園旁）

行動：0982-135944　陳荷老師行動：0911-781646　(04)22478847

感謝各位讀者購買本書，上網有免費線上即時論命，八字、姓名、數字、奇門遁甲等

網址：http://www.3913.com.tw　E-mail：upup7828@yahoo.com.tw

網址：http://www.kk131.com（本網站可在線上學命理，經濟又實惠）

吉祥坊易經開運中心服務項目

一、命理諮詢附八字詳批或紫微詳批	2000元
二、命名、改名（用多種學派）、附八字命書一本30張	3600元
三、一般開市、搬家、動土、擇日、附奇門遁甲擇日	1200元
四、嫁娶合婚擇日附新郎、新娘八字命書一本	3600元
五、剖腹生產擇日附36張時辰命盤優先順序	3600元
六、陽宅鑑定及規劃佈局附男、女主人八字命書一本	6000元
七、開運印鑑附八字流年命書一本	4500元
八、吉祥印鑑	1800元
九、開運名片附八字流年命書一本	3600元

十、八字命理、陽宅規劃、姓名學初階班招生	電洽
十一、多種教學VCD、DVD、請上網瀏覽	電洽
十二、姓名學、八字、奇門遁甲、紫微、擇日軟體、請上網瀏覽	好用軟體特價
十三、各類開運物品或制煞物品、請上網查閱	電洽

特別優惠專案：歡迎網路加盟，可邊學命理，邊經營網路商城

PS：凡購買本書者，舉凡上列所有服務項目及本中心所有開運吉品一律9折優惠

服務處：台中市西屯區西屯路二段297之8巷78號（逢甲公園旁）

電話：04-24521393　黃恆堉老師行動：0936-286531

網址：http://www.abab.com.tw　E-mail：w257@yahoo.com.tw

網址：http://www.131.com.tw　E-mail：abab257@yahoo.com.tw

網址：http://www.kk131.com（本網站可在線上學命理，經濟又實惠）

感謝各位讀者購買本書，上網有免費線上即時論命，八字、姓名、數字、奇門遁甲等

國家圖書館出版品預行編目資料

一次就學會，多派姓名學(附QR Code七套排盤軟件)
/黃恆堉著.－－第一版－－臺北市：知青頻道出版；
紅螞蟻圖書發行，2024.10
面　　公分－－(Easy Quick；101)
ISBN 978-986-488-256-4（第二版）

1.姓名學

293.3　　113015014

Easy Quick 101

一次就學會，多派姓名學(附QR Code七套排盤軟件)

作　　者／黃恆堉
發 行 人／賴秀珍
總 編 輯／何南輝
封面設計／引子設計
校　　對／楊安妮、周英嬌、黃恆堉
出　　版／知青頻道出版有限公司
發　　行／紅螞蟻圖書有限公司
地　　址／台北市內湖區舊宗路二段121巷19號(紅螞蟻資訊大樓)
網　　站／www.e-redant.com
郵撥帳號／1604621-1　紅螞蟻圖書有限公司
電　　話／(02)2795-3656（代表號）
傳　　真／(02)2795-4100
登 記 證／局版北市業字第796號
法律顧問／許晏賓律師
印 刷 廠／卡樂彩色製版印刷有限公司
出版日期／2024年10月　第二版

定價 360 元　　港幣 120 元

ISBN　978-986-488-256-4　　Printed in Taiwan